U0827369

金融强国之路 第一辑

中国金融改革和创新模式激辩

主编◎刘纪鹏　　副主编◎武长海

人民东方出版传媒
東方出版社

CONTENTS
目　录

第一篇　宏观经济与金融安全战略

刘　伟　国内外宏观经济形势分析与对策　// 003

周渝波　22 号文件背景下的国资改革新趋势　// 025

贾　康　PPP 正面效应及其立法问题分析　// 048

乔　良　金融战与现代战争及我军变革前景展望　// 083

张　捷　金融博弈与货币定价权的历史演进与我国的对策　// 106

郝一生　金融泡沫危机及其立法　// 132

第二篇　金融业改革与创新

李正强　我国期货市场的现状、问题与发展的对策　// 143

洪　磊　中国基金业发展的现状、问题与对策　// 159

巴曙松　全球金融危机下的国际金融改革
——从英国脱欧谈起　// 188

潘明忠　我国金融租赁业的发展与创新　// 212

杨凯生　大数据在现代金融创新与风险管理中的运用
——从e租宝谈起　// 237

第三篇　公司金融与新金融

姚　峰　我国上市公司发展、监管和自律现状及趋势　// 267
金岩石　中国股市的黑暗与光明
——从徐翔、姚刚黑幕看法制金融　// 298
赖小民　经济创新思维背后的国企转型之路　// 320
姜　昆　论我国文化产业的改革方向
——兼论艺术和资本结合　// 339
蒲　坚　从中信兰西模式看我国土地信托制改革　// 349

第一篇

宏观经济与金融安全战略

国内外宏观经济形势分析与对策

提 要

时间：2016年6月22日

地点：中国政法大学蓟门桥校区科研楼二层学术报告厅

主持：刘纪鹏

主讲：刘伟 中国人民大学校长

点评：贾康、时建中、黄剑辉

互动提问

今天讨论中国宏观经济问题和宏观调控问题，我想讲三个问题：第一，中国宏观经济失衡与供给侧结构性改革的提出；第二，中国的宏观经济政策与供给侧结构性改革的政策体系；第三，中国的宏观调控方式的转变与供给侧结构性改革的推进。

一、中国宏观经济失衡与供给侧结构性改革的提出

中国宏观经济的运行给世界一个鲜明的印象，是持续高速增长。改革开放37年，中国的GDP平均增速达到了9.6%。战后增速最快的、时间最

长的曾经是日本，保持了20年，所以叫神武景气。第二个创造这个纪录的是台湾地区，保持了26年的高速增长，实现了台湾地区的现代化。再打破这个纪录的是韩国，一直到20世纪90年代初，持续了30年的高度增长，人们称为汉江奇迹，实现了韩国经济的起飞。第四，就是中国大陆，37年经济增长平均增速9.6%。中国经济达到了新阶段，2015年中国GDP总量达到67.7万亿人民币，折合美元11万亿，占世界的14%，排到了世界第二位。从2010年开始，中国按汇率折算的GDP总量第一次超过了日本，之后一直稳居世界第二大经济体的位置。第一是美国，美国去年GDP总量不到18万亿美元，大概17.6万亿，占世界23%，中国相当于美国的60%，排在世界第二位。

从人均GDP来看，37年来中国平均每年增长7%以上，这是很不容易的事情。2015年，中国人均GDP达到了4.9万多人民币，近5万块，比改革开放初期大概提高了20倍，折合成美元是7600多美元，世界排名80位左右，属于一个当代标准的上中等收入的发展中国家。按照世界银行最新的划分标准，一个国家的人均GDP水平如果达到12476美元以上，是高收入国家，现在世界上有70个高收入国家达到人均GDP 3.3万多美元。如果在12476美元以下，4056美元以上，是上中等收入国家，世界上是54个国家。4056美元以下，到1026美元以上，是下中等国家，只解决了温饱问题，到去年年底也是54个。1026美元以下是当代低收入穷国，去年年底是36个。中国改革开放初期人均GDP是200美元左右，是一个温饱没有解决的贫困国家，按官方公布的数据，改革开放初期的中国两三亿人是吃不饱饭的。按照世界银行的标准，1998年中国人均国民收入按当时的汇率换算成美元第一次达到了世界的温饱线，进入了世界下中等收入的起点。2010年按世界银行的标准，按当时的汇率折合成美元，中国的人均国民收入第一次达到了世界上中等收入的起点线，也就是跨越了温饱，进入了当代世界上中等收入的阶段。

新常态是中国经济达到的一个新起点，从贫困到了上中等收入的发展阶段。在这个起点上我们有了新的机会，简单概括就是习总书记讲的，我们中华民族这样一个古老文明距离现代化的目标从来没有像今天这么近，近到什么程度，我们看得见的有两大机遇、一大挑战摆在前面：

第一个机遇，现在世界上有 70 个高收入国家，从上中等收入阶段到高收入阶段，这 70 个国家实现穿越平均用了 12 年零 4 个月，其中的 20 个人口大国，实现从上中等收入到高收入阶段平均用了 11 年零 9 个月，大国的速度在这个阶段平均比小国要快一点。中国是 2010 年达到上中等收入的起点，给中国 10 年多点的时间，也就是 2020 年前后中国能不能实现向高收入的飞跃？2020 年有一个百年目标，中国共产党建党 100 年前后要建成全面小康社会，其中 GDP 水平按不变价格比 2010 年翻一番。2010 年 GDP 总量为 40 多万亿人民币，翻一番 90 多万亿，折合成美元正好 17.6 万亿。美国 2015 年的 GDP 水平为 17.6 万亿美元，2020 年中国有可能赶上美国现在的规模。我们还提了一个翻一番，2020 年城乡居民收入翻一番。居民收入是一个分配的概念，如果其他条件不变，要翻一番，前提是生产产出要翻一番，人均 GDP 要翻一番。2010 年人均 GDP 为 3.4 万多元人民币，翻一番 6.8 万元，刚好 1.26 万多美元，按照现在的世界银行标准，人均 GDP 达到 1.2476 万美元以上就进入了高收入门槛。如果中国如期实现了第一个百年目标，其中的经济增长目标，比 2010 年总量和人均各翻一番的话，拿到国际世界去比，相当于我们走过了国际社会的上中等收入到高收入阶段的历史穿越，现在算下来不到 5 年，这是一个机遇。

第二个机遇，按照现在国际国内的态势走，2030 年前后中国 GDP 总量有可能赶上美国，成为世界第一大经济体，这个意义或许不是特别大，但是从历史上来看，很值得珍惜。19 世纪中叶以前，中国是世界老大，1820 年以前中国 GDP 占全球 32%以上。美国在当代经济总量占比最高的年份是 2001 年，那一年美国的 GDP 占全球 32%。但是 1840 年作为标志，第一次鸦片战争爆发，古老文明被彻底打败，进入了中国近现代以来的屈辱时期。英国人替代了我们当时的地位，成为世界老大；19世纪末，德国人有一个短暂的超出；20世纪初，美国人超越了英国和德国，成为世界第一大经济体。至今美国在第一大经济体的位置上已经一个世纪之久。尽管总量老大老二对我们意义不是很大，但对我们自己来说，2030年超越美国在我们的发展史上差不多经历了200年，从曾经的第一沦落下来，再次回到第一，对我们的历史来说还是一件很了不起的事情。到本世纪中叶，第二个百年目标是在中华人民共和国中央人民政府成立100周年的时候，实现社会主义现代化，社会主义现代化内涵很丰富，就讲一个指标，人均GDP赶上发达国家的平均水平。1979年邓小平接见意大利共产党总书记、接见日本首相大平正芳等多次讲，中国经济三步走：第一步，到20世纪80年代解决温饱，中国人温饱问题的实际解决以取消布票、粮票为标志，1992年中国800多个县级城市宣布取消粮票，说明中国的吃饭问题基本解决了。第二步，到20世纪90年代，实现小康，人均GDP接近1000美元。第三步，到本世纪中叶赶上中等发达国家，更精确地说是赶上发达国家的平均水平，这是人均GDP。现代化是一个历史的概念，从来不是一个静态的，而是一个比较的概念。从这个角度讲，习总书记说中国人离现代化的目标从来没有像今天这么近，从先贤开始实业救国、军事救国，孙中山先生的国民革命到中国共产党人的新民主主义革命，从毛泽东、邓小平，经过了多少代人，终于将我们的古老文明带到了这样一个门槛，中国赶上西方列强，实现现代化不再需要几代人，甚至不需要两代人，一代之遥。习总书记讲，我们这样一个古老文明离现代化目标从来没有这么近，这是中华民族从来没有过的最大的机遇。我们到了新的阶段上，新的起点一定有新的机会。再给中国四五年怎么样？我们可能实现到高收入阶段的穿越。再给中国十五六年怎么样？我们可能重回世界第一大经济体的地位。再给中国三十几年的时间怎么样？我们赶上西方列强。

挑战就是如何穿越中等收入陷阱。到了中等收入阶段，约束经济发展的很多因素都发生了变化，一个是供给侧，一个是需求侧。供给侧的变化是，国民生产的总成本大幅度上升，原来的低成本竞争优势逐渐丧失了，成本包括四大方面：1. 劳动力成本。人口增速、劳动力增速明显放慢，甚至负增长，人口红利配置窗口开始关闭。老龄化趋势，尤其中国未富先老等一系列的问题出现。现在养老的问题很大程度上是交给家庭的，社会对现代化的准备很不充分，一系列问题最后反映在生产中导致劳动力成本大幅度上升。2. 土地和自然资源的成本上升，上游产品的成本推动下游产品的成本上升。3. 环境和资源生态成本大幅度上升。4. 技术进步的代价提高，过去技术进步主要是模仿，现在靠模仿不行了，且模仿的空间小了。现在到了核心技术阶段，需要投入期长、风险大、成本高的自主研发。一个国家的经济发展到了这个阶段，在劳动力成本、土地和自然资源的成本、环境生态的成本、技术创新和技术进步的成本等四个方面都大幅度提升。这要求这个国家的增长方式改变，如果不改变，效率不提高，就形成成本推动的高通胀。高通胀一方面社会不稳定，另一方面国家的经济没有竞争力，经济就会难以持续，这是一大问题。

另外一大问题在需求侧，需求侧可能出现的变化是，从前一个阶段的需求旺盛转化为需求疲软，一个投资一个消费。投资为什么疲软？如果一个国家的自主研发上不去，银行拿着大把存款但是找不到有利可图的投资机会。在原有产品不变、技术不变的情况下，扩大投资规模只是低水平的重复，结果就是经济泡沫，承受不住周期性经济危机的打击。消费需求为什么疲软呢？不是居民收入没有增长，而是国民收入增长的同时，收入分配两极分化，消费水平下降。大量的钱给了少数人，消费受生理限制，越有钱的人消费占的比例越低，越没有钱的人对未来越没有信心，越不敢花钱。收入高速增长和收入分配两极分化并存，消费疲软产能过剩，导致需求不足、市场萧条。企业的资金周转产生问题，企业欠银行的钱还不上依法就要进入破产程序，进入停产破产程序的企业一旦增加，就意味着一个社会矛盾的凸显——高失业。到了这个阶段，如果出现高失业，失业人群主要是受过高等教育的大学生，由于他们的就业态度问题、知识结构和产业结构之间脱节问题等等，可能导致失业，如果这些人成为失业中的主体那就麻烦了。作为社会精英，有政治诉求。所以这个时候就会出现高失业，社会到了这个阶段，两端的经济条件都发生了变化，需求侧、供给侧都发生了变化，供给侧变化导致高通胀，需求侧的变化导致高失业，这个社会高通胀伴随高失业。

出现问题最典型的是20世纪70年代的拉丁美洲，有十几个国家达到了世界上中等收入阶段，不适应新阶段的变化，到现在也没有进入高收入行列，被称作拉美旋涡。亚洲的马来西亚、印度尼西亚、泰国、菲律宾等国，在日本、韩国经济起飞之后跟在后面快速成长，到20世纪80年代也达到了世界上中等收入的水平，同样转变不过来、不适应，尤其是1997年亚洲金融危机爆发，这些国家靠着跟在后边捡人家淘汰的产业，而低效率低竞争力的产业规模扩张带来的经济增长承受不住亚洲金融危机的打击，成为低效率的过剩产能，作为经济泡沫被淘汰掉，被称为东亚泡沫。西亚、北非、突尼斯、也门、埃及、利比亚、叙利亚等国和地区，与中东地区和周边国家比，当时政治是稳定的，经济是富裕的，矿山、油田、气田资源是充裕的，国际资本对它是信任的，大量的外资投进去，在20世纪90年代达到了世界中等经济发展水平，但同样不适应新的变化转换不过去。2008年世界金融危机爆发，这些国家过度依靠国际市场单一产业结构，低竞争力的这种生产状态、生产方式经受不住金融危机的冲击，在金融危机的冲击下发生了深刻的经济困难，在经济困难的基础上，原来就存在的社会、政治、文化、宗教，甚至军事冲突纠缠在一起，形成了我们看到的这种局面，所以现在算下来也有20多年了。它不仅没有实现向高收入阶段的穿越，而且它的危机什么时间结束，目前还看不到时间表，所以人们叫西亚北非危机。拉美旋涡、东亚泡沫、西亚北非危机的时间各不相同，情况也很复杂，但是经济发展上的共同点就是中等收入陷阱的困扰。

中国现在到了这个阶段：一方面有一个历史性机会，我们距离现代化的目标从来没有像今天这样近；另一方面中等收入陷阱的威胁对于我们来说是非常现实的。在这种情况下怎么办？这时候中国经济增长特别是宏观经济运行出现了一系列过去没有出现的新现象，从 2010 年到现在的宏观经济政策大概进入了第三阶段，这个阶段是双重风险并存的，既有通货膨胀的潜在压力，又有经济下行的严峻威胁。这就使得宏观经济的调控从需求侧管理面临很大的局限，从需求侧宏观政策包括财政政策和货币政策，既不敢扩张也不敢紧缩。如果你扩张全面刺激经济、扩大需求，有利于遏制经济下行，但其他条件不变的话会加剧通胀的压力；如果全面紧缩收紧银根收紧财政的话，紧缩需求可能有利遏制潜在通胀压力的爆发，但是会加剧经济下行，本来市场就萧条，再紧缩需求，市场将进一步萧条。

改革开放以来的前两个阶段问题也很突出，但是方向是清楚的。第一个阶段就是需求膨胀，主要问题就是通货膨胀，那紧缩好了；第二个阶段就是需求疲软，内需不足，就扩张好了。现在这个阶段是前两个阶段发生的问题同时发生，而这两个问题需要政策从需求侧入手的话是相反的，互为成本的，紧缩需求有利于遏制通胀、加剧下行，扩张需求有利于遏制下行、加剧通胀，怎么办？在这种情况下我们提出供给侧结构性改革的概念。从供给方面入手来考虑恢复均衡，保持经济持续均衡的增长这样一个背景。2008 年增长 9%，2009 年经济增长下来了，因为受危机的影响；第二年开始刺激，2010 年经济增长达到 10% 以上；结果一推，2011 年 9.3%，2012 年 7.7%，2014 年 7.4%，2015 年 6.9%。中国经济增长从高速增长向中高级转换叫作增长速度的换挡期，那么换挡期应该让大家停一停，很快就会过去的，但是却迟迟换不过去，就发现不对，不是一个换挡期的问题，而是很多矛盾纠缠在一起。什么矛盾呢？第一是增速的换挡；

第二是反危机的消化，为了刺激经济增长，很多低效率的项目刺激起来了，要清理和消化危机；还有长期形成的经济结构矛盾，存量问题是长期积累的，处理起来矛盾大，触动的利益关系比较复杂，所以矛盾比较深。增长速度的换挡期、反危机之后的消化期、结构调整阵痛期，三期叠加的问题就不仅仅是一个换挡期，可能是更长时期，问题更复杂，就概括出一个新词语，叫新常态。特别从宏观经济角度怎么破解呢？供给侧结构性改革就作为一个历史性经济命题提出来了，这就是我给大家提出的第一个问题，就是供给侧结构性改革。

二、中国的宏观经济政策与供给侧结构性改革的政策体系

宏观经济政策从需求侧角度来看，要么就是紧缩需求，要么就是扩张需求，使得供求之间大体达到一个平衡。现在双重风险并存，那么从需求侧角度来说，运用宏观经济政策，或者是紧缩或者是扩张的话，总是相互矛盾的，我们采取一种什么办法呢？既不敢全面扩张，就是财政和货币同时放松，这样不利于遏制通胀；也不敢收紧，这样不利于遏制下行。我们采取了一个松紧搭配的格局，叫积极的财政政策、稳健的货币政策。财政政策方向是积极的，总体扩张的目标是稳增长、保就业；货币政策是稳健的，稳健的总体来看是从紧的，首要目标是稳定货币、稳定物价，防止潜在的通胀压力。松紧搭配的问题就是政策的有效性之间相互矛盾、相互抵触甚至抵消。我们不能把它统一到一个方向、一个目标，就是因为事物的特点是双重风险并存，不是一个单一风险的问题。所以在这种格局下，我们能做的从需求侧叫松紧适度。

核心就是要确定一个合理的经济增长速度，围绕经济增长速度来确定宏观松紧政策的力度。经济增长速度得确定一个下线、一个上线，下线最起码要保多少增长，影响因素很多，经济学讨论最多的是要考虑就业目标。经济学有个概念叫作奥肯定律，即经济速度每下降一个百分点相当于

带来多少就业岗位的损失，奥肯定律在不同国家、不同时期的经验数据是不一样的，同一个国家不同时期也不同，但是它反映一个规律，就是经济增长速度和失业率之间有内在联系。中国政策目标定的失业率，城镇登记失业率4.5%以下，现在是4.1%。制定的政策目标4.5%并不低，尽管美国失业率红灯线是6%，欧盟的红灯线是7%。因为这个失业率叫非农产业失业率，城镇登记失业率不含农民，可是中国有30%的劳动力是在农村，就是农业就业比重占30%，美国是2%，欧盟是5%，所以人家非农产业失业率基本涵盖了整个社会95%—98%的劳动力，我们只涵盖了70%。从1997年开始，搞了一个失业率社会调查，来做一个经验的修正，修正的经验结果大概差两个百分点，如果登记失业率4.5%，实际失业率6.5%。从经验来看，中国GDP要增长6.5%，大概提供2000万个就业岗位，其中1100万个左右可以用于新增劳动力。还有不到1000万个，是给原有劳动力加薪，让工资水平能顶住通货膨胀水平，这样使得真实失业率不上升，所以6.5%是一个下限。

然后考虑到经济增长上限，一般是考虑控制通货膨胀的要求，其他条件不变，通货膨胀率越高，经济增长速度越快，经济越火爆，各方面的需求增长就越快，同时就拉动了物价上升，就是经济学上的“菲利普斯曲线”描述的状况。按照中国现在的要求，通货膨胀的目标政策是控制在3%左右，那么按照这些年的经验，只要中国的经济增长不超过7%，通货膨胀率超不过3%左右，左右取值0.5，超不过3.5%是正常的。通货膨胀最高的一年就是2011年，达到了5.4%，当时我们提的目标是控制在4%，但是没有控制住；同时，我们提出的经济增长的目标是8%，结果冲到了9.3%。这就完全符合经济的逻辑，速度比预定的快了1.3%，通货膨胀比目标高了一个百分点多，这是正常的经济逻辑，所以没有引起大的波动。这几年我们都是在3%上下，所以中国经济增长如果想把通货膨胀控制在3%左右的话，目前经验看，经济增长率应该不超过7%，这个目标我们有把握控制，这样我们就给出了一个上限。

所以我们政府工作报告讲，中国经济增长控制在6.5%—7%，是一个波动的区间，那么光考虑年度目标不行，经济短期增长还要和长期衔接，考虑中长期目标增长的要求。到2020年，中国GDP要比2010年翻一番，这是第一个百年目标，这个增长速度10年每年的平均增速要达到7.16%。我们说大数，7.2%，一个数连着十次方，7.2%滚下去，滚到第10个年头，比基数那个年头的数扩大一倍，那么7.2可以实现翻一番，已经过去5年了，“十二五计划”已经走完，“十二五”这5年平均增长是7.9%以上，7.2%就翻一番，前5年达到了7.9%，那就意味着后5年不需要达到7.2%了。如果时间表不提前，第一个10年翻番提前了，我们预定2010年比2000年翻一番，结果2007年，提前3年翻了一番。所以我们再提出2020年比2010年翻一番，前5年是7.9%，比要求翻番的平均速度高了，平均速度7.2%，后5年只要不低于6.5%，就能翻一番。

所以考虑这三个因素，控制通胀的政策目标要求，控制失业率的政策目标要求，以及实现中长期经济增长目标的要求，我们的经济增长控制在6.5%—7%之间，不仅是今年年度的增长率控制范围，同时也是“十三五”期间的经济增长速度的控制幅度。松紧搭配的政策是围绕经济增长率的：如果经济增长率跌破6.5%以下，失业率的政策目标受到威胁，松紧搭配的宏观政策格局可能会朝着更松的方向倾斜；如果说经济增长超过7%甚至更高，通货膨胀率3%左右的目标很难维持，松紧搭配的政策目标朝着紧的方向倾斜。

问题在于这种政策能不能解决问题，它解决不了问题，只能缓解问题。两个事都有，松紧搭配，哪个事问题突出就摁一下，摁的同时实际就加剧了另一个。没有触及矛盾的根源，没有触及矛盾形成的动因，最多只能为解决矛盾赢得时间，那么就需要供给侧结构性改革。一系列源于企业的生产率低下、劳动生产率低下、效率低下的微观基础上，形成的产业结构和各方面经济结构的严重失衡和结构性矛盾，反映成宏观经济的问题，而供给侧结构性改革的要害是针对一系列的结构性矛盾。而现在双重风险并存的深层次原因，不是总量问题，是结构性问题。

经济下行看起来是总量需求疲软，尤其内需不足，导致经济增长速度放缓。投资需求为什么疲软？关键问题是产业结构升级动力不够，自主研发能力不够强，大国有企业的融资渠道是通畅的，投资需求疲软、创新力不够、没有产业结构升级的空间，如果硬投就是低水平的重复，现在产能的压力就非常大，再大规模地去刺激低效率的产能，加速这种重复的投资，那么带来的矛盾就更大。在现实经济中，特别实体经济，缺乏好的有效的投资机会，投不出去是产业结构的问题。投资需求疲软是产业结构升不上去，核心是创新驱动力不够。

消费需求疲软不是居民收入没有增加，关键是国民收入分配结构不合理。实际上国民的收入增长速度还是蛮快的。特别“十二五”以来，提出一个非常明确的要求，居民收入的增速要和 GDP 保持同步。中国国民收入在分配结构上至少有三个层面的扭曲：1. 宏观上，产品初次生产出来以后，在政府、企业、劳动者三者手里切这块蛋糕，政府是税收，三十几年中国平均税收增长 18.8%，增速最慢的就是工资，长期工资增速慢于资本盈余，慢于税收的增速，在国民收入中占的比重开始下降。为什么中国经济长期主要靠投资拉动，源头是分钱的时候，大块给了企业和政府，公共财政用于扩大再生产，所以这就表现出投资和消费结构是有问题的。2. 中观上，如果全国都能达到北京、上海、广州、杭州、深圳这样的消费水平，中国的经济会增长几倍。地区之间差别很大，排在第一位的原因是城市化率的差别。各地区的城市化水平高，总体水平就高，为什么呢？因为中国城乡差距太大，城市居民税后可支配收入和农村居民税后可支配收入比，人均差了 3.3 倍。城乡差距导致了地区差距，城乡差距的原因，是产业结构的差距。农业在 GDP 中占比为 9%，就业劳动力中农业劳动力占

30%，那就是30%的劳动力生产了9%的GDP，按要素贡献分配，就是30%的劳动力分享9%的国内生产总值。剩下的非农产业70%的人在分享90%的GDP，差距一下子就拉开了。原因是农业的劳动生产率总体上低，改变这种局面不是短期的。3. 微观上，无论是城市还是农村，居民内部微观差距是比较大的。按照国家统计局公布的，从2002年以来的十几年，中国的居民收入的基尼系数都是在0.4以上，就是20%最富的人群分享了40%以上的国民收入，接近所谓的警戒水平，很多年是在45%以上，高的年份甚至达到过49%以上，2007年是49.1%。收入差距一旦拉大会降低整个社会的消费倾向，使消费需求疲软，收入差距扩大，甚至两极分化，不仅影响公平，甚至影响效率，影响经济增长的消费需求动力。中国经济下行，无论是投资需求疲软，还是消费需求疲软，是产业机构升级和居民收入分配结构扭曲的问题。

再来看另一重风险——潜在的通胀。通货膨胀已经连续50多个月是负的，进入了通缩。CPI这几年长期是在3%上下，很多时候是在2%，甚至是在2%以下，去年全年1.4%，考虑到统计误差，CPI在2%以下就要考虑防通缩了，而不是防通胀。现在的货币政策为什么对治理通缩不敢下决心，问题就是潜在的通胀压力还是比较大的。它来自于需求方和成本方，需求拉上，成本推动。需求拉上就是流通中的票子多，流通中票子多的原因排在第一的要素是外汇占款。中国外汇储备很多，高的时候接近4万亿美元，外汇储备是企业挣的钱、居民挣的钱拿回来了，拿回来存在了商业银行，要用的时候换成人民币从银行提出来，商业银行要拿人民币买进来。外汇成为商业银行的财产，外币不能流通，跟中央银行之间形成了所谓的定期结汇，中央银行给商业银行的钱是中央银行拿印钞机结。中央银行通过结汇把基础货币印出去。所以我们流通中的票子比较多，有些人还算了一些数，现在大概140多万亿MR，就是存款，和GDP的66.7万亿很不成比例。主要问题是结构失衡，国际收支结构长期收大于支。需求拉上的潜在通胀压力，说到底是结构问题，是国际收支结构长期失衡，是逼出来的。

再看成本推进压力。进入新常态，整个的要素结构改变，要求产出结构的改变。投入产出结构变化不适应成本要素结构的变化，消耗不掉，就只有进入成本价格，形成成本推动的通胀压力。那么投入产出结构的变化实际上是要靠效率变化，改进技术和创新，把整个投入产出结构升级，来应对成本结构的变化。而现在升级相对来说迟缓，这就形成了成本推动的膨胀压力。

中国现在处于一个比较典型的需求拉上和成本推动共同作用的通货膨胀潜在压力时期。中国膨胀的压力无论是从需求侧，还是从供给侧，深层次的原因都是结构问题。中国现在宏观经济出现了新特点，双重风险并存，无论是经济下行，还是潜在的通货膨胀压力，实际上都是来自于结构的问题。而这些结构性的问题靠需求侧的方式解决不了，真正解决收入分配结构、产业结构、国际收支结构等这一系列的结构问题，必须从供给侧直接调整。这是供给侧结构性改革提出来的深层次原因。

三、中国的宏观调控方式的转变与供给侧结构性改革的推进

确保供给侧结构性改革的政策得到有效的贯彻和实施，关键是体制和机制的保障。首先，出台供给侧改革政策影响的对象是生产者和劳动者，目的是降低企业的成本、提高企业的创新能力、加强企业的管理、提高企业的效率；提高劳动者的积极性、提高劳动者的生产技能、提高劳动者的劳动生产力。供给侧结构性改革运用财政政策，可能运用财政政策会更多地考虑减税，降低企业的成本，提高企业的竞争力；从需求侧说，首先考虑的是增大财务支出。而运用货币政策的时候，从需求侧可能考虑增大货币投放；可是运用供给侧的时候可能要考虑利息调整。供给侧与需求侧的着眼点不同，作用对象不同，政策手段不同。供给侧结构性改革更重要的

是，除了一般的财政政策之外，还有一系列的结构性政策，包括产业结构政策、科技战略政策、区域之间的协调发展政策、产业组织政策，就是所谓的进入退出的壁垒问题。这些恰恰是需求侧管理不需要，也不可能实现的，那么从供给侧来说，就是不可或缺的。

供给侧结构管理一旦提出来，实际上有一系列问题要解决，其中之一是需求管理和供给管理的关系。供给侧结构性改革的政策和手段就不要需求管理了吗？任何宏观调控一定是两端同时的，问题是不能盲目地刺激需求，不能刺激出一些低质量的需求，那是对供给侧结构改革的根本瓦解。供给侧结构性改革去产能，是淘汰劣质产能，结果把需求给刺激起来，大家都在抢购，破铜烂铁都可以卖掉。过度的刺激需求，尤其是刺激低质需求，剧烈的刺激对供给侧结构性改革是个根本的阻碍。但是完全没有需求的刺激就意味着经济一路下行，失业率很高，社会动荡不安，社会连稳定都保不住，还搞什么供给侧结构性改革。所以需求管理和供给侧管理一定要协调好，既不能盲目地去刺激需求、阻断供给侧结构性改革，也不能不顾需求。供给侧结构性改革离开了必要的需求扩张环境，离开了必要的经济增长前提，是很难推进的。

另外，要考虑政策上的短期和长期的兼顾。短期目标是需求侧的管理，见效很快，这是为什么一个短视的政府选择需求入手。供给侧结构性调整是效率的函数，效率提升是创新的函数，这些都是一个漫长的过程，所以一个短期目标的政府不会做这种长期的事。20 世纪 80 年代美国里根政府曾经提出过供给侧改革，它叫供给管理、供给学派、供给革命。后来为什么停止了？其中一个重要的原因是西方所谓的民主政体，民主选举的政府任期是四年，不会考虑四年之后的事，供给侧管理往往四年做不到，所以等于本级政府前任栽树，后人乘凉。

1929—1933 年大危机，罗斯福政府采用凯恩斯经济学，政府必须干预经济、刺激经济，从凯恩斯开始出现了所谓宏观经济学。和凯恩斯同时期的还有个伟大的经济学家叫费希尔，他写了一本书叫《安全与进步的冲突》，人类经济走了三大阶段：第一阶段是以农业为主的第一产业；第二阶段是工业为主的第二产业；第三阶段是以服务业为主的第三产业。为什么有经济危机呢？人类发展到第三阶段，对工农业物质产品的需求已经饱和，除了物质产品之外需要服务，而产业结构还没有调整，还在第一和第二产业当中，就出现了生产过剩，所以要把产业结构调整到以服务业为主。服务业的特点是生产和消费的时间、空间是同一过程，费希尔《安全与进步的冲突》最大的思想发明是提出思想产业。但是当时这本书没被重视，他想从供给侧入手，供给侧改变产业结构太慢，所以凯恩斯从需求侧改革砸钱，速度快。

短期目标的实现、短期政府政策选择往往更偏好需求，它对供给没有这个耐心。我们是社会主义国家，政府是为人民负责的，要对人民有足够的耐心，所以供给侧结构性改革对我们来说，提了一个很严肃的政治问题。供给侧结构性改革一旦提出来，实际上，是要求各个方面从中央到地方，一定要长期目标与短期目标相统一，一定要一张蓝图绘到底的。

供给侧结构性管理，实际上，提出来一个非常严肃的问题，政府和市场的关系。如果市场不深入，市场主体的权利得不到保障，可能在制度上导致政府对企业行为的过多直接干预，闹不好是否定市场经济。所以，里根当时为什么退回来了，是怕这个东西如果搞深了，搞不好是对市场的否定。但是，不引入供给侧结构管理，需求管理深层次的一系列结构矛盾解决不了，政府的有效作用发挥不出来。在社会主义公有制为基础的市场经济条件下，有可能更好地把生产的社会性和市场的自发性有效地统一起来，在这种制度基础上，才能真正处理好政府和市场的关系。既发挥市场在资源配置中的决定性作用，又有效地发挥政府在需求和供给两侧都能够有效地发挥政府的主导和引领作用。

对供给侧结构性改革的制度创新提出了要求。一方面经济制度的市场化必须要深入，市场在资源配置中起决定性作用；另一方面政府在宏观领域、在社会市场领域、在社会长期发展的领域起主导作用。既然政府从供给侧更多的是结构性干预，那么要求从体制上对政府权力的运用要规范。在政治体制上要推进法制建设，而政法大学是专门研究这个问题的。法治说到底是运用法律治理社会，是全国上下、全社会对法的尊重的自觉。亚里士多德讲过，法治第一要有良法，第二得有权威。法治是良法加权威，法治在市场经济下，对市场经济主体的私权要保护；法治要对公权特别是政府手中的公权力进行规范。

世界上很多国家没有穿越中等收入陷阱，如拉美旋涡、东亚泡沫、西亚北非危机。很重要的是，没有解决好公平和效率的关系问题。没有效率就没有竞争力，没有公平就没有社会和谐。为什么没有解决公平和效率的关系问题？制度创新落后，一个经济制度市场化不够，一个政治制度民主法制化落后。市场不起决定作用，越是稀缺的资源，越集中在政府官员手里，企业不能通过市场竞争取得。经济制度缺陷和法治制度建设的不足就导致这个问题，总体上资源配置不遵循效率原则，遵循腐败指数。既无公平也无效率，没有竞争力当然就穿越不过去。陷入拉美旋涡、东亚泡沫、西亚北非危机的国家，其腐败情况在世界上都非常突出。二战后穿越过去的国家，日本、韩国、新加坡、中国香港地区、中国台湾地区，尽管也有腐败，但制度上反腐败的力度特别大。包括两个制度：经济制度即市场化程度问题；政治制度即法制化制度问题。

怎么保证公平和效率呢？五大发展理念：创新、协调、绿色、开放、共享。五大发展理念，说到底是在中国现阶段为了穿越中等收入陷阱，处理好公平和效率的关系，树立新的发展指导思想。十八届三中全会提出全面深化社会主义市场经济体制的改革，在 2020 年实现全面小康目标，同时在经济体制上要初步构建起社会主义市场经济体制，使市场在资源配置当中发挥决定性作用。同时使政府在宏观和长远发展领域里起主导作用，处理好政府和市场的关系。四中全会全面推进依法治国，2020 年全面建立小康社会，基本建立法治政府。一个是民主的阳光，一个是法治的笼子。法治中国、法治社会、法治政府的目标要逐步实现。全面深化社会主义市场经济体制改革、全面推进依法治国，这两个全面实际上从很大程度上是保证第一个全面，全面实现小康目标，穿越中等收入陷阱，实现公平和效率的原则、贯彻新的发展理念、保障政策目标的实现。

在中国推进深化改革和依法治国，最有能力的领导者是中国共产党。所以我们讲全面推进从严治党，通过四个全面来体现五大新的发展理念。这样的历史性命题就使得中国现在能够穿越中等收入陷阱，朝着现代化的目标结结实实地一步步往前走。

供给侧结构性改革在逻辑上是很完整的，由此就提出来一系列理论的、政策的、制度的考虑，需要新的政治智慧。习总书记在哲学社会科学大会上讲，要从自己做的事情出发，从我们的实践出发，对当代中国马克思主义学说的形成贡献中国的新境界、新经验、新智慧。形成有中国气派、中国风格、中国体系的新的当代科学马克思主义学说。中国的改革至少三十几年，重拾我们的自信，我们有很多问题，但是我们要有钉钉子的精神，踏踏实实地走下去，我们确实是有希望的一个民族，西方人老质疑这个民族给人类文明带来了什么。有我们的经济社会发展的成就自信，才有文化上的自信，有文化上的自信，才有理论上的自觉。所以，我们是哲学的繁荣也好，是文化自信的重拾也好，说到底是建立在我们国家现代化的基础上。我们看得见，前提是你得干，你得真正参与。

点　评

贾康：我谈两点看法：第一点，关于“中等收入陷阱”。刘伟教授一开始讲世界和中国的经济发展，很快就抓住这样一个议题，后面洋洋洒洒地分析论述以后，在结束之前再回到这个议题上。我接触到的各个方面对中等收入陷阱出现的概率，充满了激烈的争议。阿玛蒂亚·森作为诺贝尔经济学奖获得者，他说我不知道中等收入陷阱在说什么。国内有影响力的学者华生教授说中等收入陷阱没法估摸，太模糊，否定这个看法；国开行的首席经济学家魏尚进先生说，中等收入陷阱的概念不成立。我认为中国一定要面对中等收入陷阱，今天听了刘伟教授的讲座，感觉我碰到了知音。中等收入陷阱概念的严谨性、量化，确实很难把握，是一个动态比较，是一百多个到达中等收入水平的经济体再往后发展趋势的统计现象。统计说明90%过不去，警示中国到了矛盾凸显的阶段，如何能够走那10%国家的穿越轨迹。我由衷地认可刘伟校长作为学者，在纵观中国大发展的情况下，特别抓住这个概念。

第二点，我想简单点评一下刘伟校长从三个问题里面都紧紧结合的供给侧结构性改革。如果说学术讨论，确实有对立面，很有影响的林毅夫教授有一个基本判断，中国现在经济下行碰到的问题，是周期性问题，不是结构性问题。我个人认为从学理的角度说，应该强调最主要是结构性问题，必然要在经济学上实现一定的突破，要正视过去比较成熟的需求侧管理套路的局限性。同意刘教授今天的观点，要处理的是结构问题，一系列的演变是慢变量，要有历史的定力和耐心，解决效率和创新的问题。

供给侧结构性改革对经济学提出了革命性的要求，必须研究建构中国特色社会主义政治经济学学理对于科学决策和政策优化设计的支撑，经济学者要对经济学进行革命。几百年来，西方经济学在国家干预主义和自由主义之间摇摆，但是中国的供给侧结构性改革要寻求经济学理论的突破。供给侧结构性改革要把法制化、民主化，有效市场与有为、有限政府结合在一起，不是简单地在两边摇摆，而是要找到一个更有效的理性主义管理，加入一个结合的、现实的、理论实践打通的中国作为。我们希望在理论探索、发展过程中，能够对于实践有更好的引领，并对实践和理论结合产生积极的贡献作用。

刘纪鹏：这两天媒体的评论说，只要咱们管理者当局不犯低级错误，咱们一定能够抓住机遇，甚至到年底、明年年初就能够经济触底反弹，这个基本上是真的吧？

贾康：基本上是，我希望这个报道能把前边、后边放得全一点。我基本的逻辑是说，中国现在虽然有不确定性，经济下行还不能说走到“常”的状态上，但是有希望，各种各样的苗头综合在一起，如果处理得好，管理部门如果不犯低级错误，我觉得是有希望在2016年年底或2017年年初经济运行出现一个阶段性的探底。探底是摇摇晃晃，不带明显继续往下走的势头，但它是不是能稳下来，我们还是要接着企稳，争取摇晃程度减少，企稳的稳在一个升级版的最大提升的中高速增长平台上，慢慢提升一段，由新到常。

刘纪鹏：两位的基本观点，也代表了下一步国家发展在献计献策方面的很多主流观点。

时建中：刘伟教授在一开始讲到宏观经济失衡的时候，是从总供给和总需求的角度去看的，从需求侧改革到供给侧改革。对于宏观经济政策效果的评价，有一个重要的观测点是微观经济运行情况。因此，在讨论供给侧改革的时候，供给侧改革到底效果怎么样，不是看总量，看总供给和总需求是不是平衡的，而是一定要看具体微观企业的发展运行状况。无论财政政策、支出政策、税收政策、货币政策，尽管货币政策它是考虑货币供应的一个问题，一旦落到具体的企业，就是说落到厂商的时候，最主要的问题是歧视。如果我们选择按照身份来实施税收政策、财政政策，国企特别受益的话，毫无疑问这种政策是歧视性的政策，而歧视性政策一定会背离结构性改革的初衷。

实际上，政府和市场的关系问题一直伴随着体制改革的核心问题，我认为法学最大的任务是尽量避免产生非常糟糕的政府与市场之间的关系。

供给侧结构性改革的矛盾主要方面是在政府上，政府又是推动结构性改革的最重要推手，所以关键在于政府不要因误判而导致更为严重错误的政策。所以，结构性改革的悖论是什么呢？如何防止政府去犯错误呢？刘伟校长在最后的结论部分回到了对法治的呼吁。我觉得可能需要解决两个问题：第一，实现宏观调控政策的法规化，我个人认为任何经济政策都不能够损害自由的公平竞争秩序。只要是市场竞争机制没有受到损害，那么接下来的政策一般不会出现太大的错误。第二，实现宏观调控政策制定和实施的法规化。我觉得通过构建程序来防止宏观经济政策出现大的偏差，可能是我们必须要考虑的问题，包括重大宏观经济政策制定权限是什么样的，主要的措施有哪些，实施的程序是什么样的。

黄剑辉：2012 年，我们成立了中国新供给学研究小组，2013 年正式在北京市民政局注册，成立了华夏新供给学研究院，建立了中国经济学研究改革的平台。对中国经济发展来说，推动供给侧结构性改革是必由之路；对全世界来说，推动供给侧结构性改革也是走出 2008 年这场危机的必由之路。比如滴滴打车就是引入了新的供给主体，彻底破解了一个出租车领域的难题。中国教育、医疗等其他方面难题的破解都是在供给侧。供给侧结构性改革最好的办法就是制度的改变，给出了不同的结构，引入新的供给主体，破解需求不足的问题。

我们做了一个课题，就是中国 2049 战略，结论是说从量化分析角度，2013 年中国的人均 GDP 相当于美国的 17.6%，如果“十三五”能够保持 6.5%以上的增长，到 2025 年，中国的 GDP 总量有望超过美国，达到全球的 21%左右。按“十四五”“十五五”5.5%的经济增长速度，2031 年到 2049 年保持 3.5%的经济增长，到 2049 年能够达到美国 GDP 的一半，即所谓的中等发达国家，相当于现在意大利、西班牙、韩国的平均 GDP 水平。到 2030 年才能跨越中等收入陷阱，而不是 2020 年，用一句话说，架设改革创新之桥，跨越中等收入陷阱。印度人说 21 世纪是他们的世纪，我觉得可能性不大，因为他们从来没拿过世界冠军。现在正在打欧洲杯，欧洲杯也好、世界杯也好，从来没拿过冠军的人，想要拿冠军，可能性永远没有，我们国家五千多年来多数的年份都是世界冠军，所以再次重返世界之巅是必然的一个趋势。也是我们国家作为文明国家的光明与梦想再现。

互动提问

提问：市场经济的战略性发展问题，如果把它交给市场经济，国家怎么处理这种关系？

刘伟：这个核心问题还是政府和市场的关系，市场是竞争性的，但真要到战略性的一些问题，恐怕必须有国家力量和国家政策的长期规划。现在讲美国是最强的国家，市场化竞争最充分，但是都知道美国政府在发展战略特别是科技战略前瞻性战略性问题上，政府的作用不仅是宏观的，实际上很多是结构性的和微观的，非常深入的。美国不一定是最成功的，但我只是说美国的科技现在最领先，我们借鉴它在政府该发力的地方做得非常仔细。

讲一个小故事：北京郊区有一个小男孩，整天在家里玩电脑，上学也不做作业，都是妈妈帮他做，到了小学四年级，他妈妈实在做不动了。后来美国移民局联系要把他们全家移民到美国，为什么？父母都是普通的农民，但这个小孩很有才华，他可以当黑客攻击美国政府，攻击美国很要害的部门，上了美国的黑名单，要把他全家移民到美国。我们派了几个高级的网络工程师去测试这个小孩，发现他能力非常强，外语是在网络上学的，学得蛮不错，后来政府就把这个小孩养起来了。我讲这个故事是说美国政府的猎头，对科技、人才的重视是不遗余力的。真的到了国家的战略能力、科技发展的时候，一方面是要市场决定性的力量，科技进步最核心的动力是企业，其他的高校、研究机构、政府都是服务于企业。通过企业真正地再把技术推动起来。同时在这个基础上，政府起着非常大的作用，包括西方政府，在这方面非常重视。美国人从来没有忽视政府在这方面的作用，中国更有条件把政府和市场的调节结合好，把市场竞争和非市场的方面统一好。

提问：我们政府抓供给侧改革、制止经济下滑有什么手段没有？

刘伟：我们是采取了很多手段遏制经济下滑，像财政政策、货币政策。一方面担心是不是过度刺激需求，会不会刺激一些劣质的供给，以及它对供给侧所谓的去短板、去产能、去杠杆、降成本补短板等等，所带来的负面作用。但是现在积极的财政政策要更加明确，稳健的货币政策松紧要有度。最近出台的财政赤字，今年做到了3%，比去年增加了5600多亿；然后我们的货币发行，一个是M2的增速要达到13%，一个是社会融资规模的余额增长13%。这些说到底都还是需求方面的，那么真正从供给方面推动税制改革，争论也很大，营改增到底是不是从整体上给企业降低了成本，各行各业也都不同，有结构差异。大众创业、万众创新是典型的供给侧的一个主张。

22号文件背景下的国资改革新趋势

提　要

时间：2015年11月23日

地点：中国政法大学蓟门桥校区科研楼二层学术报告厅

主持：刘纪鹏

主讲：周渝波　国务院国资委副秘书长、中国政法大学兼职教授

点评：赵旭东、李曙光、费安玲、王敬波、黄进

互动提问

22号文件是很多部门、单位一起制定的，是许多政策制定者智慧的结晶，我们也在学习掌握其精神实质，在目标、方向、基本原则的理解上，在主要任务落实上，都需要进一步深入理解，所以要我对改革趋势进行分析，我感觉自身知识水平还是远远不够的。因此我首先要把关于国企的定位、使命、特殊作用等的个人理解给大家大致介绍一下。

与国企相关的两大话题，一是供给侧改革，从需求侧管理向供给侧转变，从低端无效供给向高端有效供给转变，提升经济发展的质量和效益。优化供给需要企业的深度参与，为此包括国企在内的各类企业应加快改革

步伐。怎么改？总体而言，就是要提升供给侧相关要素资源配置的质量和效益。企业发展应从单纯依靠规模扩张向质量、效益的提升转变，实现可持续发展。二是经济下行压力加大的形势下，近一年多以来，工业、企业整体赢利水平持续下降，在这一宏观形势下国资委下属央企的经营状况也面临严峻挑战。这是目前谈企业涉及的两个重要的问题，国企也同样存在这两大问题。

我国的国企与西方国家的国企是不一样的。西方国家的国企旨在弥补市场失灵，提供公共服务和产品，进入私人资本不愿涉足的领域。而我国的国企分布领域较广，是作为市场微观主体打造的，国企与其他各种所有制主体公平竞争甚至要参与国际竞争，而不是为了弥补市场的不足，这与西方国企有本质区别。历经三十多年的国企改革，目前，我国国企按照社会主义基本经济制度、两个坚定不移的要求，改革成效显著。总的来说，国企在国内是“三分天下其为主”，在国际上是“三国演义勇争先”。

第一句话，“三分天下其为主”，即以公有制为主体的多种所有制经济共同发展。公有制的主体地位可以用数据来印证：

其一，2013 年年底，全国国有企业总资产 118 万亿、净资产 39. 4 万亿、所有者权益 31. 8 万亿。2013 年全国国企上缴税金 3. 8 万亿，约占全国财政收入的 29. 5%。

其二，在中国企业 500 强中，国有控股企业共 258 户，占 58. 6%，年营业收入占 78. 3%、纳税额占 88. 7%。

因此，国有、民营、外资三分天下但“其”为主，即公有制为主体。

第二句话，从国际上看“三国演义勇争先”。从所处的经济链条而言，世界上的国家可分成三类：资源型、生产型、消费型。资源型国家主要依靠资源优势在国际上竞争，如中东国家、俄罗斯等；生产型典型的是中国、东南亚国家等；消费类就是发达国家，如美国、英国。在整个经济链条中，消费类国家占据了上端。生产型国家付出了大量的资源和劳动力，但其分配链条中含金量较低。

因此，如何改变我国在国际经济链条中所处的地位和格局，一大批国内企业都在为此而努力，其中国有企业是代表中国参与国际竞争的主力军。2015 年，中国大陆 94 家企业入选世界 500 强，其中 84 家是国企，国资委下属央企 47 家。另外，近年来很多具有自主知识产权的创新成果也是央企发明创造的，每年的国家科技进步奖一等奖、二等奖相当一部分颁发给了中央企业。2015 年 9 月发射的长征六号运载火箭，创下亚洲纪录；前不久的 C919 大型客机组装下线；"华龙一号"标志具有完全自主知识产权的第三代核电已经进入工程示范的全面建设阶段；我国的高铁技术也领先于世界。这些技术的创造、集成基本是国企，特别是大型央企完成的。

换个角度来讲，我之前在国资委担任政策法规局局长，这些年明显感觉到在对外谈判中，西方国家对中国国有企业更加关注和重视，这也证明国有企业的地位和实力是非常强的。2012 年开展中美经济对话时，美方首先就指责中国的国企治理结构不透明，美国企业和中国国企没有一个公平竞争的市场环境，要求开展与中方国有企业的对话。TPP 甚至专章对国有企业进行了规定，此类国际条约的变化与国内法律、法规变化的不同在于，国内的法律、法规是以所有制不同作为立法的基点，进行渐进式修改。从国有资产立法的演进可以管窥一二，最早是全民所有制厂长条例，其后是全民所有制企业法，按照所有制的不同，专门给全民所有制企业单独立法。随着改革的深入，针对不同所有制企业专门立法的情形越来越少，对所有的市场主体公平立法、去身份化成为大势所趋。但在国际上，去身份化、为不同所有制企业特别是国有企业制定不同的法律规则成为趋势。

在 TPP 出台之前，国资委的相关统计表明，2012 年共三个投资协定，2013 年共五个投资协定，对国有企业规定有专门的内容、专门的条文，而此前并没有类似的做法。趋势变化的背后包含一个原则，即国有企业竞争中立性原则。实际上，竞争中立性是西方国家用于约束中国国有企业的提法，我们是不太承认的，我们提出要按照所有制的中立性来制定相关规则。对不同所有制企业应公平对待、保持中立。国企竞争中立性指的是国有企业在参与市场竞争时，政府作为出资人应保持中立，而不应给予补贴或优惠，预设的前提是我国给了国有企业各种各样的优惠。对此我们是不承认的，国企改革的着力点是要把其打造成合格的市场主体。这使得我国国有企业的国际竞争力逐步提高，越来越引起西方的关注，因此西方国家试图通过各种各样的协议来限制我国的国企，这也从反面印证了我国国企的重要地位和作用。

因此，从国内、国际两个视角来看，我国的国企在经济发展中居于十分重要的地位，在国民经济中也发挥着主导的作用。国有企业必须要坚持社会主义基本经济制度，推动国有企业在市场经济下做强、做大，而不能往西方国家国企的方向改，将国企改造成类似公法人的特殊组织，更不能搞私有化。这是国企改革的大背景及我个人对国企改革的一些理解，主要探讨的是两个问题：一是改革的逻辑，二是改革的任务。

之所以要探讨改革的历史逻辑，主要是因为在讨论当下的国有企业改革时，首先应具备历史的眼光，了解国有企业三十多年改革的历程，包括计划经济年代的三十多年国有企业发展演变的历史。回顾历史是为了更好地昭示未来，才清楚国企改革的方向，而把握改革的趋势和方向是国企改革的基础性问题。从历史逻辑的角度来看，三十多年的国有企业改革，可以归纳为两句话：一是不断地把国有企业往市场化方向改，把国企推向市场；二是不断地探索调整、规范政府和国有企业的关系，这是三十多年国有企业改革的一条主线。按照政府和国有企业关系的不同，国企改革大致可以分为四个阶段：

第一阶段，改革开放前的计划经济时期，政府和国有企业之间是附属关系，国资国企的监督关系是物权关系，国企是政府的附属物，产供销、人财物都由政府安排，国企只负责生产、质量、数量，完成生产任务，其他的事企业不用管。

第二阶段，改革开放初期到 1992 年、1993 年，这一阶段国有企业和政府的关系转为委托关系，国资、国企监管方式有比较强烈的债权色彩，改革的主要措施是由政府向企业分权。这一阶段是从扩大企业经营自主权开始的，包括后来搞承包制，都进行了一系列的探索，在这个探索过程中，也出台了第一批有关企业改革的法律。这一阶段的改革从法律上讲，就把此前的物权模式改成债权模式，物权模式就是企业虽然在经营，在使用这一批设备和厂房，但这些设备、厂房都不是企业的，扩建、拆除设备、厂房都要到相关的政府行业部门去请示。扩大企业经营自主权，就把这种方式改变了，这批财产还是国家的，但明确是委托给国企经营。国企的法律权利也进一步明确了，包括占有、使用及部分的收益权，但没有处置权。最典型的就是搞承包制，承包委托人是相关的政府部门，承包人是作为被委托人的企业。这一系列探索，逐步地把之前的附属关系通过承包制调整成委托关系。这一阶段的改革在一定程度上调动了企业的积极性，但没有从根本上解决问题。企业对自己的资产到底有没有财产权？搞承包制之后发现，包盈不包亏，承包人胆子比较大、定的标准也比较高等问题广泛存在。相关政府部门把企业承包出去了，结果企业把目标定得很高，实际上实现不了，企业还是亏损，谁来负担这个亏损？承包人也没有资产去解决，还是把这个包袱交给政府。所以相关的政府部门还是要去解决企业的归属问题。在这个背景下，又在探索怎么进一步理顺政府和企业关系。

第三阶段，从 1992 年、1993 年开始到 2003 年，国有企业进行了大规模的公司制、股份制改革，政府和国有企业的关系由委托关系转为出资关系，监管方式也转为股权方式，与此同时，政府管理企业的职能开始逐步整合。1988 年国家成立国有资产管理局，就开始逐步整合政府管理企业的职能，当时整合的是国有企业的基础管理职能。进入 20 世纪 90 年代后，政府管理企业职能的整合在加速。一个很重要的表现是，政府的各个行业的主管部门都慢慢裁撤了，机械部、冶金部、化工部、煤炭部等改成工业局，并隶属于国家经贸委，继续整合国有企业管理的权力。这一阶段的国有企业改革是大刀阔斧，当时提出来要“抓大放小”。“放小”，把一批中小企业，通过各种改革，放小放活；“抓大”，开始进行一大批政治性破产，把一批扭亏无望、经营困难、难以为继的企业，通过国家明确一定的政策搞破产，当时大概涉及 5000 户的企业，1000 万的员工。通过政治性破产，把这些困难性企业消化掉了。

这一阶段的改革完成之后，又出现什么问题？困难的企业没有了，大企业经营状况相对较好，但企业经营的状况到底怎么样，不清楚。20 世纪 90 年代末搞了稽查特派员制度，当时朱镕基是政府总理，派特派员到企业去进行稽查，结果发现一批企业财务账本不实，有的甚至掩盖了其严重的亏损。另外，企业经营过程中，有许多需要政府帮助解决的问题，但不知道该找哪个部门，因为行业主管部门没有了，当时财政部管，发改委也管，经贸委也管，相关的一些协会也在管，这就是所谓的“九龙治水”。在这一种情况下，国家感觉到对于这些大企业，还要继续推动改革。

第四阶段，进一步明确国有一级企业的出资人代表，成立国资委。国资委根据本级政府授权，依法履行出资人职责。那么国有一级企业是指的什么？就是指国资委目前履行出资人职责的 112 户企业，一级企业下面的企业是其子企业，子企业下面还有孙子企业。目前国资委履行出资人职责的是 122 户，但这 122 户企业三级以上的孙子企业、儿子企业，加起来就是上万户。国资委对一级企业，根据政府授权，履行出资人职责。这就解决了政府层面谁是出资人代表的问题，解决了九龙治水的问题，继续整合政府层面管理企业的权力。

四个阶段的总结主要有三个方面的内容：

第一，国资监管机构作为政府层面的出资人代表，是在市场经济条件下规范国企与政府出资关系，推进政企分开，政事分开的体制设计。

第二，国资、国企监管模式的转变，是将国企推向市场，将国企培育成为独立的市场主体而必须进行的改革调整，由物权模式下完全着眼于管企业，到股权模式下突出管资本；由物权模式下人财物、产供销的集权，到股权模式下只享有出资人的三项主要权利；由物权模式下的行政化管理，到股权模式下按照《公司法》行使股东权利。

第三，在改革过程中，政府不断地向国企分权，在政府层面管理企业职能又在不断地合权、分权。

基于这种历史逻辑的梳理，我们认为下一步不管怎么改，首先是要按照出资关系去探索规范国资委与企业的关系；第二，要按照股权模式进一步探索政府监管企业的方式；第三，按照一分一合的改革轨迹，进一步整合政府管理企业的资本，更好地实现所有权和经营权的分离。

改革到目前这个阶段，需要明确下一步改革的方向。三十多年来国企改革有很多成绩，但是问题也很突出，对此不能回避。目前，工业企业的盈利在下降，产能过剩的问题也越来越突出，表面上看好像跟行业、市场的变化有关系，但是从深层次看，我个人认为跟体制、国企改革不到位是有关系的。关于先一步的改革动力，有的专家总结了三点：一个是要靠制度的改革；二是靠城镇化；三是产业转型升级，实现转型升级的关键因素是创新驱动。只有释放这三个动力才能把整个经济下行的趋势扭转过来。

国有企业改革，可以从三个层面来看：一是政府层面，现在以国资委为主管企业，职权相对集中一些。但政府部门管理企业的职权依然存在问题，直接表现是权无边界，权责脱节，政府职能的转变应按照政企分开、政事分开的原则去落实。二是国资委层面，也存在监管不到位、错位、越位的问题，简称三位问题。三是企业也存在问题，现在国有企业最大的问题就是放不活、管不住，一方面政府监管越位，企业缺乏活力；另一方面，个别企业的个别领导未能履行好主体责任，包括腐败问题，因决策失误造成经营不善，这违反了相关程序，甚至违反了法律法规的规定。

因此，虽然改革取得了很多的成绩，但当前的问题也是很突出的，22号文针对这些问题，提出了下一阶段国有企业改革的方向、主要任务和改革措施。22号文件指引的改革方向很明确，概括为两点：一是拉开出资距离；二是拉近监督距离。

这次改革的第一个问题叫作拉开出资距离，怎么拉开？一方面明确国资委要坚持出资人的地位，根据政府授权，履行出资人职责，国资委要以管资本为主，加强监管。同时，要改革国有资本授权经营体制，组建国有资本投资公司或国有资本运营公司，在国有企业监管机构和企业之间，明确两类国有资本运营公司，进行授权，形象地说就是要拉开出资距离，尽可能对企业少干预，使企业在市场上依法自主经营。这是不是等于在企业和政府之间又搞了一批资本公司？不一定，就像国资委监管的112个中央企业，很多有条件直接改组成两类公司，并不是非得组建一个资本公司。有的央企现在已经有两类资本公司，因此要进一步明确资本公司有哪些经营权。

第二，拉近监督距离，加强对国有企业的监督。如果从出资的角度是一级对一级，那么从监督的角度讲，就应当突破级次的限制，实现全覆盖，保证国有资产的安全。22号文件特别强调要加强党对国有企业的领导，履行好党委和纪委的责任，这都是在强调要加强对国有资产的监督。国有资产是全体人民的财富，维护好国有资产的安全，这是执政党应该承担的责任，是政府机构应该承担的责任，也是企业应该承担的责任。明确了改革方向，那么改革的主要任务是什么？22号文件有明确的规定，主要有五项重点任务：分类推进国有企业改革是基础；发展混合所有制经济是改革的重要途径；完善国有企业管理体制是改革的体制保证；强化监督、防止流失是改革的内在要求；加强和改进党对国有企业改革的领导是政治保障。

国有企业分类是作为国企改革的第一项任务提出来的，讨论这个问题要弄清楚三个层面的含义：一是为什么要分类；二是如何分类；三是分类干什么。

为什么要分类？国企改革有多重目标，既要承担经营责任，又要承担社会责任、政治责任。企业发展时，目标定位一定要清楚。目标定位不清，企业发展就会无所适从，比如社会效益和经济效益发生冲突时怎么办？不同企业要求不一样，有些企业应社会效益优先，经济效益服务于社会效益，有些企业则不作要求。比如“9·3”阅兵，老百姓看的是街上的热闹，央企看的是装备，这个队列是我们生产的，那个队列是他们生产的。承担了这些任务的企业，如果生产时重大任务和经济效益发生冲突，首先要保证任务的完成，从根本上说就是企业目标一定要清晰。只有目标清晰，企业才好去发展，才好对企业进行评判，所以，企业分类的问题特别重要。

央企走出去的步伐在加快，当与国际上的同行企业竞争时，国外的企业、政府部门这个方面的诉求也比较多。TTP 协定有一个基本的分类就是国有商业企业、国有垄断企业、一般的国有企业和国有公益企业，对不同类型的企业有不同的要求。如果我国的国企没有进行这样的分类，参与国际竞争时，外国就会拿异样的眼光看待你。所以国企去美国投资时，美国人标榜自己很开放，94%的投资项目不审查，政府审查的投资项目就 6%，还指责中国审查太多了。中方反问：中国的国有企业到美国投资都要被审查，100%都要审查？

怎么分类？目前大致分了商业类、公益类。其中商业类里面有承担重大战略性意义的特殊商业类和一般商业类。所以看上去只分了两类，实质是三类。分类以后要干什么？简单来讲，就是要分类改革、分类发展、分类监管、分类定责、分类考核。怎么做到这五个分类？虽然现在有相关的文件去细化，但还要进一步探索。前两天国资委内部还在讨论顶层设计和下面的首创精神怎么结合的问题。改革进行到目前的阶段，必须搞好顶层设计，把握好方向、原则，但是首创精神也要继续鼓励，还要拿出摸着石头过河的精神进行探索、细化。因此，国企分类是下一步改革的基础，分类改革下一步是股份制改革，哪些情况必须是国有独资，哪些可以是国有控股，哪些可以国有参股，都与这个分类有关系。

第二项任务，关于完善现代企业制度和混合所有制。完善现代企业制度是十四届三中全会提出的国有企业改革的目标。这个目标是适应社会主义经济体制的目标：建立产权清晰、结构明确、政企分开、管理科学的现代企业制度。完善现代企业制度和混合所有制有两个核心问题需要解决，即产权多元化和提升治理效率。目前，这两方面取得了一定成绩，但问题不少，比如关于混合所有制，中央企业已有 53 户企业改造成了混合所有制，但没有解决实质问题，国有股占比高达 83%，非国有股只占 17%。而从法律上讲，非国有股占到 33%以上才可能发挥作用，一方面实现产权多元化，另一方面在国企治理上才能发挥作用，各类股东善于且便于行使自己的权利，国企的企业治理机制才能逐渐发挥作用，才能有效防止盲目决策、草率决策。

第三项任务，完善国有企业管理体制。按照十八届三中、四中全会的要求，转变国有资产监管的思路、职能、方式、方法，首先要实现管资本，以资本为纽带，实现“资本一线牵”，进一步聚焦出资职能，依照法律法规和公司章程规定，自觉按股比决定重大事项，通过有效约束资本来约束企业。国企高管要在规范的法人治理结构中行权履职，实现“董事一线牵”，规范董事会建设，国资监管机构对企业重大事项的管理，主要以派出董事发表意见、行使表决权等方式实现。但从监管角度来讲，在目前过渡阶段提出“只有国有资本没有国有企业”并不合适，现在要转变思路，转变监管职能，转变方式方法。主要通过三种方式：

一是下放、取消审批权来推动职能转变，但企业有时感到不解渴，下放、取消的审批权含金量不够。

二是探讨制定权力清单、责任清单，这说起来容易、做起来难，国资委正在研究制定。

三是以改组国有资本投资运营公司为突破口，探索国资监管职能的转变。有的地方力度非常大，把国资委承担出资人的很多权力都授权两类公司。但从法律角度应当有一个基本的认识，政府层面的出资人代表国资委按照机构性质是政府的直属特设机构，而不是企事业单位。国资委不是政府，我国国有企业的所有权宪法规定由政府来行使，分级授权给地方各级地市政府。所以作为政府直属特设机构的国资委不享有股东的完整权利能力，因为它不是政府本身，也不是企业。企业作为一个民商事主体能做的，国资委作为一个特设机构可能就不能做。有了这一判断之后，接下来再去探讨两类资本公司和国资委之间怎么开展授权经营，哪些股东权利可以授权。关于监管职能的转变，这是一个基本认识。下一步要切实解决国资委管得过多过细的问题，解决不到位、越位、错位的问题，这是完善国资监管体制的突出问题。

此外还有一个要求：实现经营性国有资产集中统一监管。现在中央层面除了国资委监管的112户央企，资产规模约占中央层面实体经营性国企（金融企业除外）的78%，剩下22%的比例（近8000户）是由其他部门管理的企业。22号文件明确提出在完善国有资产管理体制的过程中，要把各党政机关监管的企业统一纳入到国资委监管的体系之内。

第四项任务，强化对国有资产的监督，防止国有资产流失。前段时间，我们按照部署参与了强化监督、防止国有资产流失文件的起草。调研时普遍反映，在监督的问题上，企业内部监督不如外部监督；外部监督当中，出资人监督不如纪委巡视、审计监督。但是不管如何，监督的主体是稳定的，监督的频率很高，但效果不好。有的企业反映账本经常在各个监督主体中间转，监督很多，但没有形成合力、监督到处有死角。这次出台的监督文件，概括起来，就是构筑四道防线，实现防堵查塞。“防”主要是企业内部监督；“堵”主要是出资人的监督；“查”指的是专项监督，主要是纪委监督；“塞”指的是要实现阳光运作，社会监督。同时强调，要在企业外部出资人监督上建立会商机制，减少频次、突出重点，分一线二线。出资人监督是一线监督，要做到日常跟踪；二线监督就是重点抽查。这样在监督主体责任划分上更加明确。

最后一项任务，加强改进党对国有企业的领导。国有企业有两大特点，之前第一个特点强调的更多，即国有企业是全民所有制企业，是政府出资企业。事实上还有第二个重要的特点，即党对国有企业的领导，这一点探索得还不够。对此22号文件有一些新的要求、提法，包括把党的领导纳入到公司治理中，明确党在公司治理中的法人地位，实现党委书记和董事长双项管理机制；在企业的改革、规划过程中，机构设置、工作开展都要和党的领导、党组织的设置同步进行，这也是这次改革的一大亮点。关于如何贯彻党的政策、发挥党的作用也进行了探索，总结起来，主要表现在参与决策、带头执行、有效监督三个方面。

参与决策是讨论最广的，党组织参与决策应该体现在组织形式上，企业党委作为一级组织去参与决策，而不是党委的某个成员去参与决策。现在这个问题有一定的推进，但是没有完全解决。特别是在做重大决策时，如果党委决策和董事会决策不一致怎么办，所以这个问题的解决还要去探索。以前参与决策强调的是组织行为，董事会开会前党委先进行研究，党委研究后把相关的意见在董事会上充分地反映，让董事会知道党委的意见，董事会要尊重党委的要求，但尊重不一定是采纳。对此怎么去把握，不是很清晰，所以22号文件又提出一些新的内容，下一步还要升华。有专家提出要把党的重要作用写到国企章程里面去，这是降低了党的领导地位。中国共产党的领导是宪法规定的，这是宪法原则，企业章程为了便于操作，只能在宪法原则下具体化。

点 评

赵旭东：我谈三个问题：第一个是谈点感触；第二个是点评；第三个是谈点看法。

第一个感触，很骄傲我的同窗能参与中央重大项目。

第二，就是关于22号文件，大家都在解读整个文件，我也参加过几个这样的研讨会。但我认为今天的解读是最权威的，因为国资委是该文件的起草机构，周渝波是其中的组织者和参与者，他的解读是最权威的。从内容上看，周副秘书长的解读，能够让我们深刻思考，其中包括很强的学理性、法理性的解读。从国企改革历史的逻辑入手，从物权、债权、委托关系，再到股权出资关系，再到出资人贷款关系，揭示了国有企业的来龙去脉，也揭示了国有企业的本质问题——产权改革，改革的方向是企业能获得独立的财产、独立的法律人格，成为真正的市场主体，彻底改变我国国企的监管的模式。

当然他也很理性地分析了国企改革存在的问题，探讨了未来国企改革的方向和五项主要任务。法无边界和脱节，谈到了国企改革存在的不到位、越位和错位“三位”问题，谈到了“放不活，管不住”的现象。这样的分析和总结很生动、很形象，言简意赅，表现出很鲜明的法律视角的观察，其中也使用了很多经常谈论的法律概念、法律关系，法律关系中的权利、义务、责任，法律规范和制度设计等法律问题。因此，周副秘书长是有很强的法律专业背景、法律意识、法律思维的国家机关干部。

第三就是我的一点认识，作为政法大学的学者，我的思考和观察。在22号文件出台之前，我们的学者是没有太多期待的，因为文件一个接一个，全国人大的文件、报告，几乎都缺少具体内容。但22号文件出台后，我们眼前一亮。第一个突破是国企分类，分类监管、分类定责，把国企分成商业类和公益类。第二个突破是进一步协调国企监管和法律制度之间的关系，解决国企跟自己公司法人实践的矛盾。国有企业既要受国企政策法规的约束，又要受《公司法》的制约，经常两边打架。22 号文件最大限度地协调了二者之间的关系。第三个突破，明确了管资本与管企业、管资产的具体差别。22 号文在这个问题上，虽然文字表述不多，但确实说得比较清楚。从法律的关系角度，把管企业和管资产，说得比较清晰，具有很强的操作性。管资本本质上就是管股权，管合理流动、管优化配置。22 号文件将这几个方面一层一层地剥离，说得比较清楚，这是文件又一个重大的突破。同时，22 号文件还存在没有解决的，或者需要进一步探索解决的问题。

第一个问题，关于国有企业的概念和范围，什么是国有企业？目前在各种文件中是非常模糊的，甚至可以说是非常乱的。尤其是在各种文件当中出现的，国家出资企业、国有控股企业、相对控股企业、参股企业，这些概念是什么关系？有的时候是模糊的、不清晰的，在实践当中这样的问题是没有解决的。这一概念都存在完全不同的界定，会直接影响到当事人的法律后果。你算不算国企的领导，算不算国企的员工，要不要承担责任？要不要受国企监管的规则的约束？22 号文件还是没有厘清这些概念。

第二个问题，党的领导的问题。22 号文件试图解决党的领导和国有企业监管的关系，但这是一个难度极大的问题，政治问题和法律问题纠缠在一起。有时学术、法律问题的讨论，还要顾及政治问题，但它实际上是法律问题。22 号文件试图解决这个问题，但我觉得也没有完全到位，思路是有，但是到具体实践的时候，这个文件还没完全解决。这个问题我觉得是任重而道远的，是关系到国有企业法律制度最艰难的问题。

第三个问题，政策与法律的冲突和协调。国有企业的很多问题是政策解决的，很多文件像中央文件、政府文件，这一套政策形成的规则，跟法律经常有冲突。法律没改，政策先变了。政策这么规定，法律是另外一种规定。

第四，国企分类的问题。商业性国企和公益性国企，这个分类提出来了，但这个制度还没有建立起来。企业的本质是盈利性的，那么公益性国企的概念提出，就跟企业本来提出的盈利性发生了冲突。怎么样来界定公益性的国有企业，并建立相应的法律制度，这是需要进一步探索的问题。

李曙光：今天渝波副秘书长重点讲22号文件，从宏观的视角，特别是讲五大任务，我觉得讲得非常清晰，解读也很到位。

从我的角度来看，22号文件出台的背景是十八届三中全会决定，三中全会决定是基本的框架，22号文件是1+n个方案。22号文件可以说是三中全会决定出来之后，对国资改革的顶层设计，因此对于渝波副秘书长对22号文件重要性和作用的解读，我是非常赞同的。当然今天因为时间所限，对很多具体问题没有深入地探讨。

这里我主要谈三点认识。第一，国资委的定位问题，这也是22号文件出来以后学界讨论比较多的问题。关于国资委的定位，这里要讲到我和纪鹏教授在主要观点上不一样，当时我们在国资法的立法当中有一个争论。我始终认为国资委应该是干净的出资人，而不应该既扮演婆婆，又扮演老板的角色；纪鹏教授认为国资委是监管者，不要去当出资人。目前来看，1+n个方案是以接受我的观点而结束。最近这个方案，关于国资管理体制的改革，就把国资委定位为一个干净的出资人，是一个老板，不再是一个监管者。这也是今天听了渝波副秘书长讲话之后，我想要补充的。国资委的定位，实际上是国资管理改革最重大的基础性问题。22号文件把这一点定调了。这个定调非常重要，为国资委下一步的管资本和进一步深化改革打下了基础。

第二点就是关于分类改革。我觉得渝波副秘书长这一点讲得非常好。分类改革是国资改革的基础，如果说十八届三中全会决定有什么重大决定的话，分类改革应该算一个。此前，关于国资的分类，各地是五花八门。这一次实际上就把它分为两类，这就把国有企业下一步改革的要点讲清楚了，否则的话我们又是一锅煮、一锅端。接下来我也同意重点的改革实际上在商业类的这一块，比较难改的是战略类商业性国企，因为战略类涉及国计民生，这一块要从商业类分离一部分出来，然后分类、拆分和重组，这是这一类国企改革的难点。另一个难点是要为公益类的国企立法，赵旭东教授也讲到这个问题。但公益类现在没有清晰的法律定位，什么叫公益类国企？它的功能？它在市场上怎样表现，未来怎样维持自身运作？因为公益类有些是亏损的，那国家对于它的补贴应该在什么样的法律框架下来进行？所以对于公益类国企，下一步很重要的是要有一个立法，规范它的行为、规范它在多大程度上用政府的财政补贴？

第三个认识，下一步国企改革、国资改革的难点和重点在什么地方？我想主要在三个方面。

第一个难点，国资的分层、分类改革。国资委已经明确了作为老板、作为干净的出资人，这是一个很重大的突破。但在它下面到底是搞两层还是三层结构，这是一个争论点。我认为，如果说国资委只是一个干净的出资人，一个单纯的老板，国资就可以只搞两层，不一定要三层，这样很多一级企业直接可以转为控股公司，就不用搞那么多中间控股公司。

第二个难点，下一步的混合所有制改革，其中特别是员工持股，在下一步做法上争论很多：员工持股适用于什么样的国企？适用什么样的方式？员工持股应该选择什么样的企业进行试点？

第三个难点，表现在三个方面，实际是跟《公司法》配套的三个点。《公司法》解决三个问题：一是解决激励机制问题；二是解决控制权争夺问题；三是解决分红问题。激励机制主要涉及薪酬制度，国企的薪酬改革是下一步亟须明确的问题，是给一级企业还是二级企业的管理层限薪？还是到了中层？甚至是所有的？现在国企都在关注这个问题，党组成员没问题，要限薪。那党组成员下面到哪一层？控制权争夺主要就是混改，混改包括民企进入国企，国企进入民企，关系到优先股和特殊管理股怎么实施的问题。优先股和特殊管理股是这一次重点提的问题，但大家依然很困惑，涉及哪类企业？可能涉及文化类的企业，但又不一定仅是文化类的，现在的国资委管理的其他企业也可能涉及这一块。

第三就是分红。22号文件出来以后相关的政策是要落地的，落地的结果体现在国企改革的效益。我认为，这就是下一步国企改革的三个难点。总的来说，里面有很多法律问题，像《全民所有制工业企业法》，下一步应该马上清理掉。2008年通过的国资法，要进一步修改。《公司法》对国资改革这一块内容的表述也要有所变化，《公司法》中有国有独资这一章，这部分内容要有很大的变化。

周渝波：公平起见，我回应一句话，对于两位学者之间的争论我们只能是肃然起敬，让他们继续争下去，真理会越辩越明。对于曙光院长讲的分红的问题，我也回应一下，因为22号文件和相关文件规定得很清楚，组织任命的企业管理人员要限薪，不是层层限薪。组织任命是指党委的组织部门，包括中组部、地方的省委组织部，还有就是国资监管机构——国资委任命的干部。企业内部任命，走的是企业内部的组织程序，和22号文件讲的组织是不一样的。现在很多企业实际上没有按照这个要求去做，当然有很多客观原因，只是这个原则还是要给大家介绍清楚。令我肃然起敬的是，你们两位能从七八年前一直争论到现在。

刘纪鹏：曙光逻辑上最大的漏洞是如果国资委只当出资人，这么多资本运营公司能没有一个监管者吗？这个监管者如果不是国资委那是谁？

费安玲：总的来说有几点想法，通过周秘书长的解读，这里面有一点就是我们坚持的基本原则之一就是所有权与经营权的分离。所有权和经营权的分离实际是通过两个互动来解决的。一个是政府与国企的互动，一个是国企与市场的互动。周副秘书长讲的给我很多启发，政府与国企的互动他从两个角度去谈：一是经营的角度，通过抓大放小的管理机制，尽可能让企业有经营的自由空间；二是财产的角度，政府为国民来管理国有资产时，应当是大管家式的监督的模式，就是周副秘书长所讲的：要突破层次、全面监管、不留死角。这实际上进行制度设计容易，但做起来难，原因在于政府的权力边界在哪儿。从法律的角度来讲，法律规则要让政府“权有边界、权务有度”。因此，我认为，不应当用大量的政策去代替法律规则。法律规则具有相对稳定性，而政策往往稳定性比较差。

企业与市场的互动，这里边需要有这么几点考虑。从运营角度来讲，应当抓住几个功能作为国企国资的观察对象。一个是它在市场中具有支柱性的功能，仅仅靠纯粹的国企，这种支柱性的功能不一定能发挥出来。因此需要集中社会上的优质资源，有不同的主体介入到国企当中来，即混合所有制。前段时间中国股市悬崖式地坍塌，大家盼的是国家队的出现，这从一定角度来讲就是国企支柱功能的体现。第二个功能是确立和维护公平竞争环境的功能。作为国企来讲，有一种社会责任，不能以国企的身份去破坏公平竞争环境的建立，不仅不能破坏，还要去维护。第三个功能要回到国企的本身，法人的功能。法人的功能就是更应该关注其法人所有权的特质，国企在市场运行中作为一个独立的法人进行活动，其作为独立法人应有的能力、资格、权利和合法的利益都应当得到尊重。同时，法人的功能还有一点就是要在法律规定的范围内活动。这几个功能，我认为需要格外地关注。

刚才曙光教授讲的国企分为商业类和公益类，哪些是公益类的？是以它的活动性质，还是以它的活动目的去判断？以它的活动目的，像国家队来救股市它算不算公益类？当然这更多的是企业的社会责任，因此在文件的解读当中，企业的社会责任应当要不断地去强化，由此才能更有效地发挥国企的功能。

周渝波：不是按照活动，还是以它办企业的目标来分类。公益类是指服务民生，提供公共产品和服务为目标的企业。而不是说企业经营活动当中，像在股市不好的时候，动员国有企业参与救市。不能以这些活动为依据来判断它是不是公益类企业。

费安玲：所有的企业都是以营利为目的。

周渝波：所有的企业都要公平竞争，都要讲究成本控制，这是对所有企业都有的要求。但公益性的企业不要求以营利为目的，但鼓励其参与市场竞争，降低成本，提高质量和服务效果。这与之前讲的公益类和商业类盈利性企业是有区别的，主要是从经营目标上去看的。

赵旭东：特别是政策性企业，即使赔钱也得干，是不是公益类企业？

周渝波：那是另外一回事，我们刚才讲的有战略性任务的情况下，就是赔钱也得去做，不是把那些企业作为公益类企业。公益类的最主要的就是要提供公共产品和服务的，是从这个角度去考虑。

刘纪鹏：我补充一下，最早的分类，国务院发展中心、发改委是分成公益类和竞争类。公益类要少之又少，因为不符合现在市场经济准则；竞争类，号召国资退出一切竞争领域，实质是消灭竞争领域的国有资产，公益和竞争相对应。但我们提出公益应当和营利相对应，但这次文件调整从目前来看，很多企业都没有报公益类，比如中储粮。

王敬波：来之前，我特地拜读了22号文件，周副秘书长作为幕后推手，给我们做了一个详细的分解。国有企业改革能不能成功？国资委的定位是重中之重，所有的政府机构当中，它是一脚市场一脚政府，其进和退直接关系到改革的成败。22号文件提出国企是党的经济、政治、物质基础，就说明改革有多么艰难。

听了报告，从三个方面谈谈我的感受。第一个是信息公开，国企的信息公开不能等同一般的信息公开，尤其在分类改革的基础上，其中公用事业、煤电气热服务于民生，主体范围要求更高，应当慎之又慎。我对阳光国企是有不同意见的，政府无私事，但企业能不能贯彻这个？阳光国企的提法是要慎重的。第二，关于决策和问责的问题，能不能复制到国有企业？党委会、董事会决策不清楚，作为出资人代表怎样理顺由此引发的行政问责的问题，领导人不作为的问题？以管政府官员的方式管企业是不是值得推广的方式？企业决策必然要面临决策的过错追究，这是不是一种值得推动的工作方式，如何避免决策问责的负面效果，这是要继续研究的问题。第三，现在很多地方在做三单制度，这里更重要的是负面清单。国资委要实现有进有退，简单的权利和责任清单是很难解决问题的。民间笑谈，国资委大楼很像奶瓶，是不是断奶不彻底？

刘纪鹏：奶瓶之说，周副秘书长有何感想？

周渝波：有很多的比喻，这个是第一次听说。

刘纪鹏：国美的陈晓和黄光裕之争是中国企业管理史上一大争论。主人出事之后，管理者是否可以把主人的财产占为己有，不管是国有的还是民营的，这是中国管理史上争论极大的问题。

周渝波：企业治理首先要有股份、股东意识，大企业老在说内部人控制，国内的企业包括国有的、民营的，总是出现股东和管理者扯不清的事。谁是打工的谁是老板，要分清楚。老说国资委要当干净的出资人，事实上国资委不可能只当干净的出资人。

刘纪鹏：他让你当干净的出资人，就不让你当监管者。

周渝波：你说民营企业产权更加清晰，为什么也有这样的争论？甚至矛盾更加突出。说到底，谁是老板谁是打工的？我以前有一个很形象的比喻，奶妈带着孩子，带着带着，把自己当成亲妈了，觉得孩子的事都得她说了算，亲妈说的反而不算。那怎么能不起冲突。

刘纪鹏：所以说有奶就是娘，现在就面临这样的问题。国资委是央企的出资人，是亲妈，但是财政部管钱。

周渝波：这是你解读的，我本意不是这个意思。

刘纪鹏：我们扯回来，民营企业的问题同样复杂，老是家族企业干不大，干大了又有传承的问题。

黄进：我听了这个讲座之后，有一个问题就是国资委如何定位？大家意见不一致，没有弄清楚，这还是个非常关键的问题。我也参与讨论了22号文件，但当时是财政部的一个领导召集我们参与的。从民法、国际私法的角度来说，国家也是一个民事主体，也享有民事权利能力和行为能力，但是这个由谁来代表？按照周副秘书长的意思，国资委不完全行使这个权利。这个问题确实值得弄清楚，才有利于国有企业的改革。

周渝波：我刚才讲，政府有完整的行为能力，按照宪法规定，国有资产所有权是由国务院行使。这个权力，政府毫无疑问是有的，但国资委是根据政府授权来行使权力，政府授予多少享有多少。有的是没有授予的，比如中央一级企业的改制、重组，国资委是定不了的；两个中央企业要合并，国资委要给国务院打报告，要国务院批准。从这个角度来说，这个权力是不完整的，有些权力在国务院手上。关于国资委的定位，22号文件提出要完善国有资产管理体制。第一条就要求："国有资产监管机构要依法履行出资人职责的定位，科学界定国有资产出资人监管的边界，建立监管权力清单和责任清单，实现以管企业为主向以管资本为主的转变。"根据这段话，我想可以把握国资委的定位是什么。因为负面清单主要针对的是企业，哪些不能干，你的底线是什么。国资委现在的问题首先还是权责不清，所以要通过文件制订两个清单。还有一个文件《完善国有资产管理体制的指导意见》，那个意见是国资委和财政部按照中央有关任务部署一起起草的，按照22号文件的关于体制的规定进一步展开和具体化。

刘纪鹏：现在是1+4，之后的还有几个文件分别是关于职务补贴、混合所有制、监管体制的划分。

互动提问

提问者：今后是否将走出一条只有国有资本，不再有传统企业的模式？还有关于防范外国资本掠夺国有资产的问题。

周渝波：这个又回到了刚才讲的，只有国有资本没有国有企业，这是刘教授特别鲜明的一个观点。我觉得，现阶段很难做到。邵宁主任讲以管资本为主加强监管，我们为实现这个目标创造条件的过程是很艰难的，还不完全具备条件。2003年国资委一成立，制定《企业国有资产监督管理条例》时就下了一个定义，讲的是国家投资到企业及由此产生的权益，就是本条例指的企业国有资产是什么概念？在条文释义上，这是一个价值概念，不是实务性概念。从那时候开始，讲国有资本监管，都强调的是价值形态的国有资产。所以国有资产货币化的问题，跟我们的相关立法还有改革的思路，在价值形态这个角度上是一致的。保障国有资产安全，防止国有资产流失的问题，特别是被外资控制的问题，这涉及国家的经济安全，不是22号文件要解决的问题。这是一个大课题，相关部门一直在研究，也在采取一些措施，包括有一个支撑的文件，就是加强监督、防止国有资产流失的文件，不光是22号文件这个“1”，还有后面配套文件的“N”。

提问者：22号文件提出要促进国有企业的整体上市，但是四大国有银行即使整体上市了，但目前整个资本运作、股价行情不是非常好。请问国有企业整体上市是否能适应当下的资本市场？

刘纪鹏：这不仅关系到我们国有资产怎么增值，还关系到我们资本市场如何稳定。

周渝波：你提这个问题刘教授非常开心，因为这是他的长项。我简单开个头，然后由他来回答。22号文件里面规定，包括配套的发展混合所有制的文件也规定，对处于完全竞争领域的商业类企业是鼓励要整体上市的，来实现产品多元化。所以将来发展混合所有制，整体上市是一种重要方式。中央企业控股的上市公司在央企控制的资产中占了很大的比例，在央企总资产中大概占了55%，营业收入占到60%，利润占到了65%。所以，上市公司在央企控股企业中的地位是非常重要的，而且下一步随着改革的深化，我相信会越来越重要。

刘纪鹏：资本市场承受不了这么一艘一艘整体上市的航母。我最近有篇文章，是航母战略还是舰队战略，我提出下一步要分拆上市，同时保持集团化架构，也能保持央企的控制力。所谓舰队模式，母子体制，既有指挥舰，也有航母、潜艇、补给舰，这才是未来保持竞争力，又能够上市完成母子公司资本运作的一种模式。而不是打造一只孤立的大航母，这一点从技术细节上和周秘书长沟通之后，我们可能完全达成共识。现在大家爆炒的都是创业板，四大银行效益这么好，股价长期徘徊在四五块钱，国有资产不能增值，股民不能根据价值去投资的情况应当彻底结束。

PPP正面效应及其立法问题分析

提　要

时间：2015年10月12日

地点：中国政法大学蓟门桥校区科研楼二层学术报告厅

主持：刘纪鹏

主讲：贾康　全国政协委员、中国政法大学教授

点评：时建中、施正文、冯俏彬

互动提问

PPP这一热点概念，即过去所说的公私合作伙伴关系，也就是现在官方所说的政府和社会资本合作及其一系列的关系。

从背景来看，PPP项目的热度在最近两年内直线上升。李克强总理和部长们去欧洲，欧洲国家的领袖人物几乎众口一词地推荐了这个项目，总理马上和楼继伟部长开会讨论。所以2014年后，就有了一个新的动向，这两年，发改委和财政部都憋着劲想在这一方面做出政绩。实际在地方政府层面，发改委和财政部的关系很微妙，夹在中间，让人感到无所适从。如果二者都要管，两份红头文件摆在面前，工作难度肯定会加大。

2014年年初，全国财政会议按照惯例召开了三个半天。第一个半天，楼部长做部门工作总结报告；第二个半天，与以往不同，并未转入分组讨论，而是召开了以PPP机制创新动员讨论为内容的全体大会。楼部长动员一个多小时，然后由国家开发银行、鸟巢、参与鸟巢项目的融资方，以及北京四号线香港方面的高管等专家来做培训，此后在各地开展调研和培训。经过一段时间的酝酿，他们和发改委在同一个时间推出关于PPP项目的指南。这就是一个具有权威性执行依据的文本。示范的项目既有中央的层级，也有地方政府的层级。项目开展可以说是如火如荼。当然，这里也存在争论和困惑。

今天的第一个主题是怎么认识这个项目，我们先从六个角度归纳它的正面效应，再和实际生活中的案例结合，讲述一些具有挑战性的创新事项。其次是关于PPP项目的规范化，这种规范化一定要纳入依法治国的体系中。

实际上，这是一个探索的过程。经济社会中工程领域建设事项的合作共济机制，具有明显的创新特征，这种合作主要强调政府和非政府主体的共赢。公共工程架桥修路、上下水管道、集中供热供暖，包括公立学校、公立医院以及公共绿化的项目，过去来讲，当然认为是政府应该提供，而在PPP概念下，强调的是政府和非政府合作提供，它来源于探索经济发展规律当中伴随新公共管理运动形成的相关理论和丰富实践。

20世纪的大萧条，从理论认识角度来说，反映的是市场作用和国家干预。理论上最有代表性的是凯恩斯主义，它极大地缓解了资本主义世界的危机。在大萧条之后，凯恩斯主义指导政府通过国家干预发挥应有的作用，同时也使得政府牵引公共服务促进公共福利。在二战还没有结束的时候，英国就转变成为公共福利国家，注重医疗服务，还有住房保障和基本养老保险等公共服务。北欧人民从摇篮到坟墓，都得以保障。政府牵头提供令百姓满意的公共服务供给，缓解了社会矛盾，但是发达社会新的矛盾又出现了，是政府的这种供给是否长效，是否可持续，如果它不能很好地可持续，那么它就会变形。

比如英国人标榜整体社会成员都可以享受到应给予的医疗救助，政府不考虑经济无条件地一定要施以援手，后来小疾病也纳入了公共医疗体系。现在最终演变成这样的情况：在街头腿摔断了，立马送进医院急救，而小的疾病却要走程序登记，然后才能接受免费的公共医疗体系提供的医疗，要排很长的队、等很长的时间，这必然会造成新的矛盾。

政府在这种社会压力下就会考虑，可持续发展有没有更好的创新。这种创新就是撒切尔提出的，当时我们翻译的是私有化的运动，其实更准确的翻译是股份制改造加上公共领域的公共服务供给跟市场的选择机制、市场的竞争机制尽可能合理化对接。

这一套新公共管理运动有广泛的影响，澳大利亚、新西兰比较早采用，美国在这方面也有积极的探索，撒切尔的理念后来极大地影响了里根，里根的经济学和撒切尔是一脉相承的。这种新公共管理运动也有不容忽视的影响，20 世纪后期的新发展经济体，在公共工程领域几乎是和发达经济体齐头并进地展开了探索。

传统理念的概括较晚，较早在传统理念上形成清晰认识的是英国人，20 世纪 90 年代已经把 PPP 确定下来了。但是在还没有流行起来的时候，跟它对接的是 BOT，从建设到运营再到移交，一般要覆盖 20—30 年或者更长时间。现在有一种说法，土耳其这个发展中的经济体是 BOT 最早起源地，也有说当时香港在还没有回归时架桥修路就运用了 BOT。

在这种导向之下，工业革命以后的发达经济体和欠发达经济体，在梯度推移的同时，也并不是完全按照梯度推移来发展的，PPP 可以在发达经济体中看到，在中国这样的发展中和欠发展的经济体，PPP 也成了备受关注的重要创新事项。未来的发展趋势，如果按照“一带一路”的构想考虑，中国本土在积累 PPP 经验的同时，在“一带一路”的节点上，在公共工程建设方面，一定会创造有声有色的 PPP 具体案例并积累更丰富的经验。西方已经列出十几项的 BOT、TOT、IOT 等，在中国的创新空间已经不断增加自身特色和主打的概念。虽然中国目前还是初创阶段，但是连片开发还是最吸引眼球、最让投资主体看重的一种。

北京往南 50 公里的固安，就是十几年前启动连片开发 PPP 的一个区域，当时非政府主体投资方是华夏信服上市公司，有段时间密集地在电视台做广告，成立产业新城运营商。它把固安这边招资引商，产业新城的建设跟其他所有的功能区以及宜居城市建设等方方面面打成一个大包，一起来做。这种连片开发使固安在短短十几年迅速崛起，五十年规划才走了十几年，固安从默默无闻的农业县崛起成长为产业发展有声有色、财政收入达到领先水平的标杆县，这种机制创新在未来一定会有广阔的发展空间。

从学术角度考察，既然是一个公共工程在多主体合作共赢的机制下完成建设事项，一定要形成风险共担机制。共同分担整体项目是有分工的，把不同类型的风险交由最适合处理的主体最优处理。

任何一个公共工程都是棋盘上的一个棋子，棋盘是整体规划。现在京津冀一体化发展是一个大棋盘，在这个大棋盘上，要把北京市所有的党政机关办公场所搬到通州潞城，这个地方要有基础设施、办公设施建设，通盘的谋划是要先行的，政府在全局性的规划与政策导向上天然地具有社会管理者的优势，注重整体发展战略。突破原来思维格局的大动作，这种风险的应对就适合政府来承担。而具体到项目的建设，管理上有一大堆细节，政府在这些琐碎事情的方面是弱项，企业恰恰是强项。但是，企业进入 PPP 建设项目一定有个前提，法治给它一个定心丸，即企业参加进来后未来是能够通过法治的保障使企业取得投资回报的，这样才能达成和政府合作的协议，企业才会在合同签字。企业一旦认同做这个事，一定会从自己的利益出发，会关心将每件事情做到极致，做到最符合它投资回报的水平，这就是企业的优点，企业的长处。同时，在合作中一定会涉及专业的机构，我们愿意把它称为中介组织，比如法律事务所、设计师事务所、会计事务所、税务筹划事务所等，它们的优势就是对风险的处理。

提到风险分担就要讲到利益共享的概念，风险共担、利益共享这是天经地义的，这里要解决一个问题就是，企业参加 PPP 创新，不能认为是学雷锋，有人把它称作是企业应尽的社会责任，这容易产生误导，企业参加 PPP 仍然是在商言商，仍然是考虑投资回报，只有找到这样一个从利益出发的企业定位，才能理顺以后所有的关系。企业作为一个市场主体，它最大的社会责任首先是在创业创新方面能够站稳脚跟，生存下来，争取做好、做强、做大，哪怕是一个中小企业也没关系，但是一定要能生存、发展，遵守社会公德，通过生存经营体现存在价值，这就是企业的社会责任。再往后经过发展，愿意做公益、慈善，那当然社会更欢迎，但是在 PPP 这个概念下绝对不会一下把它等同于公益慈善，一定要在商言商，它是从内在的利益导向、投资取得回报的角度来考虑 PPP 提供的机遇。这个定位之下，企业的利益与中介机构的利益有共同点，这些事务所的专业人士要实现自己的相对优势，得到市场上的认可，在竞争中实现自己的市场份额，当然也要实现利益回报。

政府方面在 PPP 合作中也要实现自己的利益诉求，这个诉求是和政府特定角度的利益打通的，政府是公权的代表，但也是一个一个有血有肉的官员组成的管理主体。官员同样要考虑自己人生价值的实现依托于什么，依托于在这个位置上为官一任造福一方的政绩，出政绩天经地义，我们要做的就是让政绩长期化，合理化，能够经受时间和历史的考验，这就是好官员，好政府应该做的事。合在一起，风险共担，利益共享，后面紧接着的是绩效升级，这个绩效升级就特别有意义。我们直观地看来，PPP 首先是融资，政府钱不够，就把非政府主体的，在中国现在已经雄厚起来的民间资本、社会资金，包括境外的社会资金拉过来，这是融资。融资模式的创新是一望而知的，跟着的还有管理模式的创新。从融资到项目管理的方方面面，是一个上台阶的提升。

在管理模式的创新之后，我认为还要强调在“十八大”后的国家治理体系、现代化治理模式的创新，就是指宏观全局的特别有意义的创新事项。

PPP 过去翻译为公私合作伙伴关系，现在官方的用语为政府与社会资本合作，从直译到意译的演变隐藏着一些中国特色的东西：

第一，不称为公私合作，省了很多的口舌，因为我们接触到了大量的民众，很多人问哪两个字，他可能理解为公司法的“公司”，但实际上后边儿的“私”是私人的“私”，很多人顺口说成公私合营，说惯了。

第二，公私合作与中国解决融资问题是相关联的，就我接触到的银行的人，他们说现在还有这个阴影，已经出现了贷款责任终身追索这样一个说法，如果贷款给了国有企业，出了问题，一般追责还是比较实事求是，但如果发现一笔贷款贷给了私营部门、民营企业出了事，那么首先受到的怀疑是你这个家伙跟民营企业搞什么名堂，就变成另外一个性质的问题了。

第三，中国的 PPP 已经有不同于国际上 PPP 概念的新的特色了。中国的 PPP 和政府合作方里是有国有企业席位的，国企可以作为社会资本方跟政府形成一个合作项目的 PPP 机制，这在国际上找不到，中国在这方面有非常大的影响。比如说中信下面有中信地产，以中信地产为主，前几年经过了很长时间的谈判以后，已经跟广东省汕头特区当地的市和濠江区两级政府形成了连片开发濠江区 168 平方公里范围内，各种各样的基础设施和公共区域建设的 PPP 方案。中信地产是国有企业、央企，它和汕头方面的合作在中国是符合现在两个部门发的指南所说的，符合条件的国有企业的定义的。那么什么叫符合条件？第一，这个国有企业和地方政府，或者说政府主体合作来做 PPP，不能在两者之间存在任何行政隶属关系；第二，在中国实际跟行政隶属关系相关的，很容易形成的，是这个企业和政府的资本纽带，在这个 PPP 的具体合作中间它不能够存在。中信和汕头两级政府既无隶属关系，又无资产纽带，它就是合乎条件的 PPP 的一方了。现实意义里，很多人知道的地方融资平台，按照最新的 43 号文件以后的规定，它不能再给地方政府举借任何的隐形债务了。另外，它自己的定位要做市场化的转型，这些融资平台有些可能要关掉，有些要转型为纯粹市场定位的经营主体。这些融资平台在没有完成这种市场化的转型之前，和当地的地方政府不能形成 PPP 的合作关系。因为它和当地地方政府本来就是行政隶属关系，地方政府以自己的意图打入资本金，配上它认为胜任的干部，组建的组织，名义上是公司法人，实际上却是操纵融资平台的工具。更遑论还有一定的资产纽带在里面。但是一个地方的辖区内的融资平台在没有完成转型之前，却有了一个可能性，它可以跑到别的政府辖区之内，去和别的政府形成 PPP 的合作关系。因为它和那个地区的地方政府既无行政隶属关系，又无产权纽带。这实际上在中国打开了一个在别的国家看不到的空间，而这个空间对于中国来说，可以继续观察。这还是很有意义的，是符合在中国这样一个渐进改革已经形成错综复杂的局面之下，尽可能避开一些弊病而发挥一些潜力的客观要求的。

下面简要概括 PPP 的六个方面的正面效应。

第一个正面效应就是，PPP 对于政府来说，是要政府实施现代化战略，减少财政支出压力必须抓住的一个创新的重要事项。政府按照“十八大”以后的表述，要尊重市场在资源配置中的决定性作用，从而更好地发挥自己的作用。政府尽责的表现是什么呢？作为社会管理者，政府首先要看清中国社会发展在未来几十年，连同中国梦，面对的最主要的挑战就包括推进工业化、城镇化、市场化、国际化、信息化、民主化、法治化等各方面水平的提升。在这个过程中间，中国特色的城镇化进程，是在弥合世界上最大的二元经济体。领导人称这是中国的发展引擎和动力源，这是符合学理分析的。为什么呢？最大人口国家弥合二元经济体的过程中，未来的几十年城镇化水平会一点点地提高，释放出对一轮又一轮基础设施建设和升级换代的需求。一个一个的中心区，我们称之为城镇的地方，要不断扩大规模。未来几十年还有 4 亿左右的人口从农村转到城镇区域定居，他们在城镇生活里所要求的所拥有的这些公共服务，首先要有硬件支撑，要有公共工程建设。

这种城镇化几十年的发展，在不断释放出巨量的建设需求的同时，它会带来一轮又一轮的产业结构的调整、升级，也带来一轮又一轮的人力和资本培训教育水平的提升。那么跟这个城镇化相伴还有一个中国的老龄化的问题。中国现在总体被叫作“未富先老”，我国现在处于中等收入阶段，但人口结构现在已经和发达经济体的老龄化社会拉平了。“未富先老”指的是，中国人口现在 60 岁以上的成员已经占到了 15% 以上。再过几年，比如 2020 年前后，中国社会的人口结构将带有超老龄社会的结构特征。我们和日本在人均收入上还差一大截，但在人口结构方面就直逼日本的那种状态了。在城镇化弥合二元经济体过程之间，发挥正面效应的同时，有一个投入和产出的巨大的时间差。中国在一轮一轮的基础设施、产业结构调整和人力资源培训过程中，投入的最典型的就是这个硬件公共工程。它的投入的建设期是相当长的，三五年是很普遍的情况，有的八年十年。这种建设高潮一旦到来，形成的天文数字的投入在比较长的时间里不会产生有效回报。要等到竣工以后，再有一个项目综合发挥效应，才会产生领导人所说的引擎和动力源这样一个滚动发展的过程。

当然只要处理得好，那就是和平发展，和平崛起。中国不断地释放需求，本土上的供给来回应。肯定本土的回应是不够的，我们通过做生意，以经济手段的方式跟全世界打交道。和平发展中间，得到全世界的有效供给的回应，这就是一个经济发展循环。中国在既不能走前面崛起的经济体的大量海外殖民之路，也不可能剑走偏锋走军国主义到外面去掠夺资源之路的情况下，这是唯一的一条路。用经济手段跟全世界做生意，取得可能的供给来对应我们弥合二元经济体的巨量的需求释放。这里面的时间差对政府的压力是十分明显的。

比如政府现在搞新型城市化，水平要更高了，千万不能出现其他很多经济体那样的连片的贫民窟，也千万不能再扩大现在已经看到的问题。前面三十年差不多3亿人进城了，他们一开始是高兴的，因为一个月在城里的收入顶老家一年多。之后，他们开始越来越多地不满，比如说现在看到，进城农民工两地分居的占80%以上，而且一分居就是多年，所造成的社会问题何等严重。他们的孩子90%是留守儿童，问题不断出现。以后，我们要让这些人进城以后越来越满足，越来越能得到跟市民均等化的服务。中国要走通这条路，政府的压力之大，大家是很容易体会到的。

王保安副部长现在任统计局局长，他之前是主管PPP这个创新的事务的。他在一次会议上说，大略算一下，未来十多年需要有42万亿的投入，才能够解决适应实际需要的这个问题。结果，网上马上就有人调侃，拉这么大的架势，好像又要搞个大跃进。其实40万亿，或者40万亿到50万亿，其实还是很保守的估计。因为你算一下，我们给未来，比如说30年左右的时间段里进城的4亿人，每人10万块钱，不就是40万亿的投入么？而且这个是静态算账，这10万块钱现在看能做一些事，过个八年十年干不成什么事了，动态算账，这个数据要比现在的多得多。如果按一个人头15万块钱算，就是60万亿。这种天文数字摆在决策层的眼界之内，其实大家已经心知肚明。所以一说PPP马上就意识到，这对于政府来说是非做不可的。发展进入新常态之后，经济下行还要趋稳，而城镇化、老龄化带来的巨量投入的挑战要想成功应对，一定要另辟蹊径，改变过去干公共工程自己单打独斗的思路，找到新的思路。

城镇化伴随着老龄化，就是这些老年人，对于得到医疗服务还有其他生活方面的满足方面的要求，现在是随着中等收入阶段的到来迅速提升的。这种要求就体现在，比如过去养老，主要就考虑自己有儿女帮助，在家里安享晚年，等到实在不行儿女又帮不上手的时候，找到一家机构住进去，现在这个不行了。北京有财政给予补贴支持的第一社会福利院，这个是口碑最好的，人员也是专业培训的，在前面几年，它是必须接受全社会的人来登记的。在登记的环节，它会告诉你，按现在的进度，登记的这位老人能够住到我们院里来要排 10 年的队。如果 65 岁去登这个记，那么 75 岁才能进得来。但最近的说法，现在去登记，按现在的进度，100 年之后才能住得进去。这种极度的短缺迫使政府考虑，必须在养老机构旁边发展所谓居家养老、社区养老、园区养老等，和保险等产品对接，充分调动社会资本的养老，创造新的供给机制。

第二个方面，要说说这个 PPP 的创新，政府尽责最后落到哪呢？从人民主义立场，根据科学发展观，是要让人民群众得实惠。人民群众对美好生活的向往就是我们的奋斗目标。所以政府所作所为是要回到为人民服务的宗旨的，人民群众在 PPP 的机制下怎么受惠，这是非常值得看重的。在 PPP 风险共担、利益共享的机制中，可以实现 1+1+1 大于 3 的正面效应。政府的、企业的、专业机构的所有的相邻优势合在一起打一个包，分工尽责地去控制一个一个公共工程建设风险。它带来的是绩效的提升，不光是实现了融资以及项目的更快推进，而且可以使这个项目做得更好，可以让老百姓更满意。

可以从中国本土第一个 BOT 项目看看这种效应。在改革开放初期，只有外资开始在中国做一些如水务、基础能源的发电等这类 BOT 项目。到了 90 年代初期，我们还没有观察到一例本土的民营资本和政府合作的 PPP 的案例。后来我所知道的第一个案例是福建泉州刺桐大桥的建设，这是本土民营资本进入的第一个 PPP 项目。它的背景是当时引入科威克低息贷款建成厦门国际机场这样一个创新，当时是很大的事，一个国际机场靠外面的优惠的低息贷款就建成了。跟着带来的是从厦门往泉州方向去的人流和车流的迅速上升。泉州过去是一个很早就开发了的通商口岸，也是侨乡，它已经具备了很多发展的基础。泉州市政府很看重这个新局面，他意识到人流、车流从里面源源不断过来，跟着资金流、信息流、商机等就都来了，这边的发展一定要解决。晋江这个咽喉要地一定要建大桥。晋江古称刺桐江，所以这个大桥被命名为刺桐大桥。这个大桥粗粗算一下需要3亿多的投入，泉州市政府跟地方政府是一个感受，就是“吃饭财政”都吃不好，不可能找到资金。这个项目又非建不可，市政府就将视线转向BOT，恰巧消息偶然地被当地一个姓陈的老板知道了。这个民营企业的陈老板手上正好有几千万可以动用的资金，他前几年又跑到香港做过考察，他知道架桥修路的事有企业跟政府合作的模式，他又很有创新意识，愿意在这方面有一番作为。后来，他跟当地政府一拍即合，很快形成了一个方案。这个方案很有意思，它的确认就是政府发了一个红头文件，这是中国的红头文件，具有法律效力，这刺桐大桥的项目于是就确立起来了。有了这个红头文件允许它运营三十年，以BOT的方式来建刺桐大桥。同时因为政府没钱，政府是刺桐大桥建设里面出资方的小头，40%的股，剩下的60%由陈老板一些民营企业出资。资本金加在一起，也就是1亿出头。大桥项目利用这样一个非常清晰的股份制的企业的架构，再加上这个红头文件，实质上是政府的背书，到资本市场上去融资，去跟银行贷款，等等，就把3亿多投入的贷款解决了。这个陈老板这样的一个结构正暗合了现在刘继伟部长也非常推崇的，做PPP首先要考虑的关键，即SPV（直译是特殊目的载体），实际上就是特殊项目公司，这里的SPV就是大桥的开发主体。它的股权结构一清二楚，民营企业方面控股，那么它的决策就主要由陈老板来主导。

这个时候政府很超脱，就开始提出自己的要求。大桥建设三年为期，如果三年不能竣工，所有的经济损失都是陈老板的。另外质量上不能出任何的问题，为什么政府这么说呢？其实体制内的人都知道，过去政府办这些事情至少有几个方面的毛病：第一就是公共工程非常容易超预算，预算三个亿，到后来花费四个亿、五个亿是常事。第二，非常容易拖工期，说三年建成，拖到四年、五年都有可能。第三，质量上往往是不断地出现纰漏。最极端的就是架一个桥，这个桥还没有交付呢，它居然就垮掉了，出了事故还砸死了人，这种例子都被报道过，在很多的公共工程里这种事情确实是有，经常是防不胜防。还有第四，工程竣工投入运营之后，服务不热情，不周到，老百姓不满意。陈老板早就想到了，很快启动了叫“名流实业开发公司”主持的SBA，他主持了项目建设方的招标。那时候招标已经有了基本规范，国际上的招标经验已经传到了中国。通过招标产生了评分最高的有资质的公司作为建设方，落败排在第二位的很有资质的大公司被定为工程的监理方，陈老板有意把这两个竞争中的死对头紧紧地掐在一起，来处理工期和建设质量之间的矛盾。同时对于建设方来说，提前竣工会有奖励。实际效果非常好，刺桐大桥两年半就投入运营了，到现在为止差不多20年了，质量上无懈可击。老百姓也获得了实惠，原来很麻烦的过江，四块钱就搞定了，满意度就提升了。实话实说，我国目前阶段中，被激发的人们渴望迅速改变生活、进入美好生活的愿望跟现实之间这个新的成分矛盾，后面隐藏的是中等收入陷阱问题。我国之后的发展并不是一点点地线性往上走的，国家如果处理不好政府的供给能力与民众需求之间的问题，很可能激化其他矛盾，将经济问题政治化。这些年实话实说，虽说不否定有少数底层社会成员还过着贫困的生活，但总体来说有了低保等一系列政策，绝大多数群众跟自己纵向比，生活水平是提高了。但是央视搞了个“你幸福吗”这样的调查，典型的一个神回答是“我姓曾”，很调侃地把这个问题化解到有认同感的不满意中，这个不满意是中等收入阶段必须化解的。

而PPP是很实的，实干兴邦。一个个在中国大地星罗棋布像刺桐大桥这样的项目，又快又好地满足了民众需要，带来的就是民众满意度和幸福感的提升。就像固安，十几年的时间固安整个面貌的改变，令人由衷感叹。当地民营企业家华夏幸福老板，他的想法就是要干一番大事业，他学历不高但眼界很高。他搞房地产以后到处去看，有国际视野，品位这方面可以说是跟国际打通了的。他跟当地政府商量，出去搞连片开发，并承认政府主导。这个连片开发的规划怎样形成呢？华夏幸福老板出三千万请美国规划设计团队，做出方案来给政府审批、认定，认定了再来做。固安当时拍板的领导很有水平，这个民营企业三千万请来的团队设计所有方案，政府提出了修改意见后认定了。现在看来，它的产业园区、各功能区、楼盘、中高档、普通区搭配起来以后的整体品位，应当给予肯定。这里面的医院、学校、各种文化场所考虑的都尽可能齐全。还有那广告语的设计也非常好，“天安门正南50公里”，一下子把固安这个默默无名的地方跟天安门中心联系在了一起。后面的企业跟着用PPP这种方式跟政府合作，带来了现在固安本级财政收入的迅速上升。那么企业得到的好处是在本级可支配收入里面，在现在的基础上拿增量的大头，估计是60%左右。50年的合作期，现在已经约定每隔5年企业拿到的部分降5个点，等于1年降1个点。50年过去后50个点降下去了，企业最后还能留一点，所以我估计就是60%。企业一开始从本级财政收入的增量拿大头，然后慢慢往下减。这个安排看起来对企业当然有激励，但是对于企业来说，难度是非常大的。固安整个连片开发里面动用的资金一开始是几十个亿，累积起来是几百个亿。但是企业还是按照自己的设计，现在做得顺风顺水。华夏幸福在全国布局，还跟阿里形成战略联盟，在河北已经做了好多个连片开发。另外在南方也开始推行一系列的连片开发事项。当然，在这里不敢说它以后就不会出现风险，但是从现在来看，很顺利。这个过程落到最本质的层面上，是老百姓获利。固安现在老百姓的生活水平得到了巨大的提升。那么如果在中国进入新常态过程中打造更多这样的升级版，我认为它的意义就不是一个一个项目本身了，它对于我们应对中等收入阶段的陷阱和挑战有非常重大的价值。

第三个方面，就要说说企业。企业是市场经济的主体，市场是要按照现代市场经济体系建成的。现代市场经济体系中，企业的作用是多种多样，丰富多彩的。在 PPP 层面看到，有偏好和政府合作做 PPP 的这些企业，一定是明显区别于所谓风投、创投、天使投的。美国的硅谷经验靠的就是风投、创投，那些企业发展的过程中，前沿是有一批科技精英大胆地在信息革命中不断创新前进的。风投、创投这些支持呢，是一帮金融精英，敢于承担很大的风险，去挑选支持对象。它的成功的模式是，挑选 100 个支持的对象，不要求全成功，只要求成功 3 到 5 个，全盘皆活，而且是超额利润的回报。其实要是碰上一个，像马云的阿里巴巴这样的，那回报就是很高的。大家看到了马云阿里巴巴的辉煌，但是它身后的失败者也有很多。90 年代初，有一个银海威企业，办公场所已经很有规模了，是互联网里边的先驱，现在无声无息了。但他们失败以后也是有价值的，作为探路者在竞争中带着大家一起摸索。这种模式不适合 PPP，我们一方面承认有硅谷这样的经验，另一方面也承认有互联网对接这样的超常规发展。因为我们看到还有大量企业家，不冒大风险，愿意跟政府合作，一下锁定十年、二十年，甚至更长时间，取得一种非暴利但是可接受的投资回报。我们接触到大量的企业人士，就是有这样的一个偏好。但正是这样的一个偏好，他们观察在 PPP 里的机遇，也是不见兔子不撒鹰。企业家一旦把一个 PPP 项目做成，几十年里，生活质量的提高是立刻可以感受到的。将一大笔投资锁定在这个项目上，然后就轻松了。中国现在一定要往这方面走。有这种偏好的企业，在眼界上面，有时候是超越一般人想象的。台北有个标志性的地标式的建筑，是个 101 层的塔。在台北市，一旦接近 101，现代气息扑面而来，它是这个城市的一张名片。这个 101 建筑，是一百年的 BOT。签约的企业家，实际上非常清醒地给他的家族锁定了几代人的投资回报，不可能是暴利，但是他认为这种回报水平他满意，101 建设对于社会的正面效应，是一望而知的。对企业，一整个家族的效益来说，它的满意度，也是可以充分肯定的。同时也带来一个正面效应，101 大厦在建设过程中，要解决一个问题，就是在台风频繁袭击的这个区域，如何保证建筑物使用者有稳定感和安全感。我认为，如果没有企业的介入，这个大厦的建设是没有官员敢签字的。如果政府出头做这个事，即使有了设想，也没人敢拍板决定。但是，企业介入了以后，早做了全球调查。在 101 大厦里边，0. 618 这个黄金分割点的位置上，挂了一个沉重的金属球，有非常强的金属栏把它牢牢挂在楼梯里边。这个就是当时能找到的全世界范围内的最高水平的在风中减少振幅的装置。

第四个方面，就是和混合所有制有关的问题，涉及最新通过的国有企业改革指导意见。这里大家讨论热烈的问题跟混合所有制改革有直接关联，这是一个重要部分。早在 20 世纪 80 年代，有些学者在企业改革方面就意识到这个股份制，到后来，中央是一步步把股份制表述成各种形式。首先，是不存在姓“社”姓“资”问题，直观地讲，谁控股就是谁的。所以，社会主义也可以用股份制。再往后，认识升华了，股份制是公有制的主要形式，只要走上股份制之路，资本的社会化可能就成了一个潮流。在我们整个的社会生活里边，不光是没有姓“社”姓“资”的问题，而且，内在逻辑是资本的社会化，是公有制的主要实现形式。认识已经到这个水平上了，仍然不能避免前些年陷入一些关于姓“资”姓“社”的争论中去，包括国有股一股独大以及金融危机以后，是国进民退还是国退民进以及资产进退等相关问题。

另外一派说，已经出现了非常严重的问题，搞股份制，要动摇共产党执政的根基。股份制下国有企业该怎么才能真正地起主体作用？到了三中全会，要把主体改为主导内部通过。有一派就说，一字之差就要影响到我们社会主义定位，所以就照搬原来的说法。在公有制中，公有制经济要占据主体不是主导。这个文件，最后连另起一份都没有，直接就说公有制经济、非公有制经济都是社会主义市场经济的重要组成部分。有人就说前面还有主有辅，现在怎么都是重要组成部分，又不分主辅了，怎么解释？我的认识就是：这是一个政治家的策略处理。既然不同意是主导的表述，就直接说都是重要组成部分，不分谁高谁低，谁主谁辅。紧接着阐明，我们的基本经济制度的重要实现形式是混合所有制。混合所有制是什么呢？是在一个一个企业内部产权结构中把国有股非国有股、公有股非公有股充分混起来。这就对应了包容性增长这种现代国家治理。大家可以充分寻求共赢式的，不同的产权主体在一起创业创新发展。这条路如果真的能够打开，我认为就是中央通过这样一个混合所有制的表述摒弃贴标签式的“谁进谁退”“姓什么不姓什么”争论的旧式思维。就是习总书记所说的摒弃“你输我赢”的旧式思维来寻求共赢发展。那么在实际生活里面，PPP 就成了这个混合所有制改革的催化剂。以后越来越多的相关项目由 PPP 来做，政府这方面就不需要寻求一股独大了。其实政府在这方面天然地就不想一股独大，本来资金就是不充足的。大量的地方政府现在苦于要把事情做起来，而且最好是少花钱多办事。刺桐大桥是很典型的，政府根本不寻求自己控股。大量的 PPP 项目天然对接了我国淡化进退之争、摒弃贴标签式思维的混合所有制改革，对于整个中国市场经济走向一条越走越宽的道路，意义又是全局性的。

第五个正面效应就是对冲经济下行压力。这方面，我们新常态的“新”是很明显的，“常”还没有实现。这种“常”要实现打造升级版，最关键是结合了结构优化。而结构优化现在政治局已经使用了一个概念叫作增加有效投资。PPP 都是投资，投融资的这些项目天然有选择性的充盈投资这种有效投资特征。它是在企业以非常挑剔的眼光参加进来反复斟酌以后，自愿签字才可能做成的。企业自然而然就和政府在一起，通过它那方面强化政府过去容易走过场的方面。科研、企业、专业机构等在一起把可行性研究做到一个新境界，更有利于实现有效投资。这个有效投资就是对应地把过剩产能转为有效产能的一个好机制。设想北京我们要建第二机场，差不多900亿的投资，这里面很可能就要引入PPP机制。以后我们北京要建大量的停车场，很可能也要引入PPP机制。这些机制一旦做成，把这些项目做到更快更好的同时，也把钢铁水泥等所谓过剩产能的一部分迅速转为有效产能。这是大好事，可以对冲下行压力，创造就业机会，而且是绩效提升的有效投资。过剩产能有钢材、水泥，也有劳动力量、技术力量、管理力量。能做的事情做得更快一点更好一点，只要处理好总体的投融资和期限问题。PPP在我国经济“新常态”的情况下，意义是全局的。但是现在也不能一哄而上，它的约束条件是非常明显的。

第六个方面就要说到和约束条件相关的问题，这和法律工作者关系密切。PPP对法制化的水平有非常严格的要求。如果没有法治保障，民营企业的产权主体的所有利益得不到保障，企业家不会签这个字。陈老板在做的刺桐大桥，开始几年政府满意他也满意。《人民日报》、《求实》杂志等都给予了高度评价。等到政府换了届，政府的资金压力也今非昔比。政府方面新的领导人给陈老板施加压力，说他获利颇丰需要给泉州建设做贡献，逼他给和大桥无关的其他路段出钱，前后两笔钱就出了一个多亿。没有法制环境保障，出现矛盾以后谁都无法解决。刺桐大桥项目当时说是30年的运营期，但后来有上位法，交通部门说最长收费25年。陈老板到处送报告，没人处理。30年里面收费期限减少5年，六分之一的经营期没有了，这和原来测算的投资回报就大相径庭。以后要解决法治水平、规划水平以及大家对于契约认同等方面的问题。契约的细致化和守约精神的培育都是PPP发展的必然伴随条件，所以发展PPP也是一个贯彻四中全会依法治国、依宪行政这个最高层面的精神的天然催化剂。

要发展PPP，首先要紧盯高标准法制化运商环境。只有在法治方面让民营企业吃定心丸，PPP事业才有广阔的发展前景，这个逻辑上是非常清楚的。所以相关的主题词第一个是法治，第二个是规划，政府方面规划一定要动态优化。我们前些年做了很多的战略研究、很多规划，但随着现在新的发展又要尽快优化。京津冀的顶层规划的优化就跳出了原来的眼界。其他的政府辖区大同小异都有类似问题。规划要先行，而且各个部门的规划要打通。现在具体部门的规划，有经济和产业发展规划，有公共交通体系规划，有国土开发规划，有城乡建设规划，有环保规划，这些规划本来应该是一个有机的整体，但是各个部门分头来管，互不买账，就导致了低水平、低效率。要搞 PPP 一定要有一个把规划打通、多规合一的通盘的合理的顶层规划。顶层设计到顶层规划就是含着一个必须明确的哲理：在一个自然垄断的国土区域里面（就是地方政府的辖区之内），各个功能区的关系、各个项目的关系不能以试错法来优化结果。这就是考验政府牵头的规划水平，这不是政府官员自己就能确定的，要调动所有专家的力量。在法治和规划的基础上，最后决策者拍板，决策者的眼力也是十分重要的。在 20 世纪 50 年代的北京，建国十年的十大建筑最后的拍板人是周恩来，时至今日这十大建筑的口碑都相当好。再往后的“文革”时期的毛主席纪念堂，世纪坛的口碑就差多了。任何规划最后都会有一个拍板人，专家意见纷繁，就需要决策者的眼光来经受历史的考验。法制规划后要求的就是契约精神，契约精神是必要的润滑剂。虽然有法治保障，一旦有违约，可通过对簿公堂解决，但不能什么事都法庭见。首先要培养大家的契约精神，这对于社会生活走向现代化是很好的全民培训。另外就是敬业精神，专业素质，与诚信体系配套的解决问题的方式就是先通过仲裁机制，先别把脸彻底撕破。

还有一个主题词是妥协。妥协过去认为是贬义词，立场不坚定，机会主义。实际上，现代生活里面妥协首先应看待为中性词。在中国现在到了讲民主法治，寻求走向共和国的阶段，妥协宁可认为是褒义的。中国自推翻封建帝制的辛亥革命以后就树立起一个明确的目标：走向共和。到现在为止，进展甚微。除了法治和民主之外，共和就要寻求各种利益诉求表达以后的最大公约数。光讲民主很容易走到所谓多数人的暴政。只讲法治，很容易自我满足于白纸黑字的这些成文法。这个法治处理不好就会成为法制。而真正的法治是法治。这是承认人类社会有所谓的公平正义的自然法。所有社会成员在一起使法的权力压着其他权力，才能形成一种法治境界。在 PPP 的真正内在精神里面，培养着大家都不要走极端通过妥协寻求最大公约数的这种内生机制。

比如汕头有一个项目是大规划、大资金、大手笔。最典型的是要有一个启动，把汕头的所有要素激活。汕头的濠江区面对海湾，有山有海，生态环境很好。前些年，产业、居民的配套设施基本完成。发展过程中就有人重提汕头人的“百年之梦”，最开始的想法是在海湾左右两边比较窄的地方建起联通两边的大桥，解决一个全天候公共交通体系运行的问题。但这两个大桥一旦来了台风又封路了，整个社会生活又会受到严重影响。那么，所谓“百年之梦”就是说，在这个海湾中间，开阔的地方，在海底建立一个隧道，把两边联通起来。这个事情过去只有朦朦胧胧地异想天开，但是中兴进来后，似乎变得可以具体地设置方案了。中兴因为有些机缘在汕头建了楼盘，建了海边度假村。当听说有这么个事后，说来说去就真跟政府方面讨论，以此为切入点，搞几十年的连片开发。它的基本技术性是什么呢？中兴来组织全世界高水平的专家设计这个海底隧道，调动资金，把这个海底隧道接通以后，隧道通行不收费，这样老百姓是最满意了。那中兴会获得什么利益呢？这个隧道一旦竣工就会激活整个海湾区域所有积累的要素，首先是不动产会升值，滚动的开发会形成热气腾腾的局面，那么中兴在未来几十年发展过程中可以分享这种溢价。从土地还有不动产升值中得到的利益，它要分一杯羹。

这个事情虽然十分复杂，但是在中兴和政府都有意向之后，各自以很高的标准组织了谈判团队，一起讨论怎样形成全套的契约。因为他们都很有经验，中兴是具有世界眼光的，以后要和地方政府合作几十年，没有穷尽一切事项，尽可能周到细致的契约，是不会确定参与的。地方政府请了各种专家，有些人认为，中兴是国有企业，还怕政府无法操控？领导人换届以后不认账怎么办，双方就一直在讨论这个契约，磨来磨去磨了三年，双方达成了十几项百科全书式的契约。这样厚厚的一套契约文本，成型以后，海湾隧道正式动工了，2019 年竣工。几年后，汕头的发展一定会上一个大台阶。这里面实际上就是一个妥协的问题。双方在有基本的认同之前，虽然会有争吵，但最终还是各自让步达成了协议。这样一种妥协精神的培养对于中国社会生活现代化发展有很大的意义，这种机制有利于以后解决棘手问题，培养走向共和的这种社会认同。在讨论财税改革配套中的房地产税的时候，认为中国要真正走向现代社会必须构建现代税制，其实并不是要讨论开征房地产税，而是要讨论税怎么做到社会可接受。现在中央的精神，是立法先行，先纳入人大的立法规划，一旦进入一审二审还要进行全社会的征求意见。一旦面对全社会各种各样的利益诉求，大家通过妥协来形成一个最大的公约数，然后人大审批通过《房地产税法》，最后进入执行状态。

一个又一个这样的历史考验，与 PPP 之间联动，我认为很清晰地看到，这样的一些正面效益至少有六大方面。从技术角度来看，政府从自己的视角来看要达到 PPP 这些正面效应，全生命周期，管理构架，涉及的各方面都十分复杂。从信息发布平台到项目的筛选识别，再到项目的顾问机制，到项目的监管，有意愿的双方越谈越具体，为之落到可操作。这个过程有些没有直观表现，比如说，到什么火候，各方要以平等的民事主体身份坐在一起来签约。尽管政府宏观调控到管理职能，在这个环节上，和企业是平等民事主体，合作伙伴的一方而已。在这个里面有个专业的表述是十分重要的，一般的人很难在浩如烟海的法律文献中找到合理的对于项目的所有信息。这时就要靠专业的法务团队提供咨询，最关键的，法治环境的保护落到一个个具体的 PPP 项目上，项目设计也要穷尽一切可能。实在不行就留个窗口。汕头的发展需要靠土地的溢价，但是在中国土地管理是最复杂的。但是各方的谈判团队反复商讨之后，最终会寻找到一个各方可接受的结果。实在不能解决就要留好窗口，在法治环境下加以解决。所以，这些事情需要一系列的专业群体深入细致地一起处理各个环节的事务。在这个规划时间节点上也需要一套全流程的掌握。在各个项目上会发现，风险分担方案是必要的。风险分担方案里，一个个要素都要说清楚，包括政府负担、企业负担、共同负担，以及怎么共同负担。PPP 越做越要求相关的专家的广泛深入参与。

最后做一个小结，PPP 这个事情，它的风险在于在法制化和专业化水平方面要求很高，不能一哄而起、一拥而上。要在培育推进过程中注意节奏，但是我现在并不赞同的就是有些人强调它的不成熟。我们现在应该更多的是鼓励，把这种想干事、会干事、干成事的精神形成团队，运行结果是想干事、会干事、干成事、不出事。真正把时代的发展机遇，跟这些有可能调动的方方面面的要素结合在一起，形成一个高水平的规划再加上亲兄弟明算账式的契约，通过自愿的、利益内生的驱动形成创业创新大潮，引领中国适应新常态下的矛盾，通过一步一步奋斗，实现中华民族的伟大复兴。

点　评

时建中：首先，我们国家除了正面效益这个方面，又有一个前提和背景。因为我们过去在这些领域，比如《政府和社会资本合作项目政府采购管理办法》(以下简称《办法》) 里面规定的五个领域，过去几乎都是国有经济一统天下，所以如果 PPP 能够真的实现的话，首先有一个前提，政府必须把传统的封闭的领域开放，所以这里边带来一个问题，现在经济是开放了五个领域，够吗？而且这个《办法》的第二条明确说适用于这五大领域，那么这五大领域之外的怎么办呢？我认为还是要进一步开放。但是这就又有了一个问题，正因为现在经济下行压力太大，投资疲软持续的时间太长，所以我们政府急了。其实 PPP 不是一个新鲜事物，它的追溯历史可能会很久。实际上可以看到它本身具有极强的功利性，这个选择的背后是有一个功利性的背景的。

正因为这个功利性背景，我有四个担忧。第一个担忧，就是地方政府 PPP 项目的投资冲动。我觉得中国人有一个“好的传统”，或者说有一个特殊的本事，一定能够把好事儿办砸了。比如说在座的各位，有好多是法学专业的学生。法学专业如果是在 20 年前是非常好就业的专业，我们现在排在了倒数第二，为什么出现这样一个问题呢，就是因为开设法学专业的学校一哄而上。在改革开放之初只有几家，过了几年之后有 30 多家，现在有接近 700 家法学院，那法学教育搞不坏才怪呢！法学教育办学成本又低，过去讲马克思主义理论，现在只要认汉字，就可以拿本税法去那儿读，学生理解了，法学也就这样办下去了。所以我就担心，在目前经济下行压力比较大的情况下，地方政府一冲动很可能把项目办坏了，因此这就需要建立一个约束机制，来解决过去地方融资平台当中暴露出来的问题。

第二，我们看前一段时间财政部公布的第二批 PPP 的项目，很多私人资本实际上在持观望态度。地方政府很热情，私人资本也觉得有机会，但真正坐下来签约的时候发现，签约率并不像想象中的那么高。我们的政府的信誉度缺少保障和约束。比如贾老师提到的，泉州那么好的项目，等到市长一换就开始对该项目施加压力，要么把这个项目让出来，要么就采取其他利益分配机制瓜分收益。这个时候私人资本的信心是不够的，我们需要法治去强化私人资本的信心。其实大政府给我们的形象大多是好的，但是当市场有道德风险的时候，政府也是有道德风险的，这是第二个担忧。

第三个担忧，特许协议在《办法》里面的法律属性是不清晰的。再加上我们看《办法》的四十九条、五十条、五十一条，它是运用一套强化的行政解决机制：发生争议之后首先是双方协商，协商不成则找第三方调解，调解不成就行政复议、行政诉讼，这完全是一种不对等的解决机制。项目是政府的，SPV也是政府的，最后解决的也是政府部门。另外，目前司法本身存在一些问题：司法改革立案登记之后，案件数量增长最高的是行政案件，而民商事案件并没有发生井喷式的状态，我们在此不对该现象做更多的分析。对于特许协议，也有一些学者认为运用行政合同的方式去解决，这实际上是社会治理的一种进步。但到底是不是进步，我觉得还是有争论的，不要认为把合同机制引入到这种管理当中就是一种进步，比如本来是可以走两步，为什么非要走一步呢？另外，《办法》里面规定的和发改委的文件并不一致。发改委说可以引入仲裁机制，而仲裁一定是一个民事的问题，民事问题最重要的一点是平等，有了平等，才有了贾老师提到的契约精神，没有平等，哪有契约呢？而如果要去营造一种契约精神的话，就必须要把双方塑造为平等的主体。实际上在18世纪甚至是17世纪的时候，已经有了特许。以英国为例，那时的特许是国王特许，国王特许实际上是法令，比如我们众所周知的东印度公司等，都是女王特许设立的公司。这些特许相当于一部法律。随着社会的进步，资本主义国家引入了特许制。我觉得在经济上要解决投资不足的问题，其实还要解决一个问题，那就是投资安全。宗主社会、民选社会，议会制，都有交易安全的问题。假如发生政变了，应当找谁呢？本来这个国家很平稳，但是它要换届的，这里边有没有可能发生一些变化呢？在资本主义社会，正是由于对政府的不信任，要通过一个合同来安排，而且这个合同安排一般都是跨政府任期的。政府的任期是有限的，或四年，或五年，而长期重大的投资可能需要十年、二十年、三十年，它要跨几届政府，每一届政府的人都是不一样的，那么怎样才能让投资有安全感呢？最好的办法就是协议。在这样的背景下，还要通过一种行政化的方式解决，必然会导致私人资本的担忧。所以，从长远的角度考虑，从保护交易安全的角度考虑，从根本上保护私人资本的投资激情来考虑，还是应该把它构建成一种平等的、民事的企业关系。

第四个担忧，我们发现这个《办法》与消费者、终端用户没有任何关系。而收费方式有三种，一种是谁使用谁来收费，比如高速公路，每一个驾驶员都是一个付费者，它为政府补了一个缺口。那么下面问题来了，回顾一下自己的经历，我举一个典型的例子，就是首都机场高速公路。我觉得那条路完全是用黄金铺成的，每条公路如果一块钱一块钱地算，那条公路恐怕要用一百块钱来算。首都机场的高速公路如此宽广，消费者利益在什么地方呢？因为这些项目提供的都是公共产品，既然是公共产品，就必须要考虑公众的问题。因此在合同设计的时候就应该引入一种机制，让终端的消费者、使用者有一个发言的机会。各地一定有一种竞争的选择机制，但这里边出问题了。有很多地方用的是《政府采购法》，我觉得有一点荒诞和不可思议，因为在竞争的领域里面主要是两部法，一个是《政府采购法》，一个是《招投标法》。但《政府采购法》是以政府资金的使用为前提的，而 PPP 是 public and private，甚至 private 这部分资金占的比例会更大，凭什么要用《政府采购法》呢？而且关键是消费者利益怎么能得到保护？贾老师刚刚“鼓吹”PPP，建议大家不要过多地去指责，而要去看到它的一些正面效应，让会干事儿、敢干事儿、干成事儿的人和更好的规划结合起来，我觉得这是非常好的。但是如果我们已经预见到它必然会出现一些问题，而采取放任的态度，这本身恐怕也是一种问题。

当然更何况对于中国政法大学这所学校来讲，他更多强调的还是法治。如果说这些东西本身是能够法治化的，我觉得还是尽早把它法治化。当然了，法治化的机会还是有的。但还缺少一个更上位的法律，现在只有一些指南或部门规章，甚至还没有一个政府行政法规、条例，更何况一部法律。加快更高层次的立法来解决这些担忧，使交易更加安全，会使 PPP 六大正面效应得到更好的彰显。

贾康：时校长非常艺术地在对我做了肯定之后，实际上又提出了批评。我欣然接受“鼓吹”这个词，因为在交流中，可以把“鼓吹”看作一个中性的说法，当时彭大将军不是说“为人民鼓与呼”么。鼓吹，在鼓与呼里边，意思差不多了。对于时校长在里边说到的内容，我也表示高度认同。比如说，远景上是要有一个 PPP 的高位的法，在宪法之下的环节，很可能就对应到 PPP 的标准文本形式上，再照着这个法进行具体事务。但是实践中，我国的立法进程是比较漫长的。在中国推进一个创新的过程当中还没有相关立法时，只能从红头文件做起。现在红头文件还是有特定的权威性，它是中国法规体系组成部分。有红头文件比没有好，但是红头文件要给出试错空间，要给出必要弹性，要允许动态优化空间，用后边的文件否定前边的文件。

在这里，有几个时校长说到的事情，我略微说明一下。时校长第一条说到的预算约束，有关部门现在已经有一定考虑，只是还没有体现在 PPP 的程序中。现在要通过的是“物有所值”的考评和“财政承受能力”的测评。财政承受能力的测评，是承认整个 PPP 相关的所有政府裁定都必须按照全口径预算，要在预算里有反映并给出数量界限。预算约束至少在形式上有了考虑，有了一定的边界。现在文件的要求是在一个地方政府辖区之内，一般公共收支以支出规模的 10%为界。即在这个年度所有的 PPP 里，政府的付费主要以缺口补贴的方式，将给出的资金合在一起通过预算流程走下来，不能超过当年预算。至少从形式上来看，这算得上是预算约束的一个迹象了。但是现在的预算里边，除了一般公共收支预算，还有国有资本预算、基金预算，以及现在试点的社会保险预算，以后也可能称为社会保障预算。一般来说，社会保障预算跟这个项目建设本身不可能发生什么联动关系，但是国有资本预算和基金预算都可能产生一定的关联。现在一般公共收支预算里有这 10%的天花板，那么另外两个预算却还没有定论。这就是以后要具体化的，要把时校长提到的预算约束能够穷尽的事项一一列举，这是一个发展方向。

施正文：贾所长今天所讲是很新的东西，我受益匪浅。接下来我要讲政府为什么要搞 PPP。

就如刚才贾所长讲的，PPP 的契机，可能是因为总理的出访并结合国际经验，这是一个导火索，但是更为根本的是政府、财税部门在着急，我们现在的确有大量的公共服务要建设，包括城镇化在内，这就需要大量的资金。现在存在的一个问题就是财政危机，财政收入是一位数的增长甚至负增长，地方政府的债务今年搞债务置换，在这种情况下，需求越来越刚性，但是随着经济新潮，财政收入也出现了新潮，政府怎么解决在履行职责或者实现四个全面的战略中可能面临的财政保障不足的问题，这是最为关键的，落实到财税部门更是这样。我们必须看到（PPP 的推动）有它更为直接的原因，或者更表层的原因。在中国，往往这些短期的、局部的、直接的原因可能比长远的、制度层面的原因更为领导人所关注。刚刚时校长也讲到，这是我们特别要警惕的，我们必须要看到这个错综复杂的背景，要多留一点心、多一点心眼，这里的意思是指我们要多一些思维。实际上，这个担忧真的要解决，如果没有法律约束，PPP 在我们国家绝对会是走向它应走的反面。

我们认识 PPP 要有这样几个视角，第一个就是它的地位。不能否认它对推进我们国家治理、政府治理、财税制度创新的作用。传统上，政府包揽一切，所以我们会觉得公共产品是政府的地盘，不应该由市场参与。而新的公共管理运动，现在还有新公共服务理论，局部矫正了公共管理理论，应该说这些都对传统的理论提出了挑战。的确，政府和市场社会是有边界存在的，但是的确也要合作。所以 PPP 根本的特征就是公私伙伴关系，把这种伙伴关系落实到一个一个公共治理的项目当中，PPP 的项目就是如此。宏观层面上落实了政府和市场、社会的关系，为我们从管理型政府向多元的治理型政府提供了一个机制。所以它对我们整体来说，不管是理论创新还是体制转型，都有正面效应。

第二，PPP很好地契合了我们国家将来正要推行的现代预算制度。新的《预算法》围绕解决目前年度预算这种封闭型预算所存在的问题，提出了跨年度预算、中期财政管理以及建立政府的综合财务报表制度，这都是为了解决现行的预算制度脱离了经济中期发展的这个问题。政策往往是短期的，但经济天然的是周期性的波动，而PPP项目恰恰是一些大的政府性投资项目，它的建设周期可能会有三五年，整个运营周期，更是长达几十年，那么这就使我前面提到的那些制度能够在这里加以适用，从而使我们的财政预算能够更加具有弹性、包容性，适应经济周期性的发展和经济形势、经济政策的调整。当然我们的确要考虑预算的风险，PPP会给预算带来风险。我觉得贾所长今天整个讲座有个定位，即他要为政府的财政风险去考量。这个财政风险是政府首先要解决的问题。作为一个法律人，从市场、企业或者公民这个角度来讲，也要考虑它的权利以及可能存在的法律风险。应当说，PPP这个运行会给政府、投资人，甚至公众带来不同的风险。比如说政府可能会有补贴，PPP的支出和收入会给政府的财政带来风险，而投资者更会考虑到他的风险，比如说政府会先针对将来的经营问题提出条件。关于定价、绩效，在中国的合同中是有一套硬性约束的，这些方面如果没有很好的设计，可能会带来很大的风险。

第三个就是法治保障的问题，或者叫法治化推进的问题。我在很早的时候做过一个项目的代理人，用的是BOT这种形式。当时我就查阅了一些资料，实际上在国际上很多重大的基础设施的项目、BOT的运行，往往都有议会通过专门的一部法律，来对整个运行进行规制。所以我觉得不管是PPP、BOT，它往往涉及多方主体、多个环节、多个阶段，这里面主体的责任、权利应当要由立法来保障，甚至立法先行。2015年5月，国务院办公厅转发了财政部、发改委和中国人民银行三家出台的一个《关于在公共服务领域推广PPP的指导意见的通知》，这是目前最高位阶的法律文本。

此前也就是国务院的一个规范性文件，而且还是转发，严格意义上不能算国务院的规范性文件。我们注意到在关于PPP建设的各项规则中，发改委和财政部两家的意见是不一致的。所以在这种情况下，由政府主管部门来推动，却连一个管理体制，哪家主导都没搞清楚。这个通知好像说的是财政部牵头协调，我们能期待它把各方的权利义务进行规制，或者说我们能期待它会保护社会资本的权益？现在PPP市场好像不太买单的重要的、根本的原因在于它没有办法预测这个风险，因为根据无数次跟政府打交道的经验来看，受到伤害的都是投资人。所以这使得我们不得不担忧。

最后，我再完全正面地为建中校长的观点再做一点补充。我们必须担心PPP可能引发的负面问题：第一点，我认为它可能会对我们的改革产生一些阻力。大家知道什么叫公共基础设施、公共服务。这个范围是很广的，也就是说PPP现在可以适用的范围是非常广的。首先要界定的是“公共产品”这一概念的认定主体。比如说，我在北京市人大当预算监督顾问时发现，北京市现在最大的一个问题就是垃圾处置。我们到郊区看一看，那里的垃圾就堆在山沟里，甚至路边上，已经不仅是环境问题，将来可能引发公害。目前，北京的发改委说，北京的垃圾处理厂、焚烧厂，只能由政府管理，我们直接投资。很多人大代表都反映，是不是市场不愿意投资。其实不然，私主体都争先恐后地申请该项目，但是政府不让。但国际上的垃圾焚烧厂并不是都是政府直接经营的，好多都是民间来投资，而且解决问题的效率很高。PPP也是在一定回报的基础上实施的，真正的纯公共服务是不需要PPP的，只要有回报，给社会资本一定的收益，这些由市场配置资源的效率，比政府配置资源的效率要高，这是经济学上的一个定理。而我们就背离了这一定理，没有按照三中全会的要求进一步扩大市场。所以，很多PPP项目让纯私人资本进来，不搞公私合营岂不是更好。因为公私合营会出现很多问题，我们已经搞了集体所有制、全民所有制，这些都有问题，而集体所有制问题会更大。如果没有法治保障，不仅轻视市场机能，政府也会逃避债务，从而形成地方债务。PPP 不仅要运用到新增项目，而且现有的那些工程、那些融资平台的项目，可以转化成 PPP，就像政府现行的存量债务可以置换一样，通过这种强制方式来推动 PPP 项目的发展，把这种风险转嫁给市场。如果我们没有法律的约束，就会成为官僚权力又一次瓜分、洗劫国有资产的新浪潮。所以搞混合所有制的确是有这个问题，因为政府搞混合所有制的根本目的是进一步加强对市场里竞争性领域的控制，这是第一点。第二点，如果 PPP 项目弄得不好，有可能将来投资者就跑掉了，项目如果经营管理得不到位，社会公共服务没有解决，公众还要向政府闹事。另外，对于政府的风险我们应该怎样去看待它？不是说把政府的风险都转嫁，如果能把未来的风险都化解，那当然是很理想的，PPP 本身就涉及代际的公平。虽然目前有法律规定 PPP 合同的缔约期为三十年，但在相关立法不完备的情况下，很有可能先制定相关的地方性法规。如果法规将本来的 30 年改成 20 年、10 年，那么投资者在其中面临的风险将是巨大的。

最后，我的意见归结为：第一，我们的公共基础设施如果能够由民间资本、私人资本，包括外商进来，尽量完全用市场的方式，不要用政府这种公私合营的方式，进一步发挥市场的作用，将会产生更加理想的效果，并且这也受我们现在一系列理论的支持；第二，如果要适用 PPP，它有一个前置条件，那就是在一个法制已经建立的前提下来适用，我们现在只是提出了要全面依法治国，还不是法治，也就是说我们现在还没有适用 PPP 制度的法治前提。在这种情况下，我们提前去消费法治国家的 PPP 这种方式，会对我们产生灾难性的后果，我们有必要对 PPP 降降温，让 PPP 真正伴随我们，分享最终治理提升后的优质的公共服务，这是我们所需要看到的。

贾康：我知道施教授的意思，绵里藏针，杀手锏出来了，别在这一个劲地忽悠，搞不好要出灾难性的后果。但我同意施教授的大前提，我也认为这是今天的金句：“无法治，PPP 定会走向反面，引发灾难性后果。”这点我对施教授是高度认同的。但是在施教授说的降温方面，我觉得还是要区别对待，就是降温和升温，要一起做，这可能和施教授的侧重点就不一样了，我就简单说说这方面。施教授讲的有几个实际操作的事情很重要，一个是一般的 PPP 项目它都是要做几年甚至几十年，和现在的中期滚动预算一定是对接的。它要把一个一个三年演进的中期滚动预算连成一个整个 PPP 的全生命周期，与更合理的预算配套。另外，说到政府财务报告体系、报告制度，这是引入权责发生制，从财务报告表到现金流量表，再到债务等，把需要收集的各种信息尽可能地在预算里面通盘反映，和盘托出，让公众知情，让人民监督，也提高政府的报告的科学性，这也是很重要的。如果要在防止 PPP 的不良后果、控制风险方面跟法制相对应，首先要把法制和可操作的制度形成一个合理的制约体系和规范体系。在有些具体的事情上，我想和施教授商榷一下。施教授很强调，在这些具体的项目上，如果能够完全由民营企业覆盖，政府就不用管了，那么就不要提 PPP 的概念了。但我再说一句，施教授可能是顺口说成了“公私合营”，是一定要避免这个概念的，它容易产生误解。

冯俏彬：第一个，贾老师所讲的供给侧改革的内容非常丰富，基本上涵盖十八届三中全会的各方面改革，这个框架把握是有难度的。贾老师的讲座第一是站在历史上的高度，第二是国家的高度，涉及的中华民族走过的道路，以及改革开放以来中国的变迁，为治国提供了一种理论支持。贾老师是我见过的最有家国情怀的学者，他始终是理论联系实际，经世致用，为现实所用。

另外谈一下我的看法，我觉得有几点是要掌握的。第一要明确供给侧改革的实质是要发挥政府作用，但是落到具体情况来看，社会各界对此认识不清。供给和需求的关系永远都是同时存在的，不能因为供给的存在而否定需求；第二就是要正确认识西方供给学派和中国供给学的关系。西方的经济学家会讲供给学派，发改委官员会讲计划经济，中西在理论认识上存在着问题。我认为通过政府来促进经济增长在中国是有历史传统的，最早可以追溯到盐铁时代。而且中国经济与世界发达国家的差别是“政府的推动作用是当之无愧的特色”。虽然西方国家也有政府干预，但干预的程度很小。而中国政府的干预体现在各个方面，且程度很大。

施正文：供给侧改革要有效推进，必须加快中国社会的转型。社会的进步，推动政策改革。首先我们的政府要做好简政放权，所以李克强总理一上台就从政府自我革命开始，例如减少行政审批等。他说自我革命就是壮士断腕，简政要持续地进行，必须要提高政府的效率，要给政府“瘦身”，否则这种简政以后还会卷土重来，不是永久性的简政。所以，国家经济管控应当通过推进民主进程，建设法治国家，从行政主导的需求侧改革模式迈向法治引领和规范的供给侧改革模式。需求侧的管理是通过长期的财政管理来实现的。为什么需求侧的智囊要反其道而行去搞供给侧的改革呢？贾老师通过研究发现，长期的需求和管理必然会产生很多问题，这促使他产生了研究该问题的念头，并牵头建立了研究院。供给侧很讲究制度的创新，科技创新要靠制度的保障，靠激发人们的活力保障权利，这就是法治。所以他应刘纪鹏院长的邀请来到法大，来到资本金融研究院，担任学术委员会的主席。法大是法学的最高学府，在这里我们可以进行供给侧的研究，法大有法学、经济学、管理学等交叉学科、跨学科研究的优势。供给侧改革的核心重点是财税政策，因为货币政策在解决需求造成的问题时很难对结构问题发挥作用。而财税政策中很重要的一点就是减税，因此我也想谈谈增值税。供给侧改革通过促进产业分工协作的转型升级，对服务业和知识密集型的产业产生了阻碍。学过税法的都知道，人工成本在增值税中是不可以作为进项抵扣的，它算增值额的一部分。增值税对于传统的制造业是具有很好的促进作用的。中国经济想要持续发展，通过现在这种粗犷的发展方式是不可能，反而破坏了环境，所以我们必须要建立一个健康的发展方式，通过供给侧的改革，促进经济的转型升级。在今天这样的日子（世界卫生日）谈论这样的问题，也是天佑中华。

刘纪鹏：正文提出了一个问题，就是在财政政策和货币政策体现供给侧改革的时候，实际上是宽财政稳货币，但是过去都是稳财政宽货币。所以供给学派在争，今天是靠货币政策拉动还是靠以贾康教授为代表提出的供给侧改革的宽财政政策的减税、发债、赤字来拉动。所以大家就很担心宽财政到底行不行。

时建中：任何改革都要有问题意识和目标导向，供给侧改革也是一样。我们首先要明确这个改革的目标是什么，然后再去看对策，这是一个基本思路。供给侧改革的短期目标是“三去”——去产能、去固存、去杠杆。那么多余的产能是谁导致的，真的是市场吗？我觉得，表面是市场，但是根本上是政府的原因导致的。如果不承认这一点，那么改革的目标对策可能会出现问题。明确这一点后，我认为供给侧改革主要有以下几个问题：第一，核心还是制度，要改革的是供给侧制度中的供给制度。我们现在最担心的，就是为了解决问题而制造出更多的麻烦，所以最核心的是制度。供给侧改革去改变市场，在市场—政府这样一个二元结构中，出错的可能是政府，因为市场可能失灵，但是失灵本身就是一个纠错制度，而政府如果失灵，那这个失灵就非常危险。所以改革的核心是制度，重点是政府，改革的基本理念是一定要尊重规律。尊重规律就是改革一定要有所为有所不为。改革会有一个适应期，如果过了适应期还未出现成效则有可能会进入一个反面。再提出几个问题：供给侧改革的主体是谁？对象是谁？让市场发挥决定性作用是改革的目标，那么如何判断改革是否让市场发挥了决定性的作用，由谁来判断？最后，由谁来判断政府的作用，是让政府自己判断吗？如果让它自己判断，那它永远是对的。

贾康：我简单回应一下。前面教授提到过，现在的货币政策和财政政策的搭配如何，咱们现在不是稳货币，而是松紧适度。紧已有所指，所以就是一个怎么松的问题，现在的财政政策表面上讲松紧适度，实际上是降息降准，这就叫作加力增效。实际上这个已经是有点双重搭配了，但不是那种推到极端的双重搭配。货币政策主要是怎么松，尽量不要太松，延续以往稳健风格，但实际上已经不是稳健，客观上已经是降息降准了。财政政策上加力，体现为赤字的提高，今年已经提到了3%，恰好达到了预警线，财政部说提到4%。但是这不能随便提高，我觉得3%既积极又审慎，恰好在3%这个线上。下一阶段可以适当提高一点，但是只要过得去，就不会轻易往上提，这是管理当局至少是财政部的思维倾向。供给侧发力的地方还是财政政策，因为财政政策天然就有突出重点的发挥，货币政策天然就是一个总量型工具，可以试着结构化的运用，但那都是小打小闹的作用。定向降准却无法在结构上起到举足轻重的作用。总量为主的货币政策与配合总量、强调结构方面作用的财政政策的结合是各个国家都承认的方式，但是在中国这样审慎的状态下，这两者的融合还有一定的空间。货币政策的降息降准可以继续，财政政策把赤字率提高到4%也不是不可以，但要密切观察它的发展。所以供给侧改革不能只注意到货币政策或只注意到财政政策，应该要回到二者的组合上面。

最后我再回应一下时校长提的三个问题。首先，不能单纯认为改革主体是政府或者市场主体，它是各个主体形成的合力。我是支持有效市场加有为、有效政府的。林毅夫教授的新结构经济学已经正面触及结构问题了，这个与我们的新供给经济学是相互结合的，但是他强调的是资源禀赋与结构战略。第二，改革的对象是束缚生产力的生产关系。所以还是延续邓小平所说的我们整个生产关系体系的革命。但是他讲的是自我革命，自我革命要是总不合格，人家就会逼着你革命，弄不好就天下大乱了。我们要尽量避免这种情况，通过自我革命来消除阻碍生产力发展的因素。第三，如何判读政府作用，那就是一套很系统的体系了。实际上我们现在说的就是系统工程，要真去判断政府，一定是一个多指标的体系。在我们现在这个超速发展的状态下，政府除了一些基本的功能外，其发挥的优势怎么去评价？而且政府是不可能没有一点副作用的。我们怎么把它控制在最小的范围内，这些都得去评价。当然也可以从政府对非政府主体的影响来说，这还是涉及一个评价体系的问题。

互动提问

提问者：贾老师关于 PPP 的正面效应我很赞同，但对于该正面效能的原因，我是有不同看法的。我认为，它是由两个原因导致的：第一个是关于政府的低效问题。中国政府的低效对 PPP 的影响是很直接的。第二，从理论上来说，PPP 的定义就是政府和非政府主体合作干一件事情。但是合作是需要有基础的，而从理论上来说，政府和企业合作是没有基础的。从另一个方面来讲，政府是裁判，企业是运动员。让裁判和运动员一起做一件事情会引发寻租问题，这是个严重的问题。我觉得在中国这个问题很严重，PPP 是没有实践基础的。

贾康：第一，要注意到我前面说的正面效应里有一个非常重要的概念，它不光是融资模式的创新、管理模式的创新，而且是治理模式的创新，合在一起是“1+1+1>3”的绩效提升机制。这是解决政府低效问题的一个非常重要、需要把握住的创新路径和方式。当然，如果处理不好，任何好经都可以念歪。第二个问题，政府与企业的合作有没有基础。如果政府是在高高在上的情况下处理跟企业的合作，就是 20 世纪 80 年代搞过的，说是签承包合同，实质上身份是不平等的，这个承包的基础就不存在。PPP 恰恰在这个方面有了改进。我前面强调，无论政府怎么发挥管理者的职能，到最后签约的时候，他的裁判身份退场，只是合作的一方，他和合作的企业都是 PPP 平台上的运动员。这时候裁判到哪去了呢？到咱们政法大学的“法”字上去了，换一句话说，中国的司法体系那个时候要维持公平正义。在这个意义上，所谓行政和司法的分离，是不分也得分。司法是裁判，行政和企业在这个平台上是平等一致的主体，都是运动员的身份，需要遵守规则的主体。

金融战与现代战争及我军变革前景展望

提　要

时间：2016 年 3 月 16 日

地点：中国政法大学昌平校区逸夫楼报告厅

主持：刘纪鹏

主讲：乔良　国防大学教授，空军少将，国家安全政策研究委员会副会长，中信改革发展基金会资深研究员，中国政法大学兼职教授

点评：时建中、张捷、李肃

互动提问

什么是金融战？金融领域的争夺和厮杀是不是可以定义为战争？我认为不可以。不能一概地把金融领域的争夺和厮杀都定义为战争。因为它有很多是属于市场行为，即使它仍然带有投机性。

实际上，金融市场的很多行为就是由投机来构成的。金融市场行为就分成两部分，一部分是投资，一部分就是投机。而投机无非就是两种手段，做空或者是做多。对于做空我们往往感到很恐惧，实际上，对于投机家来讲，做多和做空只是他的手段，包括 2015 年中国的股灾。中国股灾出

现，我们看到有关部门去查恶意做空，我看了以后不明所以，什么叫恶意做空呢？如果允许有股指期货的存在，那自然要么做多、要么做空，只有这两种手段。什么叫恶意做空呢？指标和标准是什么？可能有很多做空的人确实怀有恶意，但如果没有设立标准，就不能惩罚他。所以，在金融领域，有许多这种争夺和厮杀，其实是属于市场经济行为。

这些行为不是金融战。但是它的确和金融战没有非常清晰的界限。金融战存不存在？当然也存在。目前很多人对于金融战并没有很清晰的概念，认为索罗斯就是金融战的代表。但索罗斯所做的事情有一部分是符合市场经济的原则的，另一部分则是为了美国的利益跟中国打金融战，或者跟世界其他国家打金融战的。那么如何区分呢？同一个人用同样的手段，什么情况下是市场行为，什么情况是金融战？这是很多人至今还没有明白的事。

目前，金融战大致可以有一个定义。它应该是国家行为，这个战争的主体应该是国家，以一国的货币与他国或者几个国家的货币进行对杀。但是这个定义意思就是用本国的货币，以打垮对方的经济为目标，使用汇率这样的手段，然后让自己获利。这样一个定义是否完整呢，我感到有些困惑。因为金融战的主体渐渐地并不全部以国家为主体了，一些跨国金融机构、一些大型的对冲基金，不是国家，仍然能发动金融战争。

以本·拉登来举例，本·拉登的卒子是一个非政府组织，但是仍然可以对一个国家发动恐怖战争。实际上，金融战争也同样如此，当我们认为金融战的主体是国家的时候，会发现大型的跨国金融机构和对冲基金也可能对一个国家发动金融战争。比如 1992 年，索罗斯一战成名，这是一个对冲基金的一次金融投机行为，但是它打垮了英镑，把英镑从欧洲货币单位中间剔除了出去。我们就可以把它看作是一场战争。但是这种事例毕竟是少数，大部分情况下，我们看到的金融战，特别是迄今为止四十多年来的金融战，几乎都是国家行为，而且基本上都是一个国家使用一种货币的行为。这个国家就是美国。

美国人打的金融战和我们刚才所讲的金融战，是不一样的。那些金融战我们宁可把它看作是一种比喻，而美国打的金融战是真正的金融战。所以我说此金融战非彼金融战。那么美国的金融战是什么样呢？美国的金融战是国家行为，它是一个国家以战胜和摧毁其他国家的经济为目标，用金融武器，包括各种手段和工具，其中也包括了那些金融投机机构所使用的武器。其实武器都一样，就看你目的是什么。金融战和金融投机行为的区别也就在这里，它们同样都可以开枪，但是它们达到的目的不同。因为金融投机行为是为了让自己获利，而国家的行为是要让一个国家获利，甚至去战胜一个国家，这是一种特殊的战争。

我今天要讲的金融战，主要讲的是一个国家的行为。一个国家如何打金融战？主要是用制造趋势的方式去打金融战。那当一个趋势形成之后，索罗斯这些金融投机家就有了用武之地，他们在为自己挣钱的时候，同时让美国获得战略利益，这才是金融战真正的本质。金融战的本质就是资本的争夺战。所有的金融战最终的目的都是要争夺资本。为什么这么说呢？这需要从 45 年前谈起。

1971 年 8 月 15 日，发生了一件非常重要的事情，美国当时的总统尼克松宣布关闭黄金窗口，美元与黄金脱钩，布雷顿森林体系瓦解。美国人希望通过这个事情来结束美元对它的束缚。所以有人认为整个美元与黄金脱钩都是个阴谋。我宁可相信，这个时候美国人的这种举措是出于一种无奈。但是因为恰恰从这一天之后，这个世界于无意之中真正诞生了一个金融帝国。美国总统这样一个被迫之举，使美国变成了一个真正的金融帝国，而人类从此进入了金融殖民的时代。

金融殖民听上去很耸人听闻。在所有的经济学、金融学的课本里都没有这个概念。但是我们确实由此开始面对一个庞大的金融帝国。美国人一开始还没有意识到这一点，财政部和美国的央行、美联储拿出资金来支持迈克尔·赫德森进行研究，看美元与黄金脱钩对美国以及对世界有什么影响。几个月之后，迈克尔·赫德森的报告多达30多页纸，其实就说了一句话：美元与黄金脱钩，短期对美国有好处，长此以往无异于慢性自杀。但是，美国的财政部和央行的官员拿到这个报告以后喜出望外，世界上还有这么好的事情，仅靠印纸就能从全世界获利。短期有好处，为什么不让它变成一个长期的好处呢？于是这件事情就此定型，变成了美国的一项国策。美国人通过印刷货币，从全世界获利。有人会问，这样的结论有证据吗？我说没有。但研究问题就是这样，有时是没办法掌握证据的。那么我们怎么办？面对这样问题的时候，我们怎么去认识？

只有两个办法。第一个，判断这件事情发生之后对谁有利；第二个，判断要有逻辑。那么我们看一看，四十多年来，为什么我说美国人把它变成一项国策呢？只要看看美国的资产负债表，从1971年8月15日之后，只有克林顿时期有短暂的两年是贸易持平的，其他四十多年，年年逆差。美国的高科技人才大量云集，金融界人才高手如云，怎么独独解决不了逆差问题？因为美国人心知肚明，这就是他们要做的事情。

但这还不是金融战。这只是美国人通过发行美元从全世界获利，还不是真正的金融战。美元与黄金脱钩之后，它就像一艘大船摘掉了黄金之锚，本来黄金是美元的锚，黄金为美元的信用背书。现在摘掉了黄金这个贵金属之后，美元这艘大船没有锚了，它将漂向何处呢？美国政府也知道，船没有锚是不行的，货币也一样，总要锚定一个东西。美国相信可以用它的政府信用来支撑它的货币。所以我们把这种货币称作主权信用创造。但是仅仅靠美国的国家信用，还不足以支撑美元的地位。

所以美国人想到了，美元应该跟另外一只锚挂钩，那就是大宗商品。这样美国最后在1973年选到了自己的锚，让美元跟石油这个世界上最重要的大宗商品挂钩。美国利用第四次中东战争的机会，迫使富产石油的海湾国家所掌控的欧佩克组织接受了美国人的条件，使全球的石油交易用美元结算。美国获得了这个权利之后，实际上使世界所有的国家不得不接受美元。石油跟美元挂钩了，各国必须使用美元。美国人就通过它自己的信用创造，强制性地使美元成了国际结算货币。但是这个国际结算货币并不像我们认为的那样只为美国人服务，虽然它最终目的就是为美国人服务，但是它确实给世界带来了巨大的变化。

这个世界过去的几千年，人类的经济一直得不到非常充分地发展，完全没有像今天一样满眼都是过剩的产品。很大程度上就是因为货币不足，也就是资本不足。而美元变成纯粹的信用纸币的时候，这个情况突然就扭转了。由于它的货币完全是靠印刷机印出来的，而不是像过去人们使用的金属货币。过去经济不能充分发展，是因为使用金属货币，而贵金属货币跟不上人类经济发展的需求，所以它一直滞后于人类经济的发展，同时又限制了人类经济的发展。

而现在美国人突然找到一种方式，用纸就可以变成货币，变成无限的创造出来的资本。它对于经济实际上是有推动作用的，但是同时也带来很大麻烦。主权信用创造的货币变成了“祸币”。政府获得了这样一种无限印刷货币的权力，就很难抑制印刷的数量。美联储从 1913 年成立到 2013 年，一共发行了 10 万亿美元，听上去不算一个了不起的数字。但是由于它是国际结算货币，按照现在的统计，它在全球的流通量每年达到了 2000 万亿，而全球的实物 GDP 全部加起来不过 70 多万亿。

这么多美元在全球流通，显然实体经济是跟不上的，美国就要为它找去处，那就是虚拟经济这个池子，这就推动了全球虚拟经济的发展。全球资本在虚拟经济池子里的流通量远远超过了实体经济，这就为前文提到的那些金融投机家提供了巨大的施展空间。但今天要谈的话题是美国自身，美国人在做什么呢？从 1971 年 8 月 15 日美元与黄金脱钩，美国政府第一次获得了可以随意印刷美元的权力，就情不自禁地使用了。大量的美元印出来，就像洪水一样倾泻，美国需要它向外倾泻。就像我前面所讲的那样，这使得这个国家意外地获得了充足的资本，让所有的项目都能够获得充足的资金链，出现了短暂的繁荣。但这种繁荣是美国人种下的繁荣，最终是要被收割的。

那么收割的办法是什么呢？如果美国开始的行为是开闸放水灌溉，然后获得了丰收，那么要想收割它，美国要做的第一件事就是关闸断流。到今天，美国已经是第三次甚至是第五次尝试这个事情了，大的事件应该有三次。那么，我们渐渐地看到有某种规律性的东西开始呈现。那就是从1971年8月15日美元与黄金脱钩，美国开始开闸放水以来，美元大致经历了三大周期。

1971年到1980年，这是美元的一个走弱期。大量的美元印出来，美元指数自然走弱。因为钱多了，自然价格就要向下。到了1980年美国人开始减少流动性供应的时候，美元指数开始走强，这一走强时达6年。如果这样的事情就发生这么一次，它就是小概率事件，可它要是反复发生呢？

1971年8月15日开始到1980年，10年美元走弱，1980年到1986年，6年美元指数走强，然后1987年美元指数再次走弱，到1996年年底和1997年美元指数再次走强，1997年到2002年美元指数再次走强，然后到2002年美元指数再次走弱，一直走到2012年。一个很有意思的趋势，10年走弱，6年走强，10年走弱，6年走强，再一个10年走弱，那么即将又是一个6年走强，是这样一个大致的规律。

第一个美元指数走弱，也就是1971年到1980年期间，美元指数走弱的时期，也意味着美联储开闸泄洪的时候，拉美成了美元的泄洪区。由此，它获得了充足的流动性，拉美的经济出现了繁荣。到了1980年，美国人看着拉美的经济繁荣差不多了，而美国人也需要这个资本回馈本国了，美联储关掉泄洪闸，减少对拉美的资本供应，拉美开始出现金融危机的征兆。这并不意味着美国人所需要的这些资本自然就会回来，美国人需要把资本撵回来。怎么撵，就是让当地来一场危机。战争是快变量，可以迅速带来危机。阿根廷总统加尔铁里，为了使濒临边缘的经济危机得以转嫁，发动了马岛战争。战争之后，拉美的投资环境迅速恶化，拉美的资本撤了出来。这个时候美联储不失时机地举起加息的号角，宣布为美元加息，这就迅速使那些犹豫不定的投资人，把资本从拉美撤到美国，追捧加息后的美元资产。这给美国创造一个大牛市，债市、期市、股市都是牛市。美国人赚得盆满钵满，而且赚够了还不收手，用赚到的钱重新回到拉美，收购拉美跌至低价的优质资产，又狠狠地再剪了一回拉美的羊毛。

美国第一次尝试，先是放水，然后关闸断流，再去剪别人的羊毛。这让美国尝到了甜头，如果这种事情只有一次，它就是小概率事件。但它反复发生说明什么呢，它就是规律，就像潮汐一般准确。

1987 年美元指数再一次走弱，长达 10 年，一直到 1996 年年底。这一次的泄洪区是东南亚。1997 年美联储开始关闸断流了，东南亚开始出现金融危机。经济危机出现隐隐约约的征兆，资金链条开始断裂，流动性不足。美国人要把资本从亚洲撵出去，还是要用同样的办法，先让这个地方出现危机，让投资环境恶化。

之前提到最好的办法是战争，那是快变量。但是在东南亚，战争几乎没有可能。东盟已经成立了，东南亚国家之间任何有可能出现的麻烦和争议都可能由东盟出面解决。但是不打仗不等于不能制造危机，于是一个叫索罗斯的人来了，带着他的量子基金和身后跟着的全球上百家对冲基金，选准了东南亚最薄弱的环节——泰国泰铢，发动群狼似的攻击。一个月，泰铢被攻陷，东南亚金融危机爆发，产生传导效应，马来西亚、新加坡、印尼、菲律宾、中国香港地区、中国台湾地区、韩国、日本一直到俄罗斯，都爆发了危机，后来席卷整个亚洲，变成了亚洲金融危机。

危机爆发之后，美联储不失时机再次举起加息的号角，然后在亚洲聚集的这些资本迅速抽逃，纷纷跑到美国，一是避险，二是挣加息后美元资产的钱。但是真正赚得盆满钵满的依然是美国人，这给美国带来了第二个大牛市。美国人获利之后，又带着资本返身亚洲，购买香港或者其他地方的优质资产。

美国先放水再收割的事情再一再二，是不是还会有再三？亚洲金融危机 1997 年爆发，2002 年结束。2002 年美元指数如期再一次走弱，这一次走弱又是 10 年，应该在 2012 年结束。那么这 10 年美元总要有它的出口，总要有它的泄洪区，那么哪里是泄洪区呢？过去这 10 年，我国政府的文件和媒体，反复自豪地向我们宣布了一件事情：由于中国经济发展势头迅猛，中国成了吸引外资最多的国家。我们有没有想过这是不是美国有意放水，准备大水漫灌？

第三次周期，我们看到了很有意思的现象。如果从 2002 年美元指数走弱起算，经过 10 年的话，它应该在 2012 年结束。曾经在过去 10 年被美元充分灌溉的地方，应该出现危机才能让资本撤回。恰恰在 2012 年，钓鱼岛、黄岩岛等事件都涌现了，这仅仅是个巧合吗？难道不是美国人为了这 10 年的到来，预先布下的炸点吗？

我们可以不相信这样一个推论，但是却很难做出一个非常肯定的判断说绝非如此，姑且存疑。但是中国人还是幸运的，美国再一次打错了算盘。2012 年还没有到来，2008 年美国就先陷入金融危机，美国人必须自救。但美国不能用实体经济自救，因为美国今天已经没有什么实体经济了。美国所有的高科技产业的产值加起来对美国每年 GDP 的贡献不到1/3。剩下的 2/3 是虚拟经济贡献的。那么当美国的虚拟经济遭到金融危机的重创，要想拯救美国经济于水火，最好的办法是恢复实体经济。所以奥巴马上台以后马上宣布再工业化，就是要恢复美国的实体经济。但这却是无法实现的。

因为美国在美元与黄金脱钩之后，认为自己已经成为一个可以靠印钱就能存续的国家，把它的中低端制造业全部变成垃圾产业，转移到了其他的国家。其他的国家成为美国的工厂，美国开始玩高端的金融游戏。现在美国人玩高端的金融游戏过了头，出现了金融危机。之后实体经济无法恢复，只能重操旧业。美联储再一次开始量化宽松货币政策。美国一直在印钱，就意味着一直在开闸泄洪，那就没法在2012年的时候关闸。无法关掉闸门，2012年的中日钓鱼岛争端、中菲黄岩岛争端，这些本来可以成为炸点给地区投资环境带来破坏性的事件，美国必须压制住不能让它爆发。2014年年初，美联储宣布今年将在某个适当的时候结束量化宽松政策，马上我们就看到新的情况出现了。

2014年9月27日美联储宣布结束量化宽松政策，9月28日香港发生"占中"。香港"占中"的组织者猖狂地叫嚷，这次一定要流血，只有流血才能解决问题。为什么流血才能解决问题？由于流了血，西方就有足够的理由对你进行制裁，然后投资环境恶化，资本就可以抽逃，美联储就可以加息了。但是在中国政府和香港特区政府的克制下，没有流血。美国人无法达成让资本从中国以及中国周边抽逃的必要条件。结果美联储举着加息的号角，举了一年，就是不吹响。一直到2015年12月初，勉强吹响，勉强吹响形势也完全不像前两次那样，一听到加息的号角，资本就闻风而逃。现在不是这样，是因为中国和欧洲的具体情况。

欧盟在跟美国较量，争夺资本。欧盟几种招数全使，让欧元大幅贬值。而中国和欧洲的方式不一样，中国处在经济下行的情况下，仍然有6.9%的增长率。更重要的是当全球几大发达国家的利率都是零利率或负利率，只有中国仍然是较高的利率吸引国际资本。这就使我们与美国真正面临着一场金融资本的争夺战。这个才是真正的金融战。

虽然我们又一次看到了索罗斯的影子，但不要把他当作金融战的主力。这样一个趋势，不是任何一个投资机构，任何一支对冲基金能够营造出来的。它必须是一个国家才能营造，而迄今为止几乎都是美国。因为美元是全球的结算货币，美元是国际资本最主要的代名词。我们目前看到的，都是美国人为了让资本回流，去迎合美国的资本项目顺差而造出的一种趋势。没有这种趋势，索罗斯之类就只是小角色，他们几乎掀不起任何风浪。恰恰是在美国形成的这种大的趋势下，他们才能兴风作浪，这就是对今天的金融战的理解。

那么究竟鹿死谁手，还暂时无法判断。而美国所做的这一套，我把它称作美国的金融呼吸，就是把钱放出去，大水漫灌，这是呼。然后呢，把羊喂肥了，再开始宰杀它，剪羊毛的时候，这是吸。这就是大开大合之间的一种金融呼吸，还是用金融的手段，用金融趋势的手段。关于如何营造这个趋势，美国人有比其他国家更有效的办法，而且屡试不爽。

大家都关注伊拉克战争，美国人为什么要打伊拉克战争？关于这个问题，很多人可能都想到两个字：石油。其实，美国不是为石油而战。美国人如果是为了石油的话，为何会把油价从 38 美元提到 149 美元，然后美国人民跟我们一样得忍受高油价的煎熬。而且事实也证明，美国并没有从伊拉克拉走一桶石油。那为何称它为石油而战，原因在于美元与石油挂钩。

当全世界的石油都用美元结算的时候，美国弄高油价意味着什么？从 38 美元到 149 美元，这时候就需要更多的美元。国家没有足够的美元，就继续拿产品和资源去换美元，而定价权由美国掌控。它可以以极其低廉的价格从你手里收走你的产品，然后给你一张绿纸。

有人提到科索沃，科索沃没有石油，也没有美元，美国人为什么要发动战争呢？1999 年 1 月 1 日，欧元正式启动。欧元启动之日，欧洲人自信满满，把欧元与美元的比价定为 1∶1.07，1 欧元比 1 美元多 7 分钱，美国当然不满。但是按照西方的说法，民主国家之间无战争。但是不打仗，不等于不打经济仗、金融仗。欧洲人最后发现的就是，科索沃战争实际上就是美国人对欧元的第一仗。

当美国人以人权高于主权的旗号打响了科索沃战争之后，78 天的狂轰滥炸，米洛舍维奇政权垮台了，欧洲人欢呼之余突然发现，欧元居然受到了严重影响。因为 70 多天在欧洲腹心地区打仗，让全球的投资人对欧洲投资环境充满了担忧，然后资本撤离了。当时 7000 多亿热钱有 5000 多亿离开了欧洲，欧元的比值自然就下跌了。美元与欧元的比例从 1 比 1.07，倒挂为 8 毛 2 美元兑换 1 欧元，欧元直接下跌 30%。

此外，我们还看到了美国人如何通过战争来驱赶资本，这是过去没有领略过的。7000 多亿热钱有 5000 多亿离开了欧洲，去了什么地方呢？2000 多亿到了美国，这 2000 多亿正好支持了克林顿的经济繁荣，带来了连续 90 多个月的经济繁荣。剩余的 2000 多亿热钱去了香港地区。香港是弹丸之地，在 1999 年怎么可能以它的经济体量为 2000 多亿的美元带来高额的回报？显然投资者指望拿香港做跳板进入中国的内地市场。可是这个时候很不幸，一件事情发生了。

美国用 5 枚精确制导炸弹，非常准确地误炸了中国使馆。一方面美国宣称它的武器是精确制导，一方面又说是误炸。这完全是说不通的，今天并不追究美国人是有意炸还是误炸，而要看它的效果。当中国使馆被炸之后，一个星期在香港滞留的 2000 多亿热钱迅速抽逃，最后全部投身于美国市场，促进美国经济的繁荣。直到小布什上台，这一轮繁荣期才结束。我们可以看到，美国人如何通过战争驱赶资本。

那么今天中国是不是正在卷入一场金融大战？很多人都为今天的中国感到忧心忡忡，又被很多事情分心，包括钓鱼岛、黄岩岛、香港“占中”，以及南海问题等。没有人会把这样的事情和金融战联系到一起。但是如果把它们全部联系到一起，会是个什么效果呢？

2012 年年初的钓鱼岛争端，在争端发生之前，中、日、韩东北亚自贸区的谈判已经快要达成协议，马上就要有成果了。但是钓鱼岛争端一出现，东北亚自贸区就被搅黄了。大多数人以为日本人购买钓鱼岛就是一帮右翼分子所为，甚至没有注意到，石原慎太郎在购买钓鱼岛之前，专门去美国长游了一次。他跟美国的许多政客有过很密切的接触，回国后他就提出了购买钓鱼岛的主张。至于这背后究竟有什么，我们无法猜测，而且猜测也没有太大意义。但是我相信这其中不会那么简单。

美国通过钓鱼岛事件，搅黄东北亚自贸区不是它最终的目的。我们可以看得更深一点，如果东北亚自贸区得以实现，中、日、韩将近20万亿规模的一个经济体，成为世界第三大经济体。这个经济体会直接南下，与东南亚自贸区整合，变成东亚自贸区，世界第二甚至第一大经济体就可能出现。再向西去整合南亚次大陆，使印度、孟加拉、斯里兰卡参与进来。之后还可以向北整合中亚五国，继续向西整合西亚的阿拉伯世界。那么一个世界上最大规模的经济体就将出现，超过欧盟，也超过北美，甚至超过它们的总和。

这样一个经济体，一定不会使用欧元或者美元作为它内部结算的单位。所以说美国一定要阻挠，最后还是为了捍卫美元的权力。

实际上，去年美国一直在鼓动各方面给中国制造麻烦，结果都没有得逞。美国不得不派出它的军舰和飞机，一次次闯入中国南海岛礁周边12海里的地方。今年最近的一次是斯坦尼斯号航母特混大队再次从中国南海经过，向我们施压，向我们示威。这些事情不仅仅是要给中国施加压力或是让中国颜面无光，或者是确认世界霸主的地位，美国真正的意图就是要让中国周边的投资环境承受美军的压力，使投资人不敢把钱留在这里。中国和美国正在开始新一轮的金融对杀。想一想2016年2月3日晚上发生的事情，中国和美国的搏杀出现了这样一种奇观。美国当天晚上所有做多美元的多头被屠杀，而中国所有做空中国的空头被屠杀。一个晚上1万亿美元全部蒸发掉，这就说明中美之间的这种金融的博弈已经接近白热化了。

美联储今晚开会，将做出重要的决定，但是全世界都不相信美国会再次加息。因为条件对美国并不利，美国人做的那些局和趋势，还没有完全达到目标。金融战还没有到最后打响的时刻。现在属于战略僵持阶段和战略趋势的营造阶段，到下一步才进入战役期和战术期的阶段。这时索罗斯等类似的金融机构才会正式登场。所以，金融战最后的断杀还没有到来，我们可以拭目以待。

中国军改是很多人都关注的问题。因为中国军队三十多年没有打仗，这次军改瞄准的是什么？习近平主席定的目标是“能打仗，打胜仗”。但是“能打仗，打胜仗”是国家对军队提出的任务要求，不是国家的目标。军队要为国家的利益打胜仗，而不是说仅仅需要一场胜仗。美国认为，对军队就是要求打胜仗。但是这个胜仗是有要求的，必须实现国家要求的结果。例如攻打伊拉克，不仅仅要求打垮萨达姆政权，还要把资本驱赶出来，科索沃战争同样如此，目标是让资本离开欧洲，而不仅仅是打垮米洛舍维奇政权。这就是美国比我们更有经验的地方。

中国正在成为一个大国，但是更大程度上是在学习做大国。我们都说中国是一个五千年的文明古国，是一个五千年的大国。但是作为一个现代国家，我国只有 30 多岁，不到 40 岁。在此之前，我国并不是现代国家。所以说今天中国要努力学习做大国。与此同时，中国的国民也必须努力学习做大国国民。不要去做一些看上去是爱国之举，实际上很愚蠢的举动。比如抵制日货、烧日系车、拦日本大使的座驾。有人以为这是爱国之举，可是他们并不知道，这样正迎合了日本安倍政府。安倍需要中国人这么做，因为只有中国这么做，他才能够充分地向日本的人民宣布：面临如此糟糕的敌人，必须和我团结在一起，必须让日本变得更强大，必须支持我修改和平宪法，必须支持日本的自卫队变成国防军。日本国民现在开始集体向右转。日本现在已经不再谈论谁是左派了，只谈论谁是右派，谁是比右派更右的右派。在网上发表过激的言论等行为，这不是大国国民的一种思维方式。这对一个国家的利益有很大的危害。

今天中国军队的军改，现在能够了解的主要是一些形式上的变化。有几个亮点是大家必须清楚的：首先是我军庞大的四总部终于被分拆成了十几个部门；另外，我国曾经有过七支陆军，一支海军，一支空军，一支二炮，现在变成了陆海空火四军，再加上战略支援部队，对于中国军队，是一个非常巨大的变化。因为从此中国陆海空三军得以统一指挥。更重要的是，我们有了战略支援部队。很多人感觉战略支援部队有点莫名其妙，它是个什么部队呢？其实可以把它理解为中国的第五大军种。

今天如果我国有战争，首先面临的就是信息战、网络战。而信息战、网络战，如果离开了天基系统的支持，就不可能有真正的网络系统。这就是战略支援部队负责的任务。战争将从网络上打响，在网络上结束。网络空间的战争对我国非常重要。中国在这一步上已经跟上了全球的步伐。这些都是军队改革表面上的东西，这些改革不管如何千变万化，有一个要求就是必须适应国家的需求。

适应国家的需求，不仅仅是要满足传统安全的要求，还要保护国家的金融安全，金融安全目前已经是国家的第一安全。很多人认为黄岩岛是我国的领土，必须要收回来。但黄岩岛只有 4 平方米露出水面，面积极小。可是中国每年在金融战中损失多少呢？除了直接的损失以外，一场金融战可能会丢失什么呢？中国的 3 万多亿外汇储备中，光是西方的套利资金就有 1 万亿。如果这一次我国顶不住美军的压力，最后爆发了冲突，影响了中国的投资环境的安全，资本将从这里撤出。上万亿的套利资金撤出，我国外汇储备迅速变成 2 万亿。而它产生的波动不只是这些。当全世界包括中国人都对中国经济失去信心，那个时候收回一块 4 平方米的小岛，对我国来讲已经不重要了。我并不是说领土问题不重要。如果中国强大了，丢失的领土全部能拿回来。如果中国不强大，今天收回的领土明天也会丢失。

很多人不知道普京的强硬根据何在。普京是个上游国家的领导人。上游国家就是资源国家。俄罗斯是资源充足的国家，47%的外汇收入来自于资源销售。即使美国和欧洲一起制裁俄罗斯，截断它的油气管道，使俄罗斯无法向欧洲输送油气。但是只要世界上第一制造业大国中国和潜在的制造业大国印度还在，二者还需要购买俄罗斯的石油和天然气，俄罗斯就垮不掉。但中国是一个制造业国家，同时又是个“地大物薄”的制造业国家。这样一个国家，既依赖上游的资源国家的资源和能源，同时又依赖下游的市场国家。这就是今天的形势，所以我国不可能太强硬。但是这不妨碍我国适度强硬，这需要战略智慧。

这里就涉及一个概念，即非战争军事行动。非战争军事行动最重要的行动就是可以开火，可以流血。可以开火，可以流血还叫非战争军事行动？美国炸中国使馆，开火了，流血了。但美国人说那是误炸，不是对中国的战争。同样，中国的非战争军事行动也可以照此办理。

所以军人要做的事情，实际上最终必须要能做到这一步，要在不能打仗的情况下，仍然完成那些不可能完成的任务。而目前的军改离这个目标还差得很远。我们还并没有真正地完全理解，实际上军队应该明确的是，在任何时候都必须捍卫两种安全：一种安全是传统安全；还有一种就是大家都不熟悉的安全，从网络到金融的安全。而网络和金融安全是中国目前远比传统安全更重要的。人民币即将国际化，“一带一路”即将展开，那么在这种情况下，中国的军队如果只是保家卫国，守土安疆，显然是不够的。

习主席也提到了中国军队要考虑走出去的问题。事实上，我们现在已经开始走出去了，无论是打海盗，还是派出第一支有作战能力的维和部队，这些都是中国军队走出去的第一步。中国的海军和空军，走出去的能力正在加强。而我认为最关键的是中国的陆军要能走出去。陆军怎么走出去，需要更换思维。现在我们喜欢说腾笼换鸟，可是实际上对于中国来讲，更重要的是腾笼换脑。必须腾笼换脑，把脑袋清洗干净。如果换不了脑就必须换人，不能让那些干不了事情的人继续待在一个新的机构，那等于换汤不换药。

那么如何让陆军走出去，必须改换一种思维，那就是让陆军飞起来，而海军和空军必须要能在陆地上作战。虽然我国的军改完成了一步，但还有更漫长的路要走，那就是要打破军兵种的界限。

目前我国刚刚明确了军兵种，七支陆军消失了，变成了一支陆军。我们下一步将会看到，各个军兵种界限的打破。陆海空三军这样一种界限准确的军种划分，未来是不存在的。一支又一支的部队，他们将会像搭积木一样模块化组合，而每一次组合都根据任务进行组合。我国过去是有什么武器打什么仗，而现在战争要求我们打什么仗造什么武器，下一步将是有什么任务编制什么部队。这是我们未来的方向，而中国军队目前军改已经走出的这一步离这个目标方向还有很远。

中国军队要有能力保护国家安全，但这对于军队来讲还是远远不够的。如果人民币成为国际结算货币，我国和美国或者其他国家对于资本的争夺将会变得越来越剧烈，当对手用军事能力遏制中国，迫使资本从中国撤离的时候，中国军队必须有能力切断对手的资本链。但是这对于大部分军人来讲确实需要一个过程。其实打断资本链很简单，人们有时候觉得，拿炮弹、拿导弹如何打资本链？击沉对方一艘航母，破坏一个航母，全世界的投资人在第一时间就能看到，之后就没有资本再去该地方了。很多人担心美国的航母在中国南海会不会擦枪走火。如果是擦枪走火，就一定是有意的擦枪走火，决不是无意中的。无意中的擦枪走火点不起火来，双方会马上克制。有意的擦枪走火更不会，因为它就只想擦枪走火。

中国和美国现在是不会有战争的。现在美国没有走到一定要跟中国鱼死网破的那一步。美国现在需要资本。需要资本，美国就可以打伊拉克，可以打科索沃，可以打那些边缘小国，敲山震虎，把资本敲出来。但如果跟中国争斗，在没有分出胜负的时候，资本既不会到中国，也不会到美国的。没人知道鹿死谁手，中国和美国的战争就没有意义。

现在我国和美国人在资本的角力上已经到了最后的时刻，这一关挺不住，资本就很可能撤离，经济就此衰败。如果挺过去，美国加息不成，就有可能按照达拉斯联储主席的话，美国将进入负利率。按照耶伦的话说，美国将不得不考虑再次量化宽松货币政策的问题。但是这仍然是两说，最后鹿死谁手，我们并不清楚。

最后一点，就是我们现在必须看清大势。我认为美国今天的所作所为，一直是战略误判，这个战略误判是什么呢？就是把中国当作美国最主要的对手。包括这一次普京宣布从叙利亚撤军，实际上美国与俄罗斯肯定达成了某种协议，将不再以支持沙特增产、提高石油产量、降低石油价格打击俄罗斯。由于有了这样一个承诺，普京才会宣布从叙利亚撤军。还有美韩的演习的目的是要在一个月里，持续给中国在东北亚制造压力，使资本不敢更多地进入中国，甚至让更多的资本离开中国。所以在这个时刻，中国绝不能败下阵来。南海的较量，根本不用担心擦枪走火，因为擦枪也不会走火，走了火也不会导致战争，这就是由美国今天的本质所决定的。

但是这些都是眼前的问题。从长远来看，美国把中国当对手，是一次严重的战略误判。它认为中国将成为美国最强有力的对手，如果美国能够压制住中国，美国就可能继续领导世界一百年。但是如果无法压制中国，2025 年之后中国的 GDP 就可能超过美国。上上个世纪的末叶，美国超过大英帝国之后，其实离大英帝国的终结就不远了。美国也担心中国超过美国之后，美国这个金融帝国就快到结束的时候了。所以它拼命地打压中国。

但实际上美国衰不衰落和中国崛起没有很大的关系。中国不是传统帝国，是奉行互利共赢原则的一个国家。美国的衰落是它自己造成的，是美国最大的创新造成的。美国在过去一百年里一直在创新，其中对这个世界最大的创新就是互联网。互联网却将成为美国人为自己安排的掘墓人。互联网就是个倍增器，政治影响力的倍增器，经济发展的倍增器，科技创新的倍增器，军事实力的倍增器。各国因此而拼命地发展它。互联网有一个特性是去不掉的，那就是扁平化，就是去中心化。扁平化、去中心化直接的效果就是消解权力。最大的权力莫过于霸权。互联网在消解权力的时候，不可避免地要消解美国的霸权。这就是我说的美国人为自己准备了掘墓人。互联网对权力去中心化的这种趋势，才是美国应该当心的问题。

另外，互联网还会导致一件事情，那就是去货币化。我们发现现在刷卡消费、远程交易或者电子支付越来越多，现金使用越来越少。而实际上这就是一个趋势，在本世纪我们将看到货币的消失。美元的霸权就是货币的霸权。没有了货币，货币霸权也就无从谈起了。

有人会问，那只是没有了实体货币，货币这个单位应该得有。但事实上人类将找到新的方式进行结算。人类将进入每个人都能够创造信用的时代。货币就是信用创造。当每个人都能创造信用的时候，就不需要由美国政府来主持全球的货币流通和发行了。货币霸权也就不存在了。

既没有了政治的霸权，又没有货币霸权，所以说美国会因此而衰落。这与中国并没有关系。中国要明白这一点，努力地去适应互联网，适应没有货币的时代。我国要最先创造出在互联网基础上的新的互联网民主，而不是西方传统的多党制、代议制的民主。那种靠选票制、靠报纸和政党去推进的民主，在互联网时代早已经过时了。那是一种陈旧的动员能力，互联网可以带来更新的动员能力。在这种情况下，我们和美国是在同一条起跑线上的，我们要率先跨越。

虽然在互联网方面美国有根服务器，但中国有攻无不克的“山寨”能力。美国可以创造发明，我国可以以规模取胜。阿里巴巴“双十一”一天的销售额，超过了美国感恩节三天全美网上销售额和实体店销售额的总和。阿里巴巴就胜在规模。这个规模只存在于中国，不是只有创新才是企业的生命，山寨同样是企业的生命。但是如果能够创新，我们当然要努力创新。

中国要成为一个创新型国家，要成为这场全世界最后的马拉松的撞线者。不必在意我们是不是领跑者。没有哪一场马拉松比赛最后的胜利者是领跑者，最后撞线的一定是跟在领跑者后边，逼得领跑者气喘吁吁的那个人。中国就应该做这样一个撞线者。而我们要创新，要有真正的全新的政治制度。习主席说过，我们既不走老路，也不走斜路。其实就是既不走我们传统的路，也不走西方的路，而要走一条崭新的路。这条崭新的路包括政治创新，而政治创新必须建立在互联网这个特殊的工具之上，它已经为我们提供了这种可能性。

点 评

刘纪鹏：战争的目的是掠夺和财富的再分配，资源的再配置。过去是靠军事手段，现代战争则主要是金融。所以军事是硬战，金融是软战。

时建中：乔将军今天讲这个主题，一共有三个关键词："金融战""现代战争""我军变革"。在这三个词里边，我对两个字最熟悉，金融。而金融战呢，完全是不同的含义。

乔将军从历史、现实、未来描述金融战的时候，我感觉其发动路径是有一些特点的，或者是从金融市场本身开始，或者是通过战争手段开始。作为一个外行，如果我从金融法研究的角度来看，那可能就是这样一句话，苍蝇一定要叮一个有缝的蛋，如果这个蛋没缝，也要打出一个缝，然后把这个蛋变成一个臭蛋。因为是一个臭蛋，所以资本就逃离了，目的就实现了。从非军事的角度来看金融战，就是首先要制造金融风险，扰乱金融秩序，破坏金融稳定，损害金融安全。这样把金融市场的风险秩序稳定破坏之后，恶劣影响会传导到经济非金融领域，甚至传导到社会领域，再传导到政治领域。这样，用传统的军事手段能够实现的目的，通过金融战完全可以实现。因此，金融战是现代战争的一个部分。

从这个意义上讲，我们可以看到金融战的过程一定要利用规则。战争的轰炸把资本炸走，那是一个手段，真正战争开始之后，比如索罗斯作为一个侧翼部队进来，应用的也是规则。所以金融战在一定意义上也是一个规则之战。目的是要获取利益。而金融利益一定要看定价，所以要获得金融产品的定价权，最终构成了一个资本的争夺战。

现行的与金融有关的一些法律的规定，央行法律文件第一条，说央行有一个使命，要维护金融稳定。《商业银行法》有这样一条表述，也是第一条，要保障商业银行稳健运行，维护金融秩序。《银行业监管法》也有这样一个立法目的，防范和化解银行业风险。在《证券法》和《保险法》里同样有一句话，借这两部法实现维护社会经济秩序和社会公共利益的目标。这五部法律里可以提炼出它们要追求的目的，要防范风险，维护秩序，维持稳定，保障安全。如果这几条规则能够得到有效运行的话，产生“缝”的风险会降到最低。

所以我们要有危机意识，特别要有金融危机意识，进而实现对金融风险的有效的防范。有效地防范金融风险，我认为有三个层次。第一个层次要防范各个类型金融业本身的风险，也就是说银行要防范银行业的风险，证券要防范证券业的风险，保险要防范保险的风险。第二个层次，一旦有行业出现风险，一定要注意防范风险的传导，不要把银行的风险传导到证券业，传导到保险业。第三个层次，一旦金融行业发生了风险，一定要注意不要传导到实体经济，一旦传导到实体经济，就不仅是个金融风险，而且变成了真正的经济风险，变成了经济危机。

为此我们不仅要有防范风险的意识，而且要有维护国家金融安全的责任感。仅仅有责任感不够，要有维护国家金融安全的能力。要正确处理好三种关系：第一种关系就要处理好金融创新与金融监管的关系。因为通过金融创新可以提升金融服务的能力，提高金融竞争的能力。但同时，金融创新也可能带来更多的风险。不能因为有风险去阻止创新，但是鼓励创新的时候，还必须提高我们有效的监管能力，去处理好创新和监管的关系。第二种关系就是要处理好国内金融规则与国际金融市场规则的关系。一方面要与国际接轨，另外一方面还必须有我们特殊的规则。第三种关系是要处理好金融业与实体经济的关系。同时我们需要占领两个制高点：第一是参与甚至主导国际规则的制定；第二个，是要取得国际市场的定价权。

刘纪鹏：决定金融战的关键，是定价，但是金融的定价，不完全是市场供求决定的，这里有金融的作秀。所以这就涉及军事中的一个概念，即情报，我们则称为信息，谁掌握了情报和信息，就能跟踪国际大鳄的作秀，形成我们的国家竞争力。

张捷：今天乔将军展示清楚了这种资本的国际流动，而这个国际流动通过2015年的股市大家应该有深刻的体会。

对资本怎么来以及我国的对外开放、资本项目开放，中国应该有更深刻的思考和认识。美国崛起的时候，坚持的不是开放，而是奉行孤立主义，不让外国资本进入。在国家快速发展的时候，外国资本进入。随着经济的发展，等资本想要撤出的时候，对价是十分昂贵的，可能1美元就变成10美元。国家的外汇储备再多也无法平衡。从这个角度看，对中国道路我们要到一个全新的理论研究。中国道路的研究，绝对不能人云亦云，跟着外国的舆论走。

刘纪鹏：乔将军提到军事今天的目的是保卫金融安全。这不仅仅是竞争的需要。在大国崛起的时候，世界第一强国的转移一定是伴随着世界第一资本金融中心的转移而转移的。所以资本链的保卫，是十分重要的。乔将军讲到我国长期存在商品逆差之后，拥有了大量的美元。但是今天美国想让这些美元回到美国。如今就是一个关键时期。黄岩岛等军事上的寸土之争，还有国家金融问题，都是我国要面对的。所以我们必须要韬光养晦，忍辱负重，等待时机。军人要参与金融领域，已经迫在眉睫。美国国防部总参都成立软件情报室。乔将军这样的金融战略理论，一定在大国崛起中占有一席之地。

李肃：乔将军是从军事角度把金融、地缘政治和整个产业全部联系起来了，最后把美元统治的历史和中美关系的所有的相关内容以及美国和世界的情况综合起来进行了讲解。将军就该用这种方法来解决这个问题。用一个将军的思维方法把金融理解成一种战争。

但是我想讲一下，乔将军的思想在整个社会引起非常强烈的反响，但是有三批人从三个角度在跟您挑战。其实中美关系实际上有三条线：第一条线确实是金融，是非常重要的主线，而且我们认为是中国可能先打胜的一仗。其实我们对美元的挑战早就开始了，国际货币基金组织也在挑战，要找一个综合的货币替代一部分美元。

第二个，现在大量的产业的分析家认为乔将军把中美战争中的产业完全忽略了，很多人认为美国的创新能力是无穷的。在互联网领域，中国一定战胜它。但技术创新怎么创新，制造能力怎么转型，这都是问题。

第三点就是地缘政治。地缘政治关系跟中美之间博弈，又有很大的关系。

互动提问

提问：诺贝尔奖获得者，经济学家阿玛迪亚森谈到贫困问题时候说过，人的核心能力是发展能力，发展能力就是说怎么样发展能自由组合他所拥有的这些工具。我想问的是我军将领，包括我们今天的这些年轻将军或中高级将领在20年之后，进入政治场地的核心区，能够决定一些事情的时候，他们怎样培养这样一种不局限于打仗，而是具有金融家思维等意识的战略思维呢？

乔良：要想培养新的军人的这种超出军兵种融合的能力，而且有更大的战略视野的能力，要从今天的尉官、20年后的校官或者是将官开始培养。而不要指望我们这辈人。真正的希望在你们这，有没有大战略的思维也在于你们。

刘纪鹏：今天此时此刻的10点钟，乔将军结束他的金融战的讲座，凌晨2点，美联储主席耶伦将再次发布是否加息和有关的货币政策，今天的黄金价格、石油价格都在波动，就等着2点的到来，所以定价权还在美国。将来我们一定要得到定价权，切断美国的资本链。

金融博弈与货币定价权的历史演进与我国的对策

提　要

时间：2015 年 11 月 30 日

地点：中国政法大学蓟门桥校区科研楼二层学术报告厅

主持：刘纪鹏

主讲：张捷　央视评论员、立天律师事务所高级合伙人

点评：王在邦、刘少军、杨帆、王卫国、郝一生

互动提问

今天第一个问题是重新认识货币。其实货币的概念一直在变化，不同经济学界有不同的概念。很多政策为什么不对，很重要的一个原因是货币概念改变了。

这里先讲金融的意义。为什么金融的出现带来了全球进步？在金属时代，你有黄金万两只能自己支配，任何人不能乱动。现在我有亿万家产存在银行，你的钱怎么用、用在哪却跟我没有关系。银行业金融出现以后，信用发生了变化。现在财富可以集中，发挥更大的社会效益，金融的伟大之处在于信用可以集中起来。狭义的金融就指银行业，广义的金融在中国

不仅指银行业，还指信用投资财务管理，这才是真正的金融。

除此之外，美元的定义也改变了。在此之前，我们称之为布雷顿美元，它是按照布雷顿森林体系制定的，是与黄金挂钩的美元，而在此之后，有了牙买加协议，美元和黄金脱钩，所以布雷顿美元和牙买加美元是不同的。全球背景下的货币概念，从历史和现实都是有差距的。中国讲的是马克思主义古典货币，美国讲的是现代货币，货币概念的不同决定了它们之间可以套利，这一差异也解释了很多不好理解的金融现象。对货币而言，有货币体系的时候，它相当于提供了一种服务，所以美国人称之为服务业。我们买美国国债收益很低，而且要给美国金融服务缴费，它们维护这个金融体系是有成本的，所以要全方位认识。包括我们现在建立人民币体系，也是有成本的，将人民币体系建立起来对我们是有利的。而真正有了金融以后，货币、宗教、政权三权分立。在此之前，要不然是货币依附于政权，要不然就是政权依附于宗教，两种权力一定要分出主从。一旦有了金融、有了央行，便有了货币权力。实际上三种权力可以平衡，美国实际上就是三种权力的平衡。

现在给大家引出古典货币和现代货币的概念。古典货币是马克思政治经济学的概念，现代货币是西方经济学的概念。而各种经济学的差别就是对货币的定义。基础概念不一样，预测出来的结果是完全不同的。我们讲货币是一般等价物，央行政策也是围绕“货币是一般等价物”来制定的。而美国是围绕着“货币是信用、是交换媒介”来制定政策的，一个是商品说、一个是媒介说，这与马克思概念是冲突的。古典货币的本质是说商品是一般等价物，不依赖于权力机构，而现代货币依赖于权力机构的信用，货币等价于商品则必然消耗资源，但它作为信用衍生品的货币，其信用都建立在假定国家信用是无限的基础上。所以货币的这两个概念有很重要的差别。现代货币当中要有资源，与需求相对应，所以“供给经济学”就应运而生。而实践中，货币含资源的时候讲需求经济学，不含资源的时候却讲供给经济学，所以中国对基础货币概念是没有搞清楚的。套利才是货币概念的实质。

现在讲货币的两种价值和中外政策。为什么中外在面对通胀时政策不同？实际上衡量货币有两种体制：一是货币购买力，货币作为一般等价物，一定要讲购买力一致。二是货币的利率，利率跟时间、交换媒介相关。货币一旦通胀了就是供给多了，供给多了怎么办？按照供求关系来讲就要降价。凡是货币通胀流动性泛滥的时候，作为媒介的货币利率要下降，作为商品的货币利率要上升，因为货币要保持购买力。实际上，这种利率的差距会造成很大影响。为什么通胀？钱多了怎么办？按照中国的说法就是加息，让多出的钱不值钱，最后肯定是实体经济为此买单。所以，这两种完全不同的思潮在中国学术界没有讨论、没有比较是完全不正常的，完全按照西方的走法是有问题的。

下面重新解读一下货币历史。第一个是贵金属货币也能够通胀。历史上出现很多次粮荒，而粮荒实际上就是通胀，只不过那时候没有通胀一词。贵金属的通胀我们列了两个方程式，一个叫剑桥方程式，一个是费雪方程式。k 是人持有货币的意愿，v 是货币流通的速度。实际上，在货币总量一定的情况下，它也可以激烈地通胀。通胀体现在哪？如果天下太平，就把银子埋在地底下，我们不妨把埋在地底下的银子叫 m_2，把银子挖出来花叫 m_1，挖出来以后流通速度就快了，所以在这个背景下贵金属也能膨胀。

然后讲一个严肃的话题——中国古代历史上的财富是怎么耗尽的。中国实际领先世界千年，我们一直在说鸦片战争之前，中国是世界首富，怎么突然变成了积贫积弱的国家，这里面的金融攻击是必须要讲的。中国的史学家把这一现象非常不明智地解说成各种战争赔款，几亿两，好像很多，但是为什么赔不光？所有的赔款加起来，都抵不上和珅的家产。和珅家产超过了 9 亿到 11 亿两，这是有史书明确记载的，而且还有财产清单。实际上，中国真正的问题是什么？是日本的《马关条约》打开了我们的金融边关。史学家对金融的了解太不够了。比方说，在鸦片战争的时候，最重要的一个约定，不在《南京条约》里，而在条约的附加条款里。其中约定了1英镑的纸币能换3两白银。人家拿自己印的钞票换银子，然后以英镑缴税。而《马关条约》是什么概念？很多现在的政治家都说因为日本实行了好的制度，所以发达了。但实际上，当时整个北洋舰队的造价是2000万两白银，但是英国借给日本1.5亿两白银。这么多的白银借给了一穷二白的农业国，是英国扶持日本做了列强，限制中俄两个正在崛起的超级大国。所以日俄战争的时候，英国借给日本10亿两以上的白银，支持日本。

很多人关心钱的问题，而《马关条约》里有一个更重要的事情就是赔款。对于中国和日本两个传统以白银为货币的国家,《马关条约》约定的是赔款结算用英镑，而中国因为没有英镑，只能向英国等国借款，这些国家乘机放了一笔高利贷。中国的《马关条约》是赔款2亿两，算上利息6亿两，而且这个赔款需要在国际市场上抛售白银换英镑而取得，导致了白银在国际市场上暴跌。但是当时整个中国流通的白银就十几亿两，一下子少了6亿两，导致国内白银紧缺。根据史书的记载，原来是1两银子1000个铜板，变成1两银子3000枚铜板。但是《马关条约》的签订，使得中国的白银从3两1英镑变成了6至7两1英镑。而且这时候我们得知了“取消了日本的一切不平等条约”的说法，却不知日本人要求中国用英镑付这笔账。付款的英镑被日本人拿到英格兰银行存起来了，作为发行日元的储备，却不直接拿白银做储备。我们老说中国和日本打仗，差这儿差那儿，或者说没买到“吉野”号。但事实上，甲午战争以后，全球海军的发展方向，是大量制造中国“定远”战舰，而不是日本“吉野”号。当时外贸进口比例按白银计翻了一倍，但是以英镑计却一点没差，我们买的东西还是那么多。出口比例以白银计翻了四倍。但按照白银在国内计算，换成了铜板的购买力，出口多了六到八倍，每年的财富外流在十亿两白银以上。中国真正的财富耗尽是从甲午战争开始的，从金融边关被打开的一刻开始。

为什么德国一战后能够快速崛起？德国的崛起是让西方人脸上特别难看的事情。西方人都怎么评价这一现象？“我不知道希特勒为什么能起来。”“这是个奇迹。”实际上这个事情很清楚，这背后是战后英国、法国和美国的博弈。英国和法国在战争后欠了美国很多战争债，但是没钱还，它们希望靠德国的赔款来还。一战能胜利是因为美国参战，而美国就想削弱英法。所以，这时候一个非常聪明的美国人道威斯，提出了一个“道威斯计划”，由德国来发行美元国债。国债发行一半用于战争赔款赔给英法，法国再拿着美元还债，另一半留给德国用于自身发展。

一战的赔款数额很大，如果折合白银的话，能买200多亿两白银，极其巨大。但是买完以后全是英法资本认购的，认购以后，实际上资本从英法流出了，一部分流到了美国，一部分流到了德国。德国虽然发行这么多国债，等于以美元国债留下了50美分，美国是收回原来的50美分。但这时候，里面发生了两个情况：一是为什么西方对德国绥靖？谁都希望德国能强大点，还能打得起仗的不敢跟它打，打了之后这些债券就没了，而债券数额太大了，所以各国对德国占的鲁尔区、莱茵河西岸等地区都采取绥靖；二是货币的全球竞争性贬值。全球竞争性贬值的时候，美国就搞了一个《白银法案》。《白银法案》一夜之间把美元兑白银的价格从20多美分提高到了1.29美元。白银当时是中国、印度等国家的主要货币，一下子美元就贬值成它的几分之一。美元贬值导致这两种债券价格的暴跌。且不说美元本身购买力的下降，就当时的面值而言，严格计划和道威斯计划的债券都跌到了二三十美分。当时德国得到了50美分，最后债券得到了二三十美分，而且当时的美元比借出去的美元又大幅度贬值。所以，整个战争等于是德国得到了赔款，英法却是赔款方。虽然现在美国很多时候在学当时德国的做法，但对于货币博弈如此厉害的地方，却是只字不提。所以整个20世纪货币博弈是很激烈的，但在中国，没有人把它作为历史和研究的学问。

再讲法币的发行和抗战的胜利。实际上，当时整个中国国统区的GDP是中国GDP的10%，敌占区的GDP是中国GDP的90%多，尤其是东北的GDP能占到全国60%以上。当时，中国对日本负有大量债务。日本当时很坏，向所有的中国军阀借钱，但是它借的钱都是以银子计算。而日本人很清楚，全中国的银子拿出来都不够，所以当时日本人来“支持”中国人，搞了个“西原借款”把钱借给中国。借的不够以后，日本人就想跟中国共同发行货币，所谓“大东亚共荣圈”就是共同发行货币，但这件事英国、法国不干。同时，美国的《白银法案》使银子价格暴涨，中国负了这么多债，又损失巨大。在这之后，英法是绝对不允许中日合并的。所以这时候中国的博弈，就是发行法币。

中国发法币得到了英美的支持，而英美的支持背后就是要摧毁日本的经济，把日本欠中国的所有白银，都变成了法币。日本为什么要开战，这背后是有很深的原因的。而且日本一直到1941年年底才宣战，拖这么久是因为一旦跟中国宣战，意味着英美要跟日本宣战。而中国不主动跟日本宣战，是因为中国不是战争状态的话，货币在所有区域内都可以流通，尤其是在上海这样的租界。这样的话，就可以大量地印钞，并且有英法保证当时的法币和英镑、美元挂钩，保证购买力。然后等1941年、1942年中国宣战以后，中国做了什么？那就是发法币收白银，收上来的白银使银元再次流通，银元就变得更好使了。

可以看出，中国在战争时期一直控制着核心的金融权。其实共产党打赢了，也是金融打赢了。中国共产党打赢，靠的是党发行解放区的边区币，把整个北半中国的M_2全置换出来，拿到南半中国当M_0去花，而且蒋介石不让边区币在第一时间贬为0，意味着就得按照货币的币值给共产党相应物资。这可是蒋介石干不了的事。

再讲一下货币和苏联解体。其实苏联解体很重要的原因是货币战争的影响。在美元和黄金脱钩的时候，苏联在东欧也有一个金卢布体系，卢布也是金本位的。而这时候，世界真正的转折点在哪里？就是第四次中东战争。苏联觉得没有必要为了中东跟美国打核战，结果没有充分支持叙利亚，导致了整个阿拉伯联盟倒向美国，石油用美元结算，苏联当时是软弱的。这时候，美元一旦挂钩石油，里根就搞了星球大战计划，军备竞赛一下就把苏联拖垮了。

再看一下私有化怎么洗劫的俄罗斯。其实这个是当年我在《环球财经》写的封面文章，就讲苏联的私有化怎么让它的国有资产贱卖，怎么让它通货膨胀。这些是可以用经济模型清清楚楚地定量计算的，而这个计算利用的就是费雪方程式。因为苏联一私有化，整个社会没有那么多货币去买庞大的国有资产，所以它的国有资产一定是贱卖的。而等这些国有资产贱卖完，人们得到货币的时候，又要拿着货币买消费品，当时整个苏联又没有那么多消费品去卖，那消费品一定是暴涨的，一定是通胀的。这时候，苏联又上了一个当，没有意识到大国和小国的不同。苏联只看到了玻利维亚很成功，波兰很成功，却没有认识到玻利维亚和波兰都是先通胀、印钞以后，货币先泛滥了，而苏联不是。而且小国的供需短缺了，马上国际市场可以补上，但是对苏联这么大体量的国家，一旦某样供求短缺，国际市场难有大量的货物补给，也难以一时补上。所以在这里，西方的评价标准也是不真实的。

在世界上，到底是市场经济还是计划经济，实际上是要看成本的。目前的中国和世界上其他国家的市场出现很大问题，都按计划经济走，为什么？我们有了网络、计算机、数据库，现在的计划管理水平跟以前比是不可同日而语的，所以有时候不要只看利益多少。应当这样算，比如一个国家把外储分给国民，经济学家应当了解法律规定外储分给国民的只能是定资产，不能分总资产，总资产侵害了债权人，债权人的债务要贬值。那么央行的定资产是多少？200 亿。分一半外储意味着央行在外发行的钞票贬值了一半，不是老百姓赚了，而是老百姓被洗劫了。原来我们的话语权总是形容词，现在这些问题却可以通过数字计算清了。

现在讲一下欧债协议。为什么每次签希腊协议时老百姓就上街游行？很多人不理解希腊跟欧盟的真正关系。希腊本身就应该得到欧盟补贴的，希腊是个度假胜地，为什么要脱离欧盟？它加入欧盟，欧盟所有人养老都要去希腊，享受希腊的公共服务却不在希腊纳税，这是问题的关键。中国要是统一财政的话，那么养老服务区一定会得到国家财政的补贴，但所有老人都来肯定不行的。当时为什么把希腊纳入欧盟？原因在于希腊在地中海，那里是旅游胜地，又舒适宜人。而为什么希腊人希望违约？希腊的国债违约了有人赔，它的国债在中国好比中信卖的，工商银行担保的。希腊的国债是高盛卖的，德意志银行提供的担保，最后的结果是德意志银行拿出一笔钱来给希腊做援助，希腊自愿减少一定量国债，全部变成自愿的。而且做担保的还都不赔，要求每个人都去换债券，债券换了95.7%之后，后面没换的就说都赔了。这里面的利益输送是怎么回事，当地人为什么要游行，就是因为国家要我买的债券有人担保还100%赔了，签了个国际条约就把钱冻结了，国际条约储备了私人财产，这叫什么事？我为什么叫它新慕尼黑阴谋，就是因为德国赚了大便宜。希腊退出欧盟以后，对所有去希腊养老的德国人都要征税。

接下来讲20世纪货币的发展，以及货币与体系的套利。到20世纪70年代末没有什么新理论，所有的理论都是基于布雷顿森林体系下的美元的，至于牙买加体系下的美元，首先是华尔街先套利、挣钱，而西方的学者却不承认这一点。

首先，讲一下不同的货币体系。在中国，我们的价值论是客观价值论，是劳动时间本位制。所以现在大家都在讲劳动时间，好像我劳动了那么长时间，就得获得相应的酬劳，大家的劳动时间一样，收入就得一样。而西方的很多理论是供需理论，它是一个主观价值论，它不以金钱为衡量标准，只是在便宜和贵之间，形成一个供需曲线，并有均衡点，它是一个主观价值论。

我们之前的货币叫劳动本位，现在叫外汇本位，都是外汇债款发行的。其实在中国更多地称它为 CPI 本位，就是一定不能通货膨胀，它和 CPI 是紧紧捆绑在一起的。所以说，央行主要的职能是稳定物价，这是最主要的职能。而且这个时候，中国又受到西方的新重商主义思想的影响。新重商主义就是“美元外汇是财富，所有的货币都跟着外汇走”。所以我们拼命地获取外汇，现在外汇储备一减少，受影响的地方是很多的。如今在中国，我们也讲次级债。不像大家所认为的，次级债不是垃圾债，它是巴塞尔协议规定的，可以作为银行次级资本的债。所以就讲这两种价值下，是要套利的，也就是为什么出现危机的情况下，中国是加息，美国是降息。所以，一旦发生危机，中外利差加大，而同样的外汇汇率体现在贸易领域，我们可以通过利差来套利，而且中间是有外汇衍生品的。一旦全球化后，资本管制放开，套利的结果是无法估量的，所以套利是很强悍的。

因此，我们说新的经济学已经诞生了。之前大家都说经济学是骗人的，因为它的经济学都是不对的，甚至现在诺贝尔经济学奖得主还专门研究过，猴子做的选择比人做的都好。为什么会出现这样的现象？因为经济学理论是错的，人家拿正确的经济学理论针对错误的经济学理论去套利，肯定比不上人家，因为你的经济学理论被人家有针对性地利用了。

自从苏联解体以后，世界进入了大国崛起的时代。原来的经济学是不讲国家体量大小的，但是大国和小国的确是不同的。大国比小国有更好的规模效应，但管理成本却更高。计算机信息技术的发达，使得大国的管理成本迅速下降，所以大国的规模效应体现出来了。在讲大国崛起的时候，会联想到量子的发现者——索罗斯。20 世纪 70 年代起，索罗斯受到量子力学的启发，把量子连续的概念变成分散的概念，获得了很大的成功。后来我们做了曲线的后弯，2008 年非常准确地计算了：当石油价是 130 多美元时，人家140美元的认购，我拿65美元的认沽跟它对冲，也就是我拿腰斩的价格跟你执掌不到10%的去对冲。而且这次石油价格下降的时候，可以明显看到60美元就是一个过不去的大关，这就是2008年有人算清楚的。这些理论华尔街的实战派和美国的学院派是不承认的。而且华尔街这些人直接运用这些理论到华尔街挣钱，却不把它写成理论性的文本让其他人了解。

在这我想分享给大家一个我和我的伙伴做的模型。当时他在美国的银透证券。当时的银透是什么概念，是500亿美元加100倍杠杆做对冲，整个的规模是5万亿美元，所以一般情况下是没法和他斗的。现在我们要做的事是怎么重新认识这个世界，在这过程中讲的是货币和供给曲线的扭曲，货币的无限和货币购买对象的有限必然产生扭曲。全球石油的产值是1万亿美元左右，全球的黄金储备也是1万亿美元左右，但全球的货币是多少？在金本位条件下黄金是35美元一盎司，石油就是35美元一桶。所以，在金本位下全球石油的产值和全球黄金的储备也是相当的，现在也是相当的。但那时候因为靠着金本位，货币不可能太多的。同时，那些阿拉伯国家为什么要卖油？为了外汇平衡。一般情况下，价格高的时候大家都减产，卖得少。然而，像阿拉伯国家却在价格高的时候拼命增产。因为卖不了那么多，就收入不够，维持不了外汇平衡。像阿拉伯国家吃饭买粮食都成问题。而且价格高的时候需求还增加，增加的是什么需求？一个叫恐慌性需求，一个叫投机性需求。而这两种需求到价格低的时候都变成供给。这个时候就可以看一下股票，庄家拿着一大笔股票，想向下砸了出货是出不了的，越往下抛，越引起恐慌，抛的人越多。相反，把价格拉高，也就卖掉了。

由此可以看出，这里的供需曲线是扭曲的。而供需曲线的扭曲带来的不是传统供需曲线的一个均衡点，而是多个均衡点。货币曲线也是扭曲的。在QE下，我们讲资本曲线为什么会产生红海和蓝海的区别。市盈率高的股票越好活，市盈率低的股票越不成，资本供给也是不一样的。所以，我们要知道供给的扭曲会产生多个均衡点，不同的均衡点产生的是定价权，所以大家要知道定价权是什么。

再重新讲一些价值。货币是价值的尺度，但尺度是变化的。现在，货币可以无限地衍生。假定国家的信用是无限的，但实际上国家的信用是有限的。在有限的情况下，货币衍生的越多，货币越扭曲。在变化的时候，资源资本以熵的形式体现，它是一种世界观、一种有序度。实际上，在贸易当中熵的价值一直是不对等的，开始西方是大量输出商品，后来是大量进口商品。但无论是大量输出还是进口商品，商品当中的熵都是占便宜的。输出的是大量的需要加工的商品，它的熵是降低的。进口的大量成品，熵一直在往它那流。其实贸易当中熵的价值是不对等的。所以后来在定义价值的时候，把国家信用用一种货币来定义，自然信用用一种熵来定义，就是资源属性，就是说这里头有多少资源。实际上，这是一种张量，带有方向。这个模型做起来是很复杂的。

再来分析一下美联储的加息和 QE。美国人很自信，他们可以说美元在高点，美债在高点，美股也在高点，所以凭什么说我们的 QE 有问题。其实，货币当中的很多逻辑并没有大家想得这么简单，这次美元的指数暴涨，我们的外汇储备损失巨大，造成了人民币要贬值的压力。我们还需要知道中国不敢搞流动性宽松，一宽松立刻变成汇率的压力。

跟着价格的问题讲几个情况，美国的评级下调后美债为什么上涨？这也是很多经济学家回避的一件事。当时美国评级下调，很多人都很高兴地说："这两天买美债的要倒霉了。"但是美债涨了。为什么上涨？上涨的原因也是中国要买美债的原因。实际上，美债带给我们的不是收益，而是安全。把钱存在美国银行，银行是会破产的，而美国银行破产的规定是优先清偿 10 万美金以下的储户，对大储户而言，损失是杠杆放大，而且还不可能把钱存在很多银行，所以美国的国债是安全的，只要美国政府不破产就会还钱。美国政府破产的概率比美国银行的小，原因就在这。

后来又发现美国国债连续两三年的收益率低于美联储的利率，原因非常简单，就是中国的 3 万亿外汇储备无法存入美国银行。很多人跟我说“你看美债收益率那么低，美联储利率那么高”，还是银行行长说的这话。我就告诉他，你算一下，美国 M_2 现在总共是 10 万亿，如果我们存进去 3 万亿，意味着每家银行存款的 30%都是中国央行的存款。某银行有一个客户存款占了总资产的 10%，银行就得心惊肉跳，他随时可以提款挤兑你。所以我们的 3 万亿美元是存不进美国银行的，逻辑非常简单。而要是美债的话，美债现在有 18 万亿了，而且美债有大量创设出来的金融衍生品，金融衍生品市场是数百万亿美元，所以我们在这个市场中当然可以自由自在了。而且中国为什么拿这么多美债？我们可以从美债的持仓情况来分析：美债的百分之六十几是美国的社保、养老机构，中国占 8.7%，日本占 8.7%，剩下的还有 5000 亿是沙特这些中东国家的，这三个加起来是百分之二十几了，一共是百分之八十几了，美国 QE 的时候美债剩下的百分之十几全是美联储的。也就是说美债在外面已经没有空盘了，拿着美债的就是美国的社保、养老机构、美联储、中国、日本、沙特，所以中国持有大量的美债会使美国人感到焦虑。而且美国为什么不搞 QE？其实道理很简单，从美债的仓量来看，外头根本没有美债可买了，它怎么 QE 下去？为什么一堆带路党指责中国拿美债，因为他们只看到美联储买美债是发行美钞，中国买美债是让美元回流。当时那个危机下美元回流，美国要通胀得一塌糊涂了。

接下来，讲一下定价权和价值革命。实际上有多个均衡点才会有多个价格，多种价格必然会出现定价权，而且这个定价权明显表现在石油、铁矿石、稀土这些资源产品上。资源和初级产品，明显是两种价格。稀土原来一直被压到初级产品上，铁矿石原来是资源，现在也被打到初级产品上了，所以这时候我们就该理解，为什么会有 2008 年经济危机，实际上就是定价权的危机。所以当时盈透买入的65美元的石油认沽期权，当时油价是130美元，然后互换一个140美元的认购。如果油价涨到200多美元，一定会造成巨大亏损。

定价权的提出，挑战了西方的科斯定理。科斯定理讲的是只要产权明晰，交易成本很低，不论当时产权是谁，最后交易都能达到最优，这背后要求资源私有化，产权明晰。但是有了定价权，科斯定理便是不成立的，这是对西方的经济学的巨大打击。

这里需要讲一下定价权对产业链的影响，在产业链上，科技并不是最终的生产力，比如当时英国发明了纺织机，使得纺织环节廉价的劳动力与高价的羊毛不成正比，所以后来才有了羊吃人的圈地运动。

有了期权期货以后，价格是限定的。在期权期货的情况下，远期的价格和现货的价格相差不能超过利率，超过利率就会套利，所以这个时候远期价格和现货价格保持了一个相对稳定的水平，尤其在西方，都有压低利率的现象，使得远期价格和近期价格基本趋同。在趋同的情况下，就能把通胀压下去。所以西方当时一个经济学家说资源很贵，另一个却说可以通过定价体系把资源压下来。可以看到，现在确实是定价体系把资源价格压下来了，而且这个体系真正价格改变的时候就是经济危机。中国的牛市一旦加了期权、期指，就绝对没有慢牛，一定是跳仓跳上去，或者爆仓跳下来。

实际上是把市场分成了牛、熊、猴、鹿四种方式，牛、熊大家都知道，猴和鹿是什么，一个是讲波动的增加，一个是讲波动的减少，猴市的时候是波动率增加，上蹿下跳，鹿市的时候相对安静，波动很小。金融危机是由于西方不断印钞，压低了利率，而印出了钞票以后，价格又会上涨，通过期权的这些体系把远期价格、近期价格全部套死。而且期权的交易量是远大于现货的，现货的交易量就无关紧要了。在这样的模型下、在期权期货存在的情况下，原有的生产者、消费者都变得不重要了，而且每一个金融者既可以成为供给方，也可以成为需求方，可以做多也可以做空，在这种体系下，完全是一种新的玩法。

我们来看一下外资涌入的实际数据：2014 年 9 月，外国在中国的证券投资是 4500 多亿美元，到 2015 年 3 月变成了 9600 多亿美元，说是没有热钱进来，但央行的表上多了 5000 亿美元，合成人民币 3 万亿。到 2015 年 6 月，变成了 8900 亿美元，已经少了好几百亿了，到了 6 月 30 日降到最低点。最可疑的是，股票和债券的数字加起来是对不上的，而外管局对此的解释却十分牵强。另外，外商投资表里面的第三项多了一个金融衍生品，2014 年 9 月是 0，2015 年 3 月是 150 亿美元，2015 年 6 月是 216 亿美元，216 亿好像不多，但这是带杠杆的，200 多亿美元就是 1400 多亿人民币。股指期货能开 100 万仓单，当时最高才多少仓单？而且我们的金融衍生品只有股指期货，期权的持仓量很少，可以忽略不计。

另外，再讲一个话题就是价值革命和资产重估。中国的崛起和这次牛市都是与资产重估有关的。而且世界各国对发展中国家和发达国家的资产估值是不一样的。对通胀也要重新认识，所有的低端价格上涨都不叫通胀。通胀不只对应 CPI，还应和股市对应。有人说美国印了这么多钞票却不通胀，这种说法是不对的，分析美国的通胀情况，应考虑股市加权平均值。中国股市一天的成交额大到几千亿、上万亿，而社会零售商品总额一年才十几万亿。通胀只考虑 CPI 是外国骗人的谎话。货币价值决定于货币的发行量，而不决定它的内在黄金价值。

最后讲一个问题，就是孤立主义是大国崛起所必需的。孤立主义换而言之叫闭关锁国，中国当年为什么闭关锁国？当年西方的利率是 5%，中国古代的利率是 50%，西方一个人的工资相当于中国 100 个人的工资，所以要闭关锁国。此外中国要形成全产业链，单一产业链会成为国际的一个环节。形成全产业链之后，我国拥有 10 亿人口，是不怕被孤立的。

中等收入国家的陷阱，很重要的一条是金融陷阱。外商为什么一定要资本开放，一定要投资，因为投资后钱会巨额增长。可以看一下外商投资头寸表，已经是2万亿美元，而且还是成本计价，算上在中国的利润，翻上几倍，我觉得也是不过分的。中国发展太快了，其他国家发展得却很慢，这中间存在巨大的差价，导致最后外汇平衡不了，这是资本项目开放很大的问题。资本项目开放，外资撤走，说3万亿外汇储备多，其实根本顶不住。也包括股市，当时郭树清放开QFII，2000点涨到5600点，一下子进来4000亿。央行怕挺不住，所以央行希望做空，不光是怕跟外商勾结，还有自身巨大的压力，这也是中等发展国家的陷阱。这并不是说中国要搞孤立主义绝对不让进来。

点　评

刘纪鹏：货币博弈定价权，其实阐述的是在大国崛起当中，金融竞争的关键在货币。很难设想世界第一强国的崛起没有货币主导。当然张捷从历史谈到今天，跳跃性比较大，在金融理论上货币定价权也是比较高深的。实际上，大家主要对这个问题的关键性和重要性较为重视。至于文中的观点，我想今天的点评嘉宾实际上也是未必都赞成。比如大国崛起与闭关锁国的关系，晚殖民和早殖民的关系如何看待，它给中国带来的到底是什么。

王在邦：第一点，我觉得张捷教授讲的历史，就算是剑桥中国史，也没有写到这个程度。历史学家不懂金融，全球金融体系独立于世界经济之外的体系。根据张捷教授对于历史事实的叙述，金融是不是像他说的作用之全，我还不能完全信他。

第二，我还是秉持马克思主义传统经济学的信念。我从18岁读《资本论》，对全球金融学的资本论印象很深。定价权是传统经济学理论的一个补充。从学科建设的角度看，定价权又属于国际关系政治经济学。在社科院，我见过大量的国际关系政治经济学是连在一起的情况。我在读博士时候，也接触了大量国际政治学，发现国际关系注重经济学和国际经济竞争，经济定价权不仅对于一般经济学，对国际政治经济学也有重要意义。

第三，关于英美两国的谈判，布雷顿森林体系就是从大萧条开始到牙买加协议。1992 年我国没有搞国际金融的，大学没有国际金融系。最近几年，我有一个体会，就是金融危机发生之后，大宗商品价格下调、石油价格上涨的这个现象是很反常的。我认为这其中的猫腻就在于美联储从 2007 年到 2009 年是没有利率的，而当时我们已经忽视了这个现象。于是我就形成了一个材料，并向中央报送。这 72 亿美元，不是银行的资产平衡，而是大宗商品价格。比如，我们都认为石油商品价格是有问题的，只是官方不说而已。由这个事情跟大家讲定价权有两条：金融资本与流动性管理。美联储的流动性管理这招儿多阴险，就是冲中国来的。大多数人的理解达不到张捷教授的高度。我刚才看到厉以宁老师做的序，资本金融和定价权这两个概念给我带来很大的冲击，我今晚得到了学习。

刘纪鹏：其实张捷今天跳跃太大，如果一开篇就讲黄金从 6 年前 400 多美元涨到 1900 美元，今天再回到 1500 美元；石油从 40 美元涨到 147 美元，今天又回到 40 美元，这里面的原因经济学能解释吗？经济学讲质量越高价格越高，可是在股市里好公司不等于好股票，价格才是。因此他讲为什么股票越涨大家越要收藏，按照经济学的供求理论，价格越高买的应该越少。所以一切观念都在被反驳。我们现在受西方经济学的影响太大，但是很多东西无法运用于实践，而金融领域使用的交易学，投行家又不肯外传。所以，今天我们研究资本金融和交易学的意义就在这儿。

张捷：第一，有些历史是我祖母告诉我的，另外我外公赵九章是戴季陶的机要秘书，当时一些博弈的历史，我是根据当事人的陈述来写的。第二，王院长说经济危机之后价格暴跌，你看费雪方程式，一旦发生经济危机，货币不流动，v 下来了，k 还在那，所以 p 下来了；再看剑桥方程式，一旦危机以后，现金为王，持有现金的意愿增加，k上去了，p下来了。所以虽然大量印钞，价格还是会暴跌，而且关键是谁先拿到钞票，可以低价抢购东西。现在我们央行弄了三个短期工具，MLF、SLF、PSL，它和银行间也是秘密的，不是公开市场操作，任何一个银行和央行的交易都是不公开的。

刘少军：张教授的报告博大精深，几乎给我们讲了一部货币博弈的历史，我回去要慢慢消化。虽然我也是学金融出身的，但后来改学法律了，所以今天我谈金融法，进行法学上的解读。在传统社会，货币的博弈主要是国家与国民的博弈。在当代社会，主要是国家与国家之间的博弈。古代时期，国家与国民的博弈主要体现在中国。要说货币史，特别是货币法学史，首先要说中国。秦始皇规定了世界第一个法定货币，就是“秦半两”。后来到西汉时期，汉武帝做了一个司法解释：只有中央可以铸造货币，地方政府不行；然后重新发行货币，开始使用五铢钱。汉武帝的这个规定一直沿用到清朝末年。再然后货币的历史就转移到欧洲了，二战的时候布雷顿森林会议使美元变成了世界的法定货币，形成了美元霸权；再到牙买加时期美元失去了世界法定货币的地位，才使得现在我们有机会和美元竞争。当然美元为了保护其霸主地位也是不遗余力的。所以说货币的博弈在法律上也是非常重要。我们过去跟美国没有什么博弈，也没有博弈的能力，现在人民币开始和美元博弈了，并且打得非常激烈，人民币国际化的问题在这里显得非常重要。

今天晚上可能要发生一件重要的事，人民币可能会成为国际货币基金组织特别提款权的一员，我们的人民币在法律上就成为世界第五大货币。事实上，我们已经成为第四大货币，估计我国的金融发展起来以后至少会使人民币成为世界第三大货币，就是美元、欧元、人民币。如果这样的话，在后边的博弈是非常多的，而我们只是在法律这个浅层次的局面认识到博弈是多么激烈。所以说货币的博弈和定价权的问题其实是真的非常重要。不管是学法律的，还是学金融的，都能从各自的角度做出一个非常有意思的解释和思考，从法律的角度怎么维护国家的货币主权，特别要解决我们跟世界的博弈，怎么解决定价权的问题，那么经济学家就要更进一步地研究在具体操作上解决问题。这个问题，不管是学金融，还是学法学的，我认为都应该认真研究。

刘纪鹏：大家越来越认识到，美金、黑金、黄金，美元与黄金脱钩之后就与黑金挂钩，所以能源也是一件大事。

张捷：我们觉得交易学的本身是把财会、法律固化到里边，而且也是法律的重要博弈。另外补充一点，就是美国打伊拉克和利比亚还有一个很重要的效果是什么？它实际上是打败了OPEC，因为停战后，伊拉克和利比亚都不遵守OPEC的限产限额了，而且一个不遵守其他就不好遵守，尤其是伊拉克的很多油田挨着科威特和沙特，油在地下是流动的，它抽的多，别人剩的就少，这个博弈就变成了囚徒困境式的博弈，包括现在的油价下跌，跟这个都有关系。所以美元能在高点，实际上和美国的军事霸权是有关的。

杨帆：我很难讲出不同观点，因为我们的基本思路和观点是完全一样的，他今天讲的东西实在太多、太快了，我还没有来得及消化。他的思路和观点就是从传统经济学换了一个角度，并且还是专门谈的金融问题。有四个方面他比我全面，有实践、懂理论、懂历史、懂计算。张捷教授做得那么好，因为他是年轻一代，从数量的角度、实战的角度考虑问题，这是我们当时所没有的，所以很难超越。

下面我提出三点质疑，一个就是对定价权本身没有说得太清楚，究竟什么是定价权？因为他写了一个前言，是说商会实际也不起作用。中国出口削价竞争，我们认为是垄断的，我们是分散的，所以我们也搞垄断，搞了垄断的结果还是没定价权，我是不太明白你说的那个，这是第一个。第二个你不是善于预测嘛，你给我们预测一下，中国要不要向西方学习也大发货币？对温家宝那时候发四万亿，都说发太多了，按照你的意思，好像是说发的不多，我是认为应该发的。

第二点，不能够完全放弃资本项目的管制。当然，由于美国霸权的缘故，你不这样做，就不能加入 SDR，也不能加入其他组织，这种情况下，中国究竟要不要放弃？如果贸然放弃会有更大的金融危机出现，亏钱是小事，关键在于会不会诱发更严重的金融危机。所以我正在讲中国的两个流通。其实 20 世纪 80 年代的金融危机通过两个流通的方式得到了很好的解决，法律上并没有取消资金项目管制，但是在深圳和香港之间，人民币是可以自由兑换的。其实，中国一直存在两个市场，既然这个很成功，为什么不能继续这么做，却非得按照国际的要求放弃资本项目的管制。我们预测在今天晚上 SDR 到底能不能加入，因为这涉及我们的股票。据我所知，原来美国是不让我们加入的，我们讨论的是中美双边投资协定的问题，却转化成了 TPP 的问题。欧元能不能成功？是不是欧元就是欧洲各国为了联合起来和美国争夺定价权？对黄金走势你怎么看？中国现在有没有能力，或者在多大程度上和美国去争货币权，有什么办法？

最后一点，对于人民币，我的预测是要继续贬值，在您去年写的书里，预计人民币要升值。但是，我跟我的学生每年算一回，去年算实际汇率已经贬到 1∶7.5 了，现在大概要到 1∶7 了，有继续贬值的趋势。

张捷：定价权的定义实际上是在双方博弈中看谁占强势，谁能决定价格走势，是买方市场还是卖方市场。石油在高位的时候，大家买不到油，想买油的人求着人家，而不是卖油的人求着人家。所以，好多人说如果学习欧洲，中国要打破垄断的话，马上会像铁矿石一样，实际上是谁求谁的问题。而现在油价跌了以后，沙特生怕失去石油的市场份额，这时候卖油的来求人了。所以，这是卖方市场、买方市场，谁是市场的强势者谁来决定。然而，出现了供需曲线的后弯以后，可以形成多个均衡点。此时，到底在哪个均衡点很重要。T 股在低价也形成了均衡点，当时石油在高价。

而现在石油价格降低了以后，它在低价上又形成了一个均衡点。所以，这个时候的定价权实际上是指谁更强势。决定影响流动性，这里的流动性就等于谁不缺钱、谁的货币成本低，谁的谈判就牛，因为耗得起。像秘鲁、日本这些国家的库存有几十年，但是中国的企业为了获利，不得不卖出，所以也必须以很低的售价进行交易。同理，对于很多原材料企业来说，又不得不采购，所以也不得不以高价买进。

至于另一个问题，我们讲温家宝的四万亿，首先我要说的是，这个四万亿发早了。我主张以泡沫对泡沫，但是时机要对。实际上，中国是最先搞这个泡沫，而钱到了哪，到了钢铁，钢铁又到了铁矿石，把钱花到外国去了，然后让你的铁矿石赚了暴利。当时铁矿石的价值四万亿，赚了我们多少钱。如果当时不是中国的铁矿石需求，力拓可能会破产，所以同样是发钞，发给谁，很重要。这里面取消资本管制，我们还是差不多的。

然后谈一下 TPP。中国是加入不了 TPP 的，TPP 提出了很多要求是针对公有制的，而且它把你的国家置于一个主权之下。其实中国不想加入，而且美国也不容易通过这个协议。因为它实质上要求它的政客把金融资本交权，它可以把国家主权放在纽约裁判所去审，等于让国家和资本同权。美国的政客对此事的反弹也很大，它实际上也反映了资本和国家主权的博弈，所以像中国这样以国家主权为基准的国家是绝对不会加入的。

然后还有一个是 SDR。SDR 加入是大概率事件，关键在于给中国多少份额。而对于中国的股票市场，今天的大盘是从下往上拉起来的，很多人对此给予了巨大的期望，也就是说如果加入了，有可能它的利好被提前透支，不会形成特别大的利好。而如果加入不了，肯定是巨大的利空。

再说一个有关的走势，就是人民币的走势。实际上，现在人民币存在贬值压力。人民币升值是一个长期的趋势，中短期的贬值是现状。现在欧债日债贬值压力都很大。当时我有同学都在讨论，这个时候外汇储备贬值对于整个汇率有很大的影响，但是崩盘是不至于的，所以这个波动对于美元是有很大影响的。现在欧元的压力对于我们也是很大的。从屠城经济学角度来看，现在的ISIS战斗力反而大增，难民问题对于欧洲压力很大。资源国是像俄罗斯这一类的，至于金融国，实际上是很难有两个或者多个以上的国家来共享的，美国对于欧洲的政策是不会让其挑战美元的地位的。欧洲日本想要靠金融立国是很难的，美国的霸权是难以撼动的。现在是数字时代了，欧洲博弈是逐渐走向衰落的。中国崛起最好也不要那么快。黄金走势还是有往下的趋势的，美国打压，而且开采的成本是能源价格决定的，能源价格现在是暴跌的。总体上，现在走势比较疲软。

刘纪鹏：中国是最大的铁矿石需求国。金融市场决定了我们一切的价格，包括黄金。中国黄金成本已经大于价格。在这一背景下，我们的金融交易学就控制在华尔街手上，我觉得应该从金融的本质来看定价权，而不是供求。从供求上来看，就回到经济学了。

王卫国：这些年我当了银行学会会长、自由派经济学家，也看了一些书，从历史角度观察今天，很多东西可以联系起来，定价权的解释引申出来就是定价主权。实际上，货币定价还有一个主权的问题。中国近代以来，货币与在南海主权上的危机是联系到一起的。

目前，我们的非金融体系90%来自银行，资本市场的体量很小。大体上，银行风险不在股市，最大风险在大企业，像中钢、中铝，大企业拥有几百亿的债权。中国现在很少有企业破产，是一个独特的现象。虽然中国经济下行，很多企业很困难，但破产的很少。国务院让我们考察僵尸企业怎么控制的问题。我认为中国不能走西方的道路，让银行破产。现在银行就是借新还旧，用时间换空间。银行现在承受企业的杠杆还不是很高，没有过2，但潜在风险很大，很可能是两位数，关键在于会不会爆发。如果这几年缓过劲儿，后面就有东西来拖。

中国改革开放几十年，就是不断把资产放到市场，先是价格改革，后又是国企改革，房地产市场、城市土地改革，释放资产、扩大货币体量，

2000年是13.46万亿，现在是136万亿，15年增长10倍，速度惊人，所以肯定有泡沫。能不能对冲，对冲的点，资产在哪？李克强讲服务业、基金产业，还有一块是农村。农村的土地资源要是进入市场，可以自己投资，农民有钱了，产业发展了，对消费也有拉动。现在供给学派也有些问题，不断发国债，国债投资项目搞GDP，都是把问题往后拖，中国还得坚持大银行金融的体制。市场现在没办法进入，有人说要把股市做大，但是做不到，点位拉不到哪去，这都是主观愿望。主要是应该如何改革，还需要坚持走自己的路。中国在大银行体制下，从借贷市场找我们的货币力量，不是那么容易的。我国还是要靠综合实力，包括国防。2009年以后很多国家发生主权代理危机，当时中国建行到美国上市，给我们的银行评级，三个低。所以，我们在国际市场上融资能力很低。现在外币进来，人民币升值，他们也挣了钱。这些年，我们也看清楚了，这些人是在忽悠。学法学就是让人头脑清楚，经济学家有时候就是忽悠。很欣慰地看到有些经济学家是让人头脑清醒的，我们应该感谢这批头脑清醒的经济学家。我很赞成张教授的"孤立主义"，我们叫中华民族的团体主义。

张捷：卫国教授讲得很清楚，中国的证券风险就是债务风险，而债务风险最主要的就是利率太高。利率太高就会使保持购买力有一定的问题。而且可以看到，中国为什么以时间取胜，因为当时通胀TPI是9%，利率才6%，然后经济增长是7%，甚至10%。而现在咱们TPI是-5.9%，利率是5%，实际利率就是10%，然后经济增长只有百分之六点几。全部的经济增长填不了这利率，所以时间越拖下去问题越多。利率要降下来，中国又受到诸多限制，其中巴塞尔协议就很限制。温家宝的四万亿以后，银行股拼命再融资，否则资本充足率就不够。

郝一生：我认为刘纪鹏的资本金融学加上张教授的金融学理论可以成为一种新概念经济学。我就点评两点，一是过去我们一直在说中等收入陷阱。张捷提出中等金融陷阱，我第一次听说。我认为他认识到了中等收入陷阱的根源，很多发展中国家遇到一定的坎儿，就上不去了，实际是金融出现了问题。我举个例子，就是南美洲怎么就掉进了陷阱？在自由化的状态下，经济一开放，2000多亿美金投入进去，这几年一撤，立马就陷进去了。2000多亿美金可以搞垮一个国家的金融体系。刚才教授强调一个概念，物价上涨和通货膨胀的区别。物价上涨，我们的工资从1978年到现在涨了100倍，物价怎么能不涨。这个过程是物价上涨的过程，但不属于通货膨胀。我想强调，经济理论和经济实践中要把这两个概念分开，不能一遇到通货膨胀就害怕。我1989年3月14日到日本，1990年1月4日日本泡沫经济开始崩溃，我经历了整个过程。日本没有物价上涨，也没有通货膨胀，一碗拉面卖600日元，今天还卖600日元。在日本，国民苦不堪言，其实涨价就是好事，这背后是一个公司收入的上涨乃至于整个经济的繁荣，但是恶性通货的边界在哪，就在这里。物价的上涨不能超过GDP增益，就是说GDP的上涨有多少是融资，多少是物价的上涨。

刘纪鹏：确实，美国人还在中国看通胀，之所以还不敢夹击，一项指标就是通胀率没有达到。

张捷：郝教授有充足的数据，数据支持对于研究是非常重要的。补充一点，也是今天没讲的，就是我讲的中等发达国家的陷阱，除了一个陷阱以外，还有一个陷阱是社保。我们总在说，父母当年把大量的工资交给了国家，国家要给他们社保，但那时候是绝对不能够搞全民社保的，因为他们交给国家的钱吃一点肉都很困难，收入极低。而且按照当时的收入水平，都赶不上现在的低保，如果那样的话，我们那时候没有社保，有了低保，就有了全民社保了，社保会随着物质增长而快速增加的。当时我父亲当正教授挣180元，他要办社保的话，国家给他多少钱？当时猪肉已经四五块钱一斤了，按照猪肉比，社保应该给他多少。而现在，经济发达了，低保都比他高很多，所以全民社保，国家的体系是难以为继的。因为社保是双重增长，社会经济增长的同时物质需求也在快速增长，不是按照过去的物质需求，那样根本无法满足温饱，所以很多发展中国家也死在社保上。这也是各种西方声音都要中国建社保的原因。而且，这种社保话题特别容易利诱出民意，穷人都愿意办社保。但社保绝不能早干，我认为我们应该写要报给中央，而不应只是公开讲“这是一个很重要的问题”。

互动提问

提问：刚才您提到波动率，是一种很主流的研究方式，卡特就是研究波动率的大师。但是在A股市场，也没有人去研究波动率。我想问您一下，对于A股市场，用不用去研究波动率?

张捷：其实，研究波动率是一件非常重要的事情。我们注意到，中美股票市场的一个区别，就是中国的股票市场散户非常多。除此以外，中国的散户都相信一个理论，就是波动理论，就是股市的这些技术、波动、线怎么弄。西方人不承认这些东西，他们认为后一天发生的趋势和前一天没有因果关系。而中国所有的人都相信这个因果关系，所以他看到图的时候，就会按照图来操作，比如说线，什么叫断头线、金叉、死叉，所有的中国人都搞得非常清楚，但是美国的华尔街是不搞这个的。所有中国人都按照这个来搞，所有中国人都信，那么这个规律就变成真的规律了，所以这是有一个相互的影响的。做模型的时候，这种相对论的影响很重要。包括上一次的乌龙指，之所以闹得这么厉害，就是因为一个软件供应商供应了80个券商，80个券商的自营盘都按照这个来操作，市场的波动特别大。一个乌龙指使得本来只有几十亿的成交，一下子成了整个大盘的跳跃。类似这些事情在西方就不太容易发生。所以，必须研究市场中间的这些对手，因为中间很多假设只是你的行为，别人和你的行为不相关，而实际上，若都是用了一个软件，就都相关了，所以这些研究不清楚的时候也是有很大问题的。也正因如此，2008年华尔街的金融危机的爆发也和华尔街的金融模型互相抄袭是有关系的，这个问题要讨论起来的话，就比较复杂了，细节太多了。

提问：中国货币的国际化已经讨论了很多年，从政府高层到老百姓，我想问您对这个问题怎么看的？还想问您 2010 年、2012 年，包括 2006 年、2007 年您都对中国股市做过预测，今年的股市很难让人看明白，您对今年股市的看法？

张捷：我们讲股票，讲人民币国际化，尽量不要做到伪国际化。我们的人民币如果完全按照美元做发行储备的话，实际上，人民币等于另外一个美元，所以要国际化，必须考虑到人民币的发行有多少是根据国家信用，是根据本国国债和资产作为人民币货币发行担保。有的外国货币的涌入就借着人民币国际化，要求你打开资本的大门。所以，这中间什么时机合适，有很多账要算。人民币要国际化不是自以为的国际化，而是要计算。

至于股市，从现在情况来讲，股市到年底很不乐观。股市如果跳上去了，那么大家对中国的资产是另外一个看法。那时亚投行如果成功，股市 5000 点一点都不高，甚至还要到 6000 点或者更高。你想过去 6000 点的时候，当时的 GDP 不到现在的一半。虽然说现在的经济不好，但是要看它整体规模，跌下来的时候，3000 多点已经比现在多 50% 了。它真要下跌，还是有空间的，而且这个空间，在这一次年底的时候，压力都很大。因为这一年很多机构亏损，到年底的时候合同期满，那些私募者就不会接受投资者的资金了，必须清算。如果不清算，可以只把利润拿出来分分，那它可以不平仓。如果清算的话，就必须平仓，所以年底的时候其实压力很大。另外，就像刚才说的，我们都是看图形的。昨天图形非常不好，整个短线的压力非常大，今天能拉起来都是因为大家对 SDR 寄予了厚望。但是这里面有多大利好，我觉得还是要谨慎。所以我一直觉得最近不好，而且我一直认为李大霄的 2800 点不会是底。但是它已经成了一个标杆，很多大资金都围绕着这个标杆去做，会做到它很难看。刚提到了，3700 点是牛市的开始，前面说 3800 点是地球顶，很多资金在真正股市的博弈中，都是要倒掉的。王亚伟倒了，徐翔倒了，一旦成为股神，其他人把你当作股神有针对性地操作时，肯定是要倒的。

刘纪鹏：张捷在讲座中提到了盈透基金。请张捷教授的原因之一，就是他曾带着他耶鲁大学的同学，打败了索罗斯，打败了几家国际投行的一个搞量化程序交易的博士。自从他和我探讨中国的金融期货市场以后，我就知道他的很多理论是从实战中来的。而且金融交易研究中心，世界上还没有先例，就像世界的第一本《资本金融学》今天诞生在法大，第一个资本金融的研究机构也在法大，投行不会讲资本金融的奥秘，我们就是要破解这个奥秘。而破解的前提就是要把金融交易学写出来，把它创造出来，形成中国交易学理论的超前阵地，因为当今世界还没有一本《金融交易学》，所以，正是在这样的重任下，今天的讲座也算破了个题，因此我们也预祝张捷教授在金融交易中心主任的位置上，创造出第一本，也是世界第一个金融交易中心的理论和实践的成果。

金融泡沫危机及其立法

提　要

时间：2015 年 11 月 9 日

地点：中国政法大学蓟门桥校区科研楼二层学术报告厅

主持：刘纪鹏

主讲：郝一生　中国政法大学资本金融研究院资本金融计量中心主任

点评：王涌

迄今为止，市场经济运行过程中，几乎所有大的动荡和波动都来自经济泡沫。经济周期决定于投资周期，而左右投资周期的需求异常变动的背后，又是经济泡沫在作祟。

早在市场经济早期的 1637 年，荷兰商业投机引发的“郁金香泡沫”拉开了经济泡沫的序幕。欧洲人不再是为了养花观赏，而是为了抢购这种从土耳其引进的花卉，几乎所有人都想在这种球茎价格的疯狂飞涨中一掷千金。每盎司仅 1.5 荷兰盾的花卉植物，在 1634 年底，一粒郁金香球茎的价格冲到了相当于 20 吨黄油。人们纷纷将财产变换成现金，投资于这种花卉。一株名为“永远的奥古斯都”的郁金香，在 3 年后的 1637 年售价冲上 6700 荷兰盾。这笔钱相当于当时荷兰人均 44 年的工资，并足以买下阿姆斯特丹运河边的一幢豪宅。

到 1637 年，郁金香的价格涨幅达到 5900%。不是郁金香值这么多钱，而是人们觉得炒作它可以赚更多钱。极端总是崩溃的开端，当所有人都感到危险的时候，泡沫在一瞬间崩溃。仅仅 7 天后，郁金香的价格平均下跌 90%，一些普通的品种甚至不如一颗洋葱的售价。混乱之下荷兰政府于 1637 年 4 月决定终止所有合同，禁止所有投机式的郁金香交易，千家万户随之倾家荡产。

100 年后，英国 1720 年的“海南公司”股票疯涨狂跌导致的泡沫崩溃，给了所有投机者一个教训：政府担保为背景的商贸公司也会破产。同年，“密西西比公司”泡沫破灭，也让无数人因私刑逼债或负债累累而终死狱中。

郁金香泡沫 300 年后，是有史以来最让人心惊胆战的并且也是在瞬间坍塌的美国 1929 年股价泡沫。20 世纪 20 年代美国的经济辉煌使人们的收入大增，有了闲钱的人们开始骚动，金融投机市场的疯狂也悄然而至：在波士顿的工厂里，车间里安放了大黑板，一名职员每隔一小时就用粉笔写上股票交易所的最新行情；得克萨斯州的大牧场上，牛仔们通过接通电台的高音喇叭，一分钟一分钟地了解股票行情；当时美国的券商雇佣大批股票推销员在城市、乡镇向市民和农民兜售股票。

为吸引更多妇女入市，这些券商还专门设立“女士专用接待间”，甚至配上免费美容室，使当时女性股民的比例增加到了 20%。于是，将近一半的人把住房抵押贷款，争先恐后地冲进疯狂的股市，唯恐赶不上这班牛市快车。当时，花旗银行董事长米切尔宣称：股票价格在美国的全面繁荣已经牢牢地扎下了根。计量经济学的鼻祖欧文 · 费雪说的更带学术味：股市到了永恒的上涨期。费雪对股市绝对乐观的判断，致使他自己在那次股灾中损失了 800 万到 1000 万美元，差不多相当于今天的上亿美金。

那是一个全民“参赌”的狂潮，“人们不论男女，继续在这些不可或缺的实际因素上构筑一个投机的虚幻世界”。这一次人们炒作的不再是一种植物根茎，而是一种代表某公司所有权证明的纸——股票交易所的所有股票，不管它叫什么名字。

死神终于在1929年10月29日（黑色星期二）降临，开盘数分钟内人们已经紧绷了几年的神经开始断裂，当天就有160万股被抛出，股票不分优劣都成了烫手的山芋。华尔街股票交易所变成了着火的动物园，一片狮子和老虎的怒吼声，发了疯的人们彼此扭在一起，尖声叫嚷着自己股票的名字，就像在呼唤自己落水的孩子，没有“跌停板”的股市转瞬跌入万丈深渊。上午进去还是亿万富翁，下午出来就成了亿万负债翁。29日当天，有11位有名的银行家、股票经纪人和投资者跳楼自杀，在整个大危机期间自杀者人数达到1000人以上。

1929年大萧条后，美国推出了管控金融交易和股票市场的各种法规、法令，股票投机风险减小的同时，获利的空间也同时受到了限制。永远不甘寂寞的投机家们，在20世纪90年代推出了更具赌性的金融衍生产品，利用所谓的“杠杆”，放大金融交易的获利空间和风险。通俗地比喻，这种金融杠杆就像桥牌中的“加番”，20倍的杠杆就相当于桥牌叫了20次加倍。

于是，在金融衍生品及其杠杆的撬动下，美国“两房”债券的风险也被放大了数十倍，以致“雷曼兄弟”这样的大手金融公司，也无法承担如此被放大了数十倍的亏损。此后，金融危机以及金融危机造成的社会恐慌所带来的“恐缩”（恐慌性需求萎缩），就成为2008年经济危机的导火索。

三个世纪以来，经济泡沫这个魔鬼从“魔瓶”中被释放出来之后，就再也没有谁能把它收回。经济越发展、收入越是提高、人们的财富和预期财富越丰润，投机和泡沫也就越失控。泡沫推起的投机狂潮，一次次把国民经济拖入马里亚纳海沟。以致大约每隔10年就会在泡沫涌动下爆发一次的所谓的“经济危机”，就成了马克思认定资本主义一定毁灭的依据。

那么，到底什么是泡沫？所谓经济泡沫，是资产价格的虚拟溢价空间。也就是投机资本的大规模炒作造成的资产价格膨胀。没有投机就没有泡沫；投机资本越庞大、越活跃，泡沫就越膨胀。正常的交易（不论商品交易还是金融交易）也会产生溢价空间，没有这个溢价空间或者差价就没有交易。问题是，泡沫或差价太大，就会带来崩溃，还会造成恐慌的危险。

价差的过度膨胀类似于人的浮肿，表面上臃肿肥胖，实际上是病态肿胀。例如，刚刚买下的一套价值100万的住房，三个月后由于“炒房团”的炒作，价格涨到了120万，差价的这20万的部分（扣除其他价格上涨因素），基本上就是房地产泡沫。当然，在泡沫萎缩期房地产价格还会随之下降，如同1990年以后日本房地产价格的下跌。

那么，这些堆砌泡沫的钱，又是从哪来的呢？经济泡沫的每一分钱，无一例外都是来自过去的财富，是人们过去辛辛苦苦、“汗珠子砸脚面”积累的财富。当然，也包括用现有财产抵押后获得的贷款。任何经济泡沫都是真金白银堆砌起来的，绝非虚无缥缈、海市蜃楼。泡沫像空气一样虚无缥缈、来去无形完全是一种错觉。

当整个国家的经济泡沫疯狂膨胀到所有人都觉得“危险”的时候，泡沫就会坍塌，不论金融泡沫、房地产泡沫、还是房地产金融泡沫，都会如海滨“砂器”般顷刻瓦解。就像2008年金融风暴和1990年日本经济泡沫的崩溃。

区别只在于：2008年美国房地产金融泡沫的破裂，和1929年大危机一样，是由于引发了老百姓消费的“恐缩”（恐慌性需求萎缩），才爆发了经济危机。而1990年以后日本的泡沫崩溃，以及2000年美国纳斯达克股价的崩盘，并没有最终导致“恐缩”的出现，也就没有陷入所谓的经济危机。

物极必反，当泡沫冲到临界点之后，崩溃不过是一个时间早晚的问题。此时，人们远离风险的心境远比冲进股市时强烈，就像动物们争先恐后地逃离火场，上帝也挡不住。

泡沫崩溃给国民经济造成的最大冲击，首先是资产价格下跌中的损失多寡，如果像“雷曼兄弟”那种百年老店的金融机构也因倒闭欠下累累债务，其他金融机构就会担心自己的资产在借贷中受到损失，一旦当金融机构一下子都收紧自己的钱袋时，“流动性痉挛”就会发生。“流动性痉挛”加上银行挤兑或机构挤兑，金融危机就不可避免了。

如果巨大金融动荡和大面积资产损失带来社会恐慌、招致“突发性有效需求萎缩”，在这之后才会爆发经济学家们所说的“经济危机”，生产才会“被”过剩。

经济危机是泡沫崩溃的最坏结局。但并非所有泡沫崩溃都会引发经济危机。只要社会的大面积恐慌不出现，以及恐慌造成的“恐慌性需求萎缩”不发生，国民经济就会平稳过渡。就像1990年泡沫崩溃以后的日本，以及2000年纳斯达克股价暴跌后的美国。

新中国成立以来，并没有发生过真正意义上的经济危机，因此中国人对于那种物价暴跌、库存堆积如山、工厂倒闭、失业大量增加的恐怖，没有切身的痛感。而1995年以来，我们确实已经真真切切地听到了经济泡沫膨胀的脚步声。

2007年以前，中国也是股市和房地产的双重泡沫。2007年中国股市从6124点大跌到1624点后，金融泡沫开始萎缩，退出股市的大量闲置资本在资本单向自由化的半封闭环境下，纷纷涌向房地产。因此，2008—2010年中国的经济泡沫主要是房地产泡沫。

在1992—1993年、2004年、2006—2008年和2010年前后，共出现过四次资产泡沫的高潮。其中，2008年是资产泡沫的巅峰。

1995—2005年的十年间，中国的资产泡沫存量从9.6万亿，增加到14.8万亿人民币，增加了约50%。但是，同期的GDP却从6.0万亿增加到18.4万亿，增加了3倍，收入泡沫率从1.6降到了0.8，因此那时候的中国人对泡沫增长的感觉反而会渐行渐弱。

2008年以前的5年是泡沫膨胀的高峰期，不仅金融资产泡沫随股价冲到6124点，2008年的股市泡沫更是达到了23万亿人民币的高点。楼市泡沫（有形资产泡沫）也达到8.5万亿的水平。也就是说，金融资产泡沫的总量，是房地产泡沫的3倍。

随着全球金融风暴和中国股价的下跌，金融资产泡沫迅速萎缩，从股市撤出来的资本开始涌向楼市，房价直逼天花板。为了压抑房价，中国政府不得不从2010年开始对住房实施"限购"政策。

在此后（2008年至2014年）7年中，中国的资产泡沫存量一直在萎缩，泡沫萎缩总量约60.7万亿，甚至超过了2001年至2007年膨胀出来的5.5万亿人民币。特别是房地产业的冷清，已经让整个国民经济的心气越来越凉。房地产业的降温也会加重房地产公司的债务偿还压力，把原本正常的良性债务变成坏账或准坏账。

如何约束泡沫、掌控泡沫，成为中国经济稳定发展的百年大计。现在着手制定《经济泡沫法》的时机已经成熟。

要制定约束经济泡沫的《经济泡沫法》，需要首先弄清什么是泡沫、泡沫的规模有多大、泡沫的膨胀速度有多快。

然而在现实经济中，区别投机与投资却异常困难，资本的天性就是"唯利是图"，除了用钱去赚取更多的钱，它没有任何其他目的和需求。那么，如果只是从赚钱的角度看，你会很难区别投机与投资。

但是，虽然目前我们还不可能将投机与投资泾渭分明地完全分开，但至少能够对投机的程度加以区分。例如，像巴菲特所主张的长期持有一种有价值的股票，一定会比在几天内，甚至几分钟、几秒钟内就将刚刚买到的股票卖掉更具投资性。即从技术上讲，我们至少可以确定某一经济活动的投机程度是更大一些，还是更小一些。

如是，也许我们至少可能做到，对投机性更大的经济行为，采取更为有效的限制措施。例如，实施“差别化货币政策”。所谓“差别化货币政策”，就是针对银行提供的贷款，根据其用途的投机性，规定累进利率，如股票买进后再卖出的时间差越小，利率就会越高。“差别化税收政策”也是根据经济活动投机性的大小，实施不同的累进税率，如房地产买卖的投机性越大，税率越高。中国近年来实施的房屋限购政策、投机性购房税率差别化政策，就其方向讲，是非常难能可贵的尝试。

限制或约束经济泡沫，不是中央银行一个简单的货币政策提高或降低利率就可以实现的，它是一个复杂的系统工程。如果简单地上下调一调利率，就可以熨平经济周期、就可能压制经济泡沫的话，世界上早就没有什么经济周期和经济波动了。在这里借用1929年大萧条期间美国罗斯福总统的话说：“这也未免太简单了。”而且，一般利率政策是一柄双刃剑，它在压抑经济泡沫的同时也会不利于正常的经济增长。

这就是说，有效的国家调控需要限定信贷方向、实行差别化税率和差别化利率、对大规模投机性购买进行监管和约束、实施鼓励实体经济投资的产业政策等等。这些政策既需要连续性，又需要几个政府部门的协调动作，更需要在法律上有一个根本的保障。

打铁不光要靠自身硬，还要有一个制度来保证“允许你打铁”。如果没有这样一种法律保障，任何国家的中央银行，包括美联储的货币政策，必然在不同时期、不同程度地受到政界和政治家以及国家经济政策的种种影响。今天的最高政府首脑支持限制泡沫，明天就有可能不许限制。

发达国家之所以让经济泡沫一再泛滥而无法掌控，除了迄今为止经济学对经济泡沫并没有一个清楚的认识，也不知道如何度量泡沫规模之外，更重要的缺陷是：至今还没有哪一个国家拥有一部成熟的经济泡沫法。

经济泡沫法，至少应当具备以下倾向：1. 建立经济泡沫观测系统，对经济泡沫的规模进行持续跟踪，从而有效把握经济泡沫的规模变化和膨胀速率；2. 建立经济泡沫预警系统，当国家经济泡沫膨胀到一定规模、有可能导致大面积泡沫崩溃时，及时向整个社会发出警告；3. 授权政府相关部门在经济泡沫的不同阶段，采取相应的抑制泡沫膨胀的措施，如“差别化货币政策”和“差别化税收政策”；4. 限制银行或其他金融机构为投机活动提供贷款和其他金融支持；5. 禁止国家机构、国有银行、国有企业等参与任何商业和金融投机；6. 对蓄意制造金融骗局、炒作牟利、哄抬物价、在金融危机中恶意扩散和制造恐怖情绪等行为，追究刑事责任；7. 建立宏观泡沫对策的协调机构。

国家经济领域的相关法令、法规，在整个国家法律体系中的比重越来越大，而经济泡沫法将成为关系国家宏观经济稳定、避免经济危机、减少经济周期波动的至关重要的法律之一。

资本主义从诞生的那天起，它的每一点完善和进步都是社会与之抗争的结果。人类用一次次惨痛教训换来的经验，最终只有通过法律的形式才会被固定下来，才能构架出今天的市场环境。从 8 小时工作制到禁止童工、从男女同工同酬到产假制度、从垄断法到强制劳动保险、从存款保障制度到破产法等等，无所不是。

一旦遇到气候和阳光就会疯狂生长的经济泡沫，很像一个筋斗可以翻出十万八千里的孙悟空，即便是玉皇大帝和八路神仙法力无边，没有了紧箍咒，他依然会大闹天宫、捣毁蟠桃盛会。《经济泡沫法》就是约束经济泡沫的紧箍咒。有了它做保障，西天路上孙悟空也许会走得更安稳些。

点　评

王涌：从经济学的角度来研究泡沫，郝老师提出了很多重要的观点，比如关于经济危机，他强调消费萎缩实际上是强化了经济危机甚至是引发了经济危机，这种观点是让我们感到惊诧的。因为我们以前没从这个角度思考过问题，都认为是经济危机导致了消费萎缩。郝老师还引经据典提出了一个非常重要的问题，就是泡沫存在不存在。很多大牌的经济学家甚至都不承认泡沫是存在的，但实际上，从人类资本市场发展的历史来看，泡沫确确实实是存在的。荷兰的郁金香、美国1929年的经济危机、中国改革开放初期的君子兰是泡沫，2008年美国的次贷危机、中国的房地产泡沫也是泡沫。其实没有人否认这些泡沫，关键是怎么定义这个泡沫？还有这个泡沫一定是有利的还是有害的？这是我们在学理上不清楚的。那么泡沫什么时候是有害的？政府何时必须要干预呢？我觉得对泡沫危害的界定标准主要是两点：第一个是泡沫达到一定程度会使市场失灵，市场失灵的后果就是使整个社会的资源配置发生扭曲。第二个危害就是泡沫导致一个国家的金融体系崩盘，例如美国1929年的经济危机，泡沫越来越大导致最后股票市场崩盘。如果纯粹是股票市场，有人赚有人亏，这对整个社会财富不会产生什么影响，但是1929年的金融危机导致了美国将近三分之一的银行面临破产。所以，对于什么样的泡沫政府应该干预，什么样的泡沫可以不管，标准就是两点：泡沫是否严重扭曲资源配置和是否导致严重的金融体系崩盘。

第二篇

金融业改革与创新

我国期货市场的现状、问题与发展的对策

提 要

时间：2015 年 11 月 2 日

地点：中国政法大学蓟门桥校区科研楼二层学术报告厅

主持：刘纪鹏

主讲：李正强　大连商品交易所党委书记、董事长

点评：李曙光、胡俞越、张捷

衍生品的内涵和外延到底是什么？要理清楚这个问题可以从以下几点来分析：

第一，衍生品是什么时候出现的？虽然衍生品在中国是很新鲜的事，但衍生品在国际上是一个非常古老的概念，它在远古时代就已经出现了。大家一定知道《汉谟拉比法典》，这个法典中就有关于地主和佃户的法律关系确立的内容，但是当时人们没有用衍生品这个词，衍生品这个词语后来才出现。所以我认为衍生品不是一个新事物，而是一个远古时代就存在的事物。

第二，应该如何定义衍生品呢？如果搜索相关文献，至少能够找出 50

个衍生品的定义，这些定义又各不相同。有的是单独讲金融衍生品，有的是讲一般衍生品的概念。我把核心内容简单地总结了一下，衍生品实际上是从基础资产衍生过来的。衍生，首先得有基础。我们把基础的资产叫作现货，金融衍生品就是现货衍生发展出来的一种金融工具。在金融市场里有一个名词叫产品，我们习惯于叫产品的都是一些实物的东西，但是在金融市场里边，有很多产品却不是实物。现在市场上最多的衍生品是远期、期货、期权和互换（也叫掉期）。这其中期货影响比较大，所以，我今天主要讲一下期货，尤其是商品期货。

衍生品都有哪些特点呢？我简单地总结了一下，它的非常关键的一个特点就是基本上所有的衍生品，都是一个合同。合同就是权利义务关系。原来一堆商品，金属也好，农产品也好，衍生以后，一个合同就出来了。我们就叫它合约。合约有自己的价格，它的价格也会波动。由于合约是从基础资产演变过来的，所以它的价格围绕着基础资产在波动。基础资产的价格，最终会决定衍生品的价格。

第三，衍生的目的是什么？衍生品在于防范它的基础资产价格波动带来的风险，这是最根本的出发点。不管是小麦也好，大豆也好，股票也好，还是一堆股票的组合也好，其所有者都想着怎么去更好地保全资产，让基础资产不至于损失太多。那么人们就运用衍生工具管控价格波动引起的风险来减少损失。用衍生工具来管理现货价格波动，尽可能减少风险的过程，叫作对冲。在期货市场里面，我们叫作保持。

下面我对衍生品进行一下分类。如果是基础资产，可以分为实物商品、股票、利率和汇率，基础资产可以衍生为远期、期货、期权和互换。根据交易场所不同可以把衍生品分为场内交易和场外交易，场内交易公开透明监管严格，场外交易是一对一的，透明度很差，监管也弱。实物交易最早是一对一交换，如用羊毛换食品，用贝壳换谷物。后来为了防止今后的价格波动或是自然灾害，确保能得到交易标的，人们就签订一个合同，这就是远期。远在两河流域已经有远期的案例。到欧洲 18 世纪，远期合同已经非常普遍、非常流行。在远期的基础上后来又产生了期货、期权和互换。期货交易由交易所统一制定合同，其他任何人都不能制定。期权是人们为了按理想的价格达成交易而创造出来的合约。互换有利率互换和货币互换。交易所里面有买方、卖方，有会员、客户。客户里有做对冲的，有做投机的，现在市场里面对投机比较排斥。交易所里面的交易主体有个人，也有金融机构。在期货市场里面实体企业通常是做套期保值的，以规避风险。个人和金融机构通常是做套利和投机。商品期货中还有质量检验，金融期货中没有。所以商品期货在整个期货市场里面是最复杂的一个工具，它的交易环节最复杂，每个合约差别很大。

接下来我介绍一下商品期货的流程。首先交易所设计一个合约，然后开始交易，接下来是结算，最后一个环节是交割。人们在交割时把实物货物进行实际交换。交割是法定的义务，期货合约到期时买方必须去接货，卖方必须卖货。交易双方按照规定的标准，在规定的地点，按照约定的价格交割货物，整个期货市场的每一个环节都被打上了法律的烙印。虽然平时交货量很大，但事实上交货率很低，合约的交货率基本上都是万分之一。在我国大豆交货率是万分之一，玉米是万分之七。所以真正交易的时候人们一般不需要到期货市场去拿货，因为合约在到期前就对冲掉了。

整个合约要怎么设计呢？我们老说金融服务实体经济，一个出发点就是要满足实体经济的需要，所以要考虑合约设计的可行性，在设计合约之前弄清楚这个东西到底适不适合搞期货。

大家可能会问，期货和股票有什么区别？其实股票的数量是固定的，比如五万股、十万股、二十万股，但是期货合约的数量不固定，人们可以无限制地开仓。所以期货的持仓量、交易量可以无限放大。美国大豆期货的交易量如果换成吨的话，一手是实际生产量的 60 多倍。并且所有的期货交易都是杠杆交易，保证金都很低，像商品期货里边大多是3%、4%，高的时候是8%。金融期货的保证金更低，比如国债期货是1%。我在基金部当主任的时候，一直号召大家买了股票要长期持有，不管买股票还是基金要长期持有。在期货市场里面我们不谈长期持有，因为期货合约有一个到期日，合约到期了怎么持有呢？如果合约到期了持有者必须要卖货或者买货，所以在期货市场里人们不会讲长期持有的概念。期货市场有当日无负债结算制度，天天算账。商品期货最近七八年都非常平稳，这与当日无负债结算制度有很大关系。但是股市没有这个制度。

此外期货合约是交易所提供的，是交易所负责开发的，但是所有的股票都是投资银行、上市公司开发的。公司要IPO，投资银行为它设计股票价格、发行时间和发行数量，而不是证券交易所。

我给大家报告一下有关市场操纵的情况，在期货合约里面，一张合约就是一个产业。所以在期货市场进行内幕交易很难，但它并不是没有内幕信息。如果一个市场的价格比较容易受政策的影响，比如发改委与商务部讨论怎么定玉米的直补价格，这些信息对整个期货价格影响会比较大，这就叫信息型操纵，这个和股票市场是一样的。在股票市场中，因为单个企业的信息不对称性非常严重，内幕交易比较多；期货市场的内幕交易主要是政策方面，所以这两个还是有区别的。证监会总是不相信期货市场没有案件，认为一定是监管不严所致。但是后来我发现期货和股票不同。一个铁矿石的合约上市之后，全世界都在分析它。只要了解到铁矿石的供求情况，就会对价格做判断。比如从澳大利亚来一个船，拉着40万吨的铁矿石，然后说一股台风来了，可能会影响船期的到达。这个信息可能会对铁矿石期货未来价格有影响。对于这样的信息，专业人士就要比非专业人士有优势，这个和股票投资有点类似。比如英国伦敦交易所铜的价格已经跌了，有的基金经理、分析师就观察到伦敦铜的价格一跌，国内的市场就会有变化，好多加工企业的成本就会受影响，这种类型的上市公司在价格方面理当会有反映。这是专业人士干的事，一般老百姓很难去想这些事。在期货市场里面，一个台风、巴西码头工人罢工、我们中国人买的大豆不能装船，这些信息都对期货价格有影响。这样是不是属于信息型操纵呢？其实不属于，只不过知道信息比大家更早一点，这顶多算是跑前交易。所以在商品期货里边，商品期货的价格，总是围绕现货价格波动，很难持续性地偏离太多。因为合约到期之后，要进行交割，交割都是从现货市场买东西的，如果期货价格过度偏离现货价格，一定会引起抛售，这样就会产生强制收敛的作用。但是股票市场应该是没有的，因为它的信息不对称或由于炒作，股票价格就很有可能相当长的时间偏离正常价格。

期货市场的功能是价格发现，因为现在上市一个期货合约，却在未来进行交易。比如一个期货合约上市时是 2016 年 11 月份，但这个合约反映的是未来的价格，因此它的价格是现在的市场参与者形成的一个未来时期的价格，我们叫它价格发现。期货价格反映的是现在这些人对未来一个时期的供求情况做出的判断，然后形成的一个价格。现货价格主要反映的是过去的信息。所以，我觉得现货价格加期货价格才能够比较好地反映未来的走势。我们做经济预测都是用现在的价格预测未来，那一定是滞后的。我们都讲国民经济的晴雨表，到底什么是国民经济的晴雨表，这个问题是值得研究的。一个新兴的资本市场里面，不管是单只股票价格还是一篮子指数价格，都很容易出现相当长时间的过度偏离，所以大家总是说要把指数和 GDP 增长连到一起，这很难做到。但是我发现大宗商品的期货价格真的和经济形势的关联度特别强。有一个期货公司在做大商所农产品的期货价格，他们用这个期货价格指数跟踪 CPI 价格指数，结果发现用期货价格指数去跟踪 CPI 价格指数的效果很好，因为期货价格是未来真正交易出来的价格，它是根据上游、中游、下游，国际、国内形势综合得出来的。

价格发现有什么用处呢？这就是所谓的定价话语权。现在大宗商品的国际贸易价格用的都是期货价格，都是用某一个交易所的价格加上一个升水，或者减掉一个贴水。所以期货价格也就成为国际上通用的国际贸易的定价基准。我们国家却很少用到期货价格，我们国家统计局所采用的是哪个农调队或者哪个城调队所调研来的价格。农调队采集来数据再经过加工，好几个月就过去了。现在大宗物品的期货价格日益成为国际价格定价中心。我观察到一个现象，我们中国人基本上是买什么什么涨，卖什么什么跌。为什么会这样呢？我们作为第一贸易大国，全世界铁矿石的70%都让中国人买了。我们现在一年进口六七千万吨大豆，美国的南北大豆基本上都是卖给中国。有时候我们强大的代表团去一个国家，就签订一大堆的合同。有一个比较有意思的说法，七八年前我们总理带一个代表团到美国去，美国人分析说总理带来的人都是要买大豆的，然后大豆的价格就呼呼地往上涨。中国人特冤，买什么都是最高的价格。我们就拿铁矿石举例，日本的铁矿石的需求量也很大，但是他们比较精明。日本在巴西和澳大利亚买了很多矿产的股权，二十几年前就开始控股那些矿产企业。现在，中国和日本、澳大利亚谈判，无论怎么谈，价格就是往上涨。以至于我们国内的钢材价格都跌了，那边的价格还是很高。这就是因为我们没有定价话语权。现在期货市场基本上已经是定价中心了。所以，农产品的定价中心就在CPOT、就在芝加哥，金属的定价中心是在伦敦，黄金和原油的定价中心是在纽约。我们长期只讲一条街那就是华尔街，其实在世界上有两条大街非常值得我们关注，一条大街就是华尔街，另一条就是拉塞尔大街。这几年，我们的领袖们去美国都去芝加哥，我觉得这是非常明智的。我们的胡主席、习主席，我们的温总理都去芝加哥访问过，这说明我们开始关注芝加哥这个地方，我们之前只关注华尔街是不对的。期货和国家的利益及行业的发展关联非常大，这是我们的定价话语权。

现货市场价格是自由波动的，如果现货市场是被管制的，期货市场不会发挥作用。举个例子，进口大豆都是转基因的，国内对转基因大豆管得很严。如果我是贸易商从美国进口大豆，按规定进口大豆只能榨油，不能干别的；你是一个榨油厂，那么我只能把大豆卖给你。这样国内就没有贸易流了，我们有个大豆二号合约基本死掉，就是因为没有贸易流，从而没有价格概念。对玉米、棉花等农产品实行保护价，即使供求发生变化，农产品价格被政府干预，期货就不起作用了。虽然是保护农民，但国家财政负担特别大，不如干脆放开，可以通过直接给农民发钱保护他们的利益。美国农产品期货这么发达的原因就是没有保护价。

期货市场要想发挥好功能，基本前提是市场平稳运行，没有这个前提，功能很难发挥。什么是平稳运行？第一个是公开公平。如果没有公平，投资者迟早要离开。公开公平在任何市场都一样，在期货市场更明显。如果投资者没有平仓期货合约，卖方要出货，买方必须接货。第二是流动性和稳定性。如果一个投资者想在市场里面建空仓，却没人答应，就没对手方，也就没有流动性。交易所不要追求交易量，要追求流动性。第三是风险的及时处置和化解。风险不及时处理，总是积累，就会引发系统性风险。2008 年金融危机，美国倒闭了很多银行、券商，中国没倒闭一家券商。中国政府在风险处置方面比美国靠前，虽然现货市场波动很大，但期货市场运行非常平稳。证券公司的风险控制，人民银行的资产剥离，很厉害。我对中国金融市场的未来很有信心。金融工程火起来和风险管理就有很大关系。最近二三十年，学数学的和学物理的开始进入金融市场，因为风险管理需要计算各种模型，风险对冲需要专业技术。一个市场主体担心原料上涨，却又必须买，但是仓库小，不能存太多，于是做多锁定材料价格。产品出来，担心产品价格下跌，不能存在库里，要卖，于是做空。但是说来容易，其实很复杂，这需要对形势的判断、需要技术，过度的投资必然导致惨败。美国 1865 年上市期货合约之后，前一个半世纪期货市场经常是坏孩子，后来才好起来。一个市场如果没有严格监管，不管场内还是场外交易都是风险巨大的，这点我在监管机构有很深的体会，在交易所里也有很深的体会。

我回应一下刘纪鹏教授给我的要求，讲法治金融问题。在整个期货市场里面，诚信和法治是最基本的保障，我们交易所所有员工干的事，都是在维护合约的法治延伸性，所以我们注重立法，制定法规、各类规则。我们期货行业有句话叫：期货市场、衍生品市场是规则导向型的市场，规则就是法治。

郑州交易所是我们国家最早建立的期货交易所。我们国家 1993 年开始金融市场整顿，整顿到 1999 年，期货交易所变成 15 家，现在只有 3 家：上海商品交易所、大连商品交易所、郑州商品交易所。2006 年我们国家成立了中金所。我国建立的保证金监控中心在全世界是个壮举，现在全世界的监管机构没有一个像中国证监会这样建立一个保证金交易中心的，所以 CFTC 的主席到中国证监会时非常羡慕这一创举。到现在为止，我们中国市场里保证金的调整问题、涨跌停板制度问题、限仓问题、强平问题、异常交易监控处理问题，都是国际市场非常公认的。我上个月到卡塔尔参加 WFE 的年会，当讲到市场监管时，参会人员都谈到了中国市场的监管问题，说这样好，既能保证流动性，又不影响市场的效率，评价还是非常高的。唯一可惜的就是法规这方面，《公司法》《证券法》《基金法》有了，唯独没有《期货法》。为此我们呼吁了好长时间，现在我们交易所一直在配合证监会和法工委研究起草《期货法》，财经委副主任尹中卿也到大商所调研了两三次。

我们全市场的交易品种有 51 个，商品期货 46 个，金融期货 5 个。2009 年我开始进入中金所，当时姜主席给我讲，期货市场客户很少，总客户 100 万，有效客户 20 万。当时我管基金，华夏一个基金的客户数超过 850 万。股票市场参与者有七八千万，有效账户估计有四五千万。现在，期货市场有 104 万有效账户，104 万账户里以法人名义开的真不多，大量的民营企业都以个人名义开，法人性质的可能有 1/10 以上。金融期货今年上半年占了 82%，郑州交易量最大占到 35%，大连 33%，上海 32%。

2014 年我国的期货市场占全球场内的期货期权市场的 11.45%，商品期货占全球的60%多，而2006 年还不到2%。我们交易所在2013 年之前有9 个品种，2013 年上市了 5 个品种，到目前为止一共 16 个品种。习主席2013 年 8 月份视察大商所说要脚踏实地，大胆探索。2013 年是大商所在历史上上市品种最多的一年，上市了 5 个品种，那一年整个期货市场上市了9 个品种，过去平均两年上 1 个品种。目前，我国有两个交易所进入全球前十，前十名中美国有四家，今年我们三家交易所排名应该还会上升。

大商所的持仓量在全国占到 47%。2014 年中国的投机程度是 105%，交易量基本等于持仓量，现在的投机程度是 136%。我们的换手率不到 1，这个和国际上差不多。我 2012 年年底去了大商所以后，从 2013 年开始启动银行和期货业合作。今年我又启动了期货和保险业合作，开发保险业产品，所以我们现在做的真正是在服务实体经济。2008 年金融危机以后，大量企业开始套保，基本上没什么大问题。现在的油脂油料行业，日榨油能力在 1000 吨以上的企业在我们大商所 90%都在套保，这是一个非常成熟的行业。我们的市场过去这么多年基本上还是平稳运行的，量的扩张获得了质的提升。但和国际市场相比，我们还有很大的差距，现在上海、郑州、大连这三个交易所都是单一封闭的商品期货交易所。这种封闭现状难以适应中国实体经济与世界经济体高度融合的趋势。在期货市场，我们的层次不丰富，只有场内交易，没有场外交易，我们的工具只有期货，没有期权，我们的市场只有国内，没有海外，也就是说我们都从海外拿东西，但是我们的市场参与者都是国内的。我们的国际话语权为什么上不去？因为我国市场形成的价格人家说没代表性，人家没参与进去。我们的市场不是一个开放的市场，是一个封闭的市场，大量的企业还没进来，特别是国企。

我们总结一下，就是“三多三少”。即参与者里面个人多法人少，法人里面民营多国企少，然后就是贸易商多加工商少。海外的交易所场内、场外、期权这些东西都很多，我们国内是只有场内的，只有期货的，品种也不完备。即使品种完备，我们的交易规模还是不高。我统计了一下，美国的玉米 CDOT 的交易量如果算成吨数，它是消费量的 23 倍，我国是 0.4 倍；美国的大豆是 60 点，我国现在是 3.2 多，所以还差很多。我们作为世界工厂，钢铁、煤炭全球消费量第一，铁矿石进口第一，石油进口排第二。我们作为一个最大的商品贸易国，理当成为大宗商品的离岸中心。另外一点，我认为不管是从国家的经济安全还是增加国际话语权，还是当前我们经济转型来看，的确需要市场来进行风险管理。这一次五中全会提出了中国要在世界资本市场里有话语权，这一提法非常英明。以前美国一"感冒"我们就"打喷嚏"，现在我们已经高度地参与世界经济了，而且非常紧密，我们一"感冒"世界就要"打喷嚏"。WFE 年会上都在谈论中国，就连卡塔尔的财政长官都在讲由于中国经济的下行会导致世界的波动。所以，在这种情况下，如果不参与全球的制度的制定、规则的制定及国际价格的形成，这对世界不公平。从这个意义上来讲，我们需要大力地发展商品期货市场，这是我们需要具备的条件。有了一定的经验、法制、市场上成功的案例，大连、郑州和上海三家交易所都面临的问题就是由单一、封闭的商品期货向多元开放转变，这也是我们的战略任务。

点　评

李曙光：从法律的角度来看，我有几点感触。

第一点，期货实际上是一个表外资产。我们发展的期货，具有转移风险、发现价值两大主要功能。除此之外，还有一个功能，就是如何让表外资产更多地进入表内。如何让我们能更多地认识一个企业的价值，我觉得这是很重要的。因为表外资产越来越放大，从远期合约、期权到掉期都在放大，现在掉期市场是特别大的。我也有个统计数据，2007 年的时候，实际上的掉期合约，名义交易额达到600万亿到700万亿，一年达到1800万亿。2007年以后掉下来了，现在是250万亿。但是商品期货才三四万亿，这是一个很大的差异。掉期这一领域我们发展得很快，正是因为在衍生品市场，资产负债表之外有这么大的一个市场作为表外业务。所以，从整个金融市场的发展来看，中国必然要走这么一步，那就是要发展市场。金融创新是必然的，但是金融创新有一个管制的问题。中国历来对金融产品管制非常严，特别是衍生产品的品种，上市管制得也非常严。所以，从我个人的观点来看，中国下一步的金融改革，在期货市场应该是放松管制而不是加强管制。放松管制某种程度上就是包括降低交易佣金、更多的产品上市、更多的市场自由化，我认为这是下一步应该走的路。管制得太严对于整个期货市场的发展是非常不利的。我们实质上上市的也很少，股指期货今年才上两个品种，10年一个，现在总共才三个。今年两个出了事，就会让我们觉得是不是不合国情，但是我认为还是上市品种太少。期货市场，我们还应当有大的发展。

第二点，期货市场具有重大风险，还应该加强管制和放松监管，这是一个双胞胎，有一个平衡点。这次股灾，我写了一篇文章谈到目前中国的市场，不像美国把期货监管和证券监管分开，中国没有分开监管，是在一个市场里面。但我们是跨期限的，跨现货和期货市场的交易，也没有统一监管规则。美国之所以出问题是因为场外交易五倍于场内交易、柜台交易，太发达。中国现在场外交易也很多，但是目前还比较乱，没有统一的规定。我们之间的差异在于美国已经看到了两个市场之间该怎么监管。2011年金融交易现代化法案是放松管制，2012年弗兰克法案是加强管制。所谓“两头三进”：掉期市场期货领域监管，对于个股掉期是由甄建辉监管，这是两头；交易场所、登记所、精算所，这是三进。我想这里的启示是，中国出现了跨期限的交易，但是证券法没有看到，没有这一领域的监管。刚才提到的T+0和T+1的区分，使得两个市场之间出现了巨大漏洞。

规定都是不具体的。实际上都是怎么对待境外的策略交易，在美国不一定作为犯罪，在中国没有见过，可能就成了一种犯罪。证监会现在正在起草，即将出台关于这方面的规定。

对于这种跨期限的交易，应该怎么应对？

一个是修改证券法，另一个是加紧修改期货法。第一，建立一套关于主体、强制注册、行为准则、强制措施等方面的标准。合格的投资者规定是不完善的，以及资本和保证金的问题是混乱的。出了问题就加保证金，但是保证金过高影响交易的活跃度，难以保证市场有一个平衡的发展。中国目前最缺的是商业行为的准则，这是和整个社会的信用联系在一起的。这在于期货法应该对市场主体有一个强制性的要求。第二，就是要完善信息披露制度。之所以出现股灾之后公安才介入的情况，更多是因为信息披露的滞后。所以下一步的信息披露制度，应该从如何定标准、定要求方面入手。

现有的一系列法律的搁浅，证券法中注册制的推后，对于中国下一步“十三五”规划，经济往前推进都有重大影响，证券法和期货法的修改不能停，不能延误。刑法第三章是对破坏金融管理秩序的规定，关于金融管理秩序的规定远远不够，涉及内幕交易、操纵市场，等等，都太原则化。按照条例，最高罚五十万，从目前来看，比如二十亿的数额，五十万的罚款是没有多少效果的。从成本与效益的核算来看，法律的经济学没有得到体现。这对于金融的破坏及对市场造成的影响是罚款不能解决的。刑期一般在五年以下，现在刑法对于资本市场的犯罪，太过于原则化，没有得到充分反映，这一问题值得法律人好好努力研究。总的来说，中国的期货市场还是要找到鼓励创新、加强监管之间的平衡点。

胡俞越：我对这次股灾的评价是，两个特点。第一个特点：杠杆。我们也在呼吁，包括刘纪鹏教授也在呼吁，股市慢牛，股市慢牛。说实在的，这场股灾，把习主席的很多战略部署都打乱了，包括“十三五”规划要实施的很多东西都给打乱了。所以我们一直在呼吁，慢牛！慢牛！慢牛！但是我一想，加了杠杆的牛慢得下来吗？加了杠杆的牛是慢不下来的，加了杠杆的熊也是慢不下来的。所以就出现了大起大落、暴涨暴跌的这种行情。这是一个特点，就是加了杠杆。股指期货算不算杠杆，当然算！但是最主要的杠杆来自于场外配资。场外配资，杠杆有上到 1∶1、1∶2 的，甚至有到 1∶10 的。杠杆上到 1∶10 的话，那一个跌停板就是 10%，一个跌停板就串仓了，爆仓了。所以，主要是场外的配资。当然还有别的很多杠杆，很多工具，包括融资融券、ETF 期权、分期基金、杠杆基金等。

第二个特点：股市遭遇互联网。表现在两个方面，第一个是互联网时代信息传播的速度、方式、渠道大为改变了。手机微信上这信息传播的速度快得多，也准得多。刚才李曙光院长也提到，《关于程序交易的管理办法(征求意见稿)》已经出了，对程序化交易要如此严格地监管，我不太同意，因为整个市场都进入了互联网时代。张捷也要给大家介绍一下，程序化交易究竟怎么回事。整个市场及全球都进入互联网时代了。互联网时代就是程序化交易的时代，而监管还处在手工操作阶段。以手工操作的模式、手工操作的手段、手工操作的方式，应对互联网的这种交易模式，当然不适应。我觉得还是监管出了问题。当然对于程序化交易中的高频交易，要管，但是要怎么管？2008 年金融危机之后，美国对程序化交易提高了监管门槛，主要针对高频交易。但我依然认为高频交易也是市场发展的一个趋势，是不是主流，我不能肯定。

我讲另外一个问题，中国的证券市场、期货市场要不要开放？如果要开放，开放也是必然的话，开放了的中国证券期货市场采用的是手工操作的“小米加步枪”的这种落后交易方式，如何去应对国际化的这种程序化的交易模式？这次股灾当中，对于股指期货也好、对杠杆也好、对这个程序化交易也好，是是非非有很多的争论。

我一直认为，无论是股指期货，还是商品期货，是现货市场的避风港，这是正面的提法。还有一种提法，中金所和大商所都是现货市场价格风险的出气筒。现在把出气筒给堵上了，股票市场就没地方出气了。股票现货市场的风险，是要通过股指期货市场的出气筒来出气的。结果每次股市下跌，中金所都蒙受不白之冤，被认为是股市下跌的元凶。其实股指期货还真不是元凶。但股指期货本身有没有设计上的制度缺陷？在这个 T+0 和 T+1 的问题之外，还有期现市场之间的制度是否匹配，是否平衡，这也是很大的问题，包括 T+0、涨跌停板、T+1，有很多制度设计缺陷。

张捷：期货交易为什么叫合约，“约”有公众的性质。比方说，大家讲公约不讲公同，合同是两个人和相同的人，协议是大家共同商量议定的结果，一般来说，协议比较简单，合同复杂一点。

接着讲一下铁矿石的定价，2010 年我在《瞭望周刊》发表过一篇文章。讲的是当时要求中国指数定价的时候，不在乎指数是不是定价，关键在于指数是谁的指数，指数在哪，是否在中国的问题。我当初见过力拓的合同，郎咸平说谁敢卖国？合同规定日本同意了，我们就要同意，但实际上没人敢签这样的合同。钢协量大价优，最后却多掏了钱，为什么呢？所有的这些铁矿石，国际的卡特叫作长协，合同签几十年，而成本无法预知，每年要定一次价格，几十年签的是供货量。签好了每年我国必须进口一定量的铁矿石，每年卖方必须出口给我国一定量的铁矿石，这样就没有量大价优。每年议一次价的时候买方发现铁矿石都变成钢了，也不可能把铁矿石还给卖方，卖方进行加工了不可能不付钱，但合同规定国际裁决。在最开始的时候，没有公开价格，比方说日本签了一个合约，大家就按这个约判，已经没有任何的谈判筹码。后来变成一个指数型，这个指数型到底用哪个，有权威的一方就有话说了，比如按照李总做的铁矿石，交易量比别人大，那么我就可以要求李总在裁决的时候，以最权威的标准来裁定价格，就自然地往李总的价格里套。所以在讲期货的时候，原来讲的更多的是套期保值，但是还有一个很重要的作用是现货价格的存账。套期保值，可能说对全球来讲是零和博弈，但对中国局部来讲，绝不是零和博弈，而叫恶意做空，因为看似零和博弈，实际亏了，所以说有恶意。在这个角度上，对中国来讲，是必须要算账的，看是赚了，还是亏了。

刚才说原油的定价，其实原油价格不是靠交割的，发改委定价格，要跟着国际价格，两星期一条一星期一条，但这个的背后是什么？中国是世界第二大石油消费国，而且是最大的石油进口国。在这个状态下，价格要完全跟着美国的期货市场价格，等于给它的价格一个巨大的背书。而且人们会盯着你的价格做文章，不能做任何的套期保值的工作。当时做了很多改革，对价格都有非常大的害处。我们要认识到这点。在20世纪资源紧张的时候，一个靠资源价格，一个靠价格体系。所以这个期货市场的价格体系的作用在于短期价格和近期价格，不能超过利率，超过利率就可以套利了，那么一定能把利率套平。对于发展中国家，利率高的时候波动很大，对于发达国家利率很低的时候就被压住了。所以美国要搞QE，它是没有通胀的。接下来靠的是发达的期货市场，就是怎么去操作市场。我对这个模型认识得很单薄，我们现在就讲高频交易。高频交易里中国的问题是没有做市商，这样高频能赚钱，它拿着几十万美金来就能赚我们20亿。按说这几十万美金根本不足以操纵市场，它怎么做的呢？用高频交易。实际上类似于做市商的做法，如果价格定得较高，在买价的上方放一个买单，在卖单的下方一点点放上一个卖单。这时候别人看见这个单子去交易的时候，它要么下买，要么下卖，中间的差价被吃了。下单快、撤单快，赚得非常厉害。

实际上做市商要求权利和义务对等。市场掉下来要去托市，要把握市场方向。有人说这是违法，虽说法不禁止皆可为，但绝不是法不禁止皆可胡作非为。李正强老师说了，衍生品出来了，衍生品这一领域没有法律，但是平时就有类似的表述——诈骗罪。在刑法中不可能把所有的诈骗行为都罗列一遍，没罗列的就可以做吗？大家知道西方是案例法，在案例法的情况下，没有法律就按照案例。比如31个账户意味着什么？它虚构了虚假的主体，在虚构虚假主体的时候，按照刑法普通的诈骗罪是合同诈骗，如果签订一个合同，虚构一个虚假主体的话，这一定是一个合同的诈骗罪。虽然在《证券法》里面没有规定，但在普通的法里面已经说得非常清楚，这就是诈骗。如果诈骗获利十几亿，可以判处无期徒刑。在刑法中，诈骗罪有很多加重情节，其中在证券领域的诈骗行为就是加重情节。

中国基金业发展的现状、问题与对策

提　要

时间：2015 年 11 月 16 日

地点：中国政法大学蓟门桥校区科研楼二层学术报告厅

主持：刘纪鹏

主讲：洪磊　中国基金协会会长、中国政法大学兼职教授

点评：刘少军、王涌、李建伟、张捷、杨帆

今天的第一个问题是财富管理为什么非常重要。周期理论指经济有长周期、中周期、短周期。在人类历史的长河中，经济长周期基本上是 60 年一次，中间有二三十年的换挡期，换挡期基本上就是全球的动荡期。人类社会到今天经历了三次革命，现在面临第四次的过渡。第一次工业革命是 18 世纪 70 年代，受瓦特蒸汽机的影响，到 1830 年，以蒸汽机、纺织机为代表的工业化生产导致产能迅速饱和，继而爆发了鸦片战争，列强要打开中国市场。接下来是 1848 年欧洲大革命，紧接着是普法战争。第二次工业革命从德国内燃机开始，又带动了一场新的工业革命，推动汽车、飞机等制造业的发展。后来爆发了第一次世界大战，这次革命一直持续到第二次

债务危机。到了40年代末50年代初，在美国诞生了计算机的革命，计算机革命到今天也是经历了60年的时间。计算机革命推动了全球经济进入三个阶段，第一个阶段是军事方面，最典型的代表是1969年阿波罗登月计划；第二个阶段是大型计算机的小型化，从电脑到手机终端；第三个阶段，90年代以后开始有了网络，从有线网络到无线网络，但是互联网革命之后的互联网经济带来的逐利空间越来越小，大型的计算机公司基本都倒闭了，每一次进步都是世界的动荡期。我们要意识到每一次技术革命的发展期都意味着一个新的国家崛起。蒸汽机的革命是英国的崛起，内燃机的革命是德国的崛起，计算机是美国的崛起，现在美国已经开始走下坡路，对于中国来讲是一个大好的机遇，这也就是为什么我们会说这一阶段是中国的战略期，但是这个机遇期能不能抓住，要靠我们大家的努力了。

美国在第三次工业革命最重要的换挡期做了什么，能够让美国在最近80年一直领先于全世界？那时候经济状况非常恶劣，股市下跌90%左右，工人大量失业。罗斯福是非常伟大的总统，在这个时候做了几件重要的事情将美国带出了经济危机的泥潭，他的理念在今天也值得借鉴。第一个是通过了美国《社会保障法案》，这一法案让失业的工人和退伍的军人有了基本的保障，社会出现了大和解的趋势。另外一个就是把权贵的资本社会化，比如加大对遗产税和赠与税的征收，同时在征收的过程中给这些权贵留了一条出路，如果权贵拿出钱来做社会的公益基金，就给他们免税。在这个背景下，各种基金大量地设立，这些基金也为当年矛盾的缓解发挥了很大的作用。比如卡耐基基金，是美国的钢铁大王设立的，用于建经济适用房，建好后给一些退伍军人住。又比如罗斯贝勒基金，用于建立罗斯贝勒大学，用于医药的研究。应该说最近几十年，各种药品包括治疗艾滋病的都是在罗斯贝勒基金支持下研制出来的。第三个，就是资本市场的改革。在1929—1933年以前，美国的资本市场和中国资本市场差不了太多，大量的欺诈和杠杆，大量的借贷充斥市场。30年代小罗斯福用了肯尼迪的父亲，他是一个大投机家，在美国证监会主席任内启动了美国资本市场的一系列立法的工作，重要的就是四部法规，即1933年的《证券法》、1934年的《证券交易法》、1940年的《投资公司法》，以及《投资顾问法》。前面两个法是规范资本市场的卖方，怎么把合格的上市公司作为投资品输送给市场，其中《证券交易法》更多的是规范美国的证券交易所和证监会的行为。1940年的《投资公司法》《投资顾问法》是规范资本市场的买方，就相当于证券投资基金。买方与卖方展开博弈，这个市场才能有效地实现价格，市场才可能健康地发展。中国资本市场发展到今天，卖方非常发达，买方非常薄弱，基本上是卖方的市场，发行制度中种种的设计都是为了把股票卖出去。买方制度相对薄弱，还没有能力制衡，所以导致今天资本市场出现了很多的外债，后面我再做详解。

再谈财富管理重要的第二个原因，从大的产业背景来看，大家对中国今天的发展充满了担心，也有期待。我们经济步入新常态，10%的增长十年之后不可能再有，7%已经不容易了，估计今后可能降到5%—6%，可能就是新常态。在这个情况下，模仿性排浪式消费已经结束，以后的消费应该更多是个性化，那在这个背景下，中国依靠银行的配置时代已经一去不复返。我曾经预言，今后银行最值钱的部门绝对不是它们的个金部、同业部，最值钱的一定是投管部，因为投管部不用它们的资本金，是真正的中间业务收入，是旱涝保收的，而所有要消耗它们资本金的部门，都要面临很大的压力，即坏账的压力。现在我们坏账压力有多少，官方公布1.5%，实际上，说出来你们可能不相信，就拿温州来说，温州的坏账率超过4%，因为温州市场化程度很高，基本上没有太多人造假，我想全国至少有温州的一半即2%。银行股为什么涨不起来，很大的原因就是坏账的拖累。随着经济下行，坏账逐渐暴露，银行已经不是我们最佳的投资选择。另外全世界的趋势利率都是下降的，欧美国家利率是零，甚至是负的。所以投资人的钱大量出现金融脱媒，金融大量通过直接融资把银行的储蓄账户逐步转向投资的账户，这对财富管理的需求大大提升。

第三个重要的原因，是因为它关系着中国能不能跨过中等陷阱，GDP超过3000美元以后，要升到1万美元，这是一个中等陷阱，能够跨过中等陷阱的国家不多。所以在这个过程中决定能不能跨过的重要因素就是，有财富的人要承担起社会责任。他们的钱不应该只是存在银行里，而应更多地用于投资，创造就业的机会。这些钱也都要有专业的管理，这样才会发挥更大的功效。从这个角度来讲，中国的直接融资，金融业特别是证券，包括资产管理，应该面临着很大的发展机遇。图1是前三季度社会融资规模分布的比例，直接融资（股票余额与债权余额）这个指标非常重要，其比例的提高代表着经济、金融走在一个健康的轨道上。股票融资占融资总额的3%，企业债占10%，这可能是近年来不错的成绩了。但是直接融资总体规模13%，还是有提高的空间的。

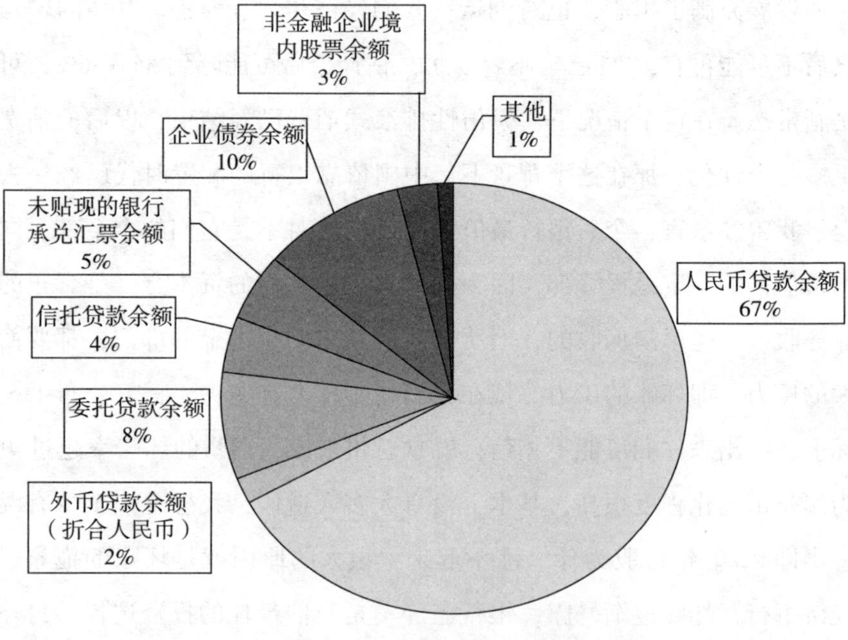

图1　2016年1—3季度社会融资规模分布比例

再了解一下财富管理的状况，资本市场的买方和卖方，基金行业基本是代表资产的买方。大概是从 2012 年开始启动，这一年，中国的资产管理行业开始起步，当年整个行业管理的资产规模大致是 30 万亿，但这个统计并不是一个最精确的，因为中国资产管理分散在四个行业协会，一个是我们基金业协会，一个是资产保险协会，一个是信托业协会，还有一个是银行业协会，这四大领域都有财富管理。规模方面四个协会很平均，基本是各占 25%。到 2013 年的时候，财富管理总额增长到 39. 85 亿，2014 年增长到 51. 81 亿，基金业协会所占的份额已经从 2012 年的 24%，增长到今年的 42%。因为银监会下有两个协会，一个是信托业协会，一个是银行业协会，银监会占比是 44%，基金业协会占 42%，已经非常接近了。在今年 6 月份的时候，基金业协会占的份额是 40%，银监会管的两个协会，加起来是 45%，我估计到今年年底的时候，它管理的资产规模应该会超过银行业协会和信托业协会所管的资产规模。

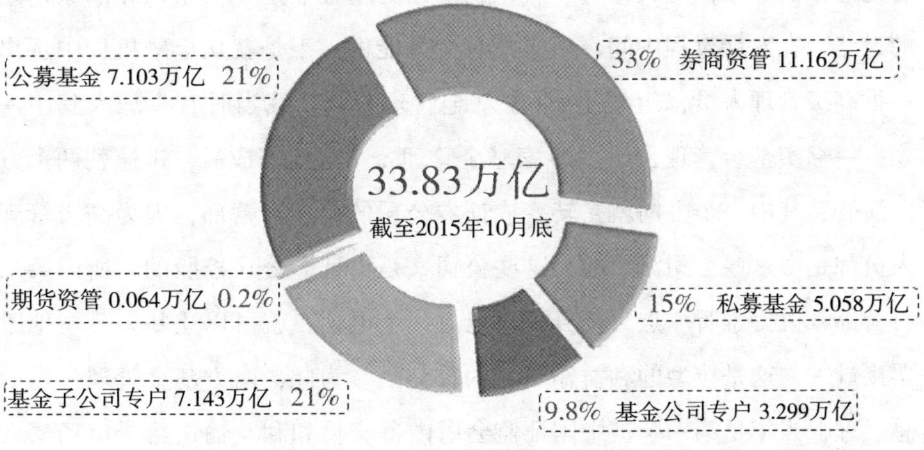

图 2　截至 2015 年 10 月底我国自律管理规模结构

图 2 反映的是 2015 年 10 月底的现状，即基金业协会所管的基金分布：公募基金 7. 1 万亿，占到 21%；证券公司的资管是 11. 162 万亿，占 33%；

基金管理公司的专库和子公司账户加起来超过10万亿，占到30%；期货的资管很少，只有600多亿，所谓的私募，就是纯私募，是5.058万亿，占15%。

我解释一下，基金公司为什么会出现三类账户，因为法律基础不一样，风险特征不一样，市场的可交易性不一样。公募基金，根据基金法，是属于信托关系；专户，基本上不是信托关系，是一对一的委托；基金子公司做的业务，不是标准化业务，也就不是在市场上可以公开按份额拆开交易的。在7万多亿的公募基金中间，货币市场基金现在是第一大的基金品种，规模在3.73万亿，占到了53%；其次，是混合型基金，1.82万亿；股票基金，大致是7400亿，占10%；还有债券基金，5800多亿，占8%；还有一些比较小的，比如封闭基金等占的比例很低。

公募基金，主要经历了两个阶段。第一阶段，从1998年到2003年，这基本上是一个混沌的阶段。很重要的原因是由于公募基金，国内从来没有见过，而且也没有人做过，所以，中国的基金业走了一条依靠国家信用的道路。在发展过程中间，由于没有个人能做，于是就从金融机构中选出一批高级管理人员，组建了10家基金管理公司。我当时有幸加入其中一家——嘉实基金管理公司。10家基金管理公司组建完成后，迅速朝两个方向演变，其中一个方向就是转变成证券公司的第二自营部，因为高级管理人员都是由这些公司派出的，这些公司又是由证券公司控股的，所谓第二自营部，说得难听一点，证券公司老总一个电话，就可以让基金公司把股票接过去，这是典型的利益输送，内幕交易。为此，南方基金管理公司的总经理，当年是第一个被中国证监会以内幕交易和利益输送给予市场禁入惩罚的人。所以很快证监会就改变了打法，不再让证券公司控股，而是搞4个或5个股东，一个股东20%到25%，就是股权均分。股权均分出来以后，又出现了严重的内部人控制，股东控制不了，这些公司内部的职业经理人，开始利用手中权力，搞内幕交易，这就搞出了当年天大的事儿，叫基金黑幕。这两个事件催生了 2003 年《基金法》的出台。信托投资公司发展到今天，它的历史比基金要长得多，比证券市场时间还要长，20 世纪的 80 年代末就有了，但是到现在经历了 7 轮的整顿，可以说到今天还没找到方向。就是因为信托投资公司一直缺乏一个产品法，信托法是个信托关系法，没有产品，信托关系只有落到产品上，才有生命力，才能够对管理人有约束力。

《证券投资基金法》为信托业奠定了几个基础。第一个，托管制度，财产是由管理人和托管人共同承担受托人的委托，管理人做投资决策，托管人看管资金，这是一个大的突破；第二个，对基金管理公司股权做了比较严格的准入和监管规定，主要就是为了保障客户的资产不被侵犯；第三个就是对产品的投资，也是有很严格的限制，股票型的基金必须投资 60% 以上。该规定出来以后，基金业迎来了很大的发展，特别是在 2006 年、2007 年那一轮涨到 6000 多点时期，基金发展非常快，上了 3 万亿的规模。

《证券投资基金法》更重要的就是对基金公司的忠诚义务、专业义务做了明确的规定，保证了这几年的迅速发展，同时，证监会也比较争气，因为基金部在证监会作为唯一的买方，成立得比较晚，调动了当时证监会的精英，所以基金部的发展在这一段时间是比较顺利的。很重要的就是，在《基金法》框架下细化了基金的法律法规，重点在于公司的治理，即公司管理办法、内部控制，还有就是信息披露、高级管理人员管理办法。

实际上管好一个资产管理行业，就是管住五个大问题。第一个问题管住公司治理，其实就是理解落实责任，董事会的责任、经营层的责任、监事会的责任。中国的治理是全世界最全的，既有美国的独立董事制度，又有德国的监事会制度，全部都搬来了。具体而言，就是基金管理公司经营层由董事会聘任，战略由董事会决定，经营层就是执行战略。

第二个是内部控制，内部控制就是要求公司的制度要覆盖大体范围，同时重要的业务要互相制衡，大公司用部门制衡，中小公司用岗位制衡、用人来制衡。

第三个是制度，制度必须根据监管部门新的法规变化适时修订，制度必须保证坚决的落实和执行，同时还要讲究成本的效益。要做到这一点重要的就是数据化地系统地监督。比方说内部控制制度，资金管理公司就有几个重要的环节，第一就是交易环节，因为利益输送、“老鼠仓”很多都是发生在交易环节，所以必须对交易环节做到公平、公开、公正。我们基金业协会搞了一个软件系统，其中有个模块就叫公平交易模块，公平交易有一个定义，就是一个基金管理公司管理的不同组合当在某一个时间段在买相同证券的时候，价差要趋于零，这就是非常重要的监管的手段，内部控制就是用这个模型监督。“老鼠仓”怎么抓的，2008 年我们做出了模型抓“老鼠仓”，但是法律没有规定对“老鼠仓”的刑法规制，所以没有用刑罚追究。当时桂敏杰副主席跟法工委争取刑法部的刑期，入刑以后，每年都有“老鼠仓”不断地被抓进去，到现在一共被调查了 50 多个，已经行政、刑事处罚的有 20 多个，还有若干个都在审查进程中。

另一个很重要的是业绩的内部控制，基金很重要的就是净值计算准确性，基金的净值计算是每天投资人申购赎回的基础，对净值计算，要有一套监控衡定办法。净值计算分两部分：一部分是股票正常交易的，就是用收盘价×持有的股票，把这部分搞个基准算好后跟披露的一比较，误差比较小就基本准确。另一部分是估值部分，有一部分股票有种种原因停牌，要用一系列的估值手段来估值，对它进行监管。

再一个就是登记结算的内部控制，就是投资人买了基金之后钱是不是能准时到账。原来基金管理公司没有中央登记系统，所有的基金份额都分散在几十个基金公司手上，每次一调查的时候这些公司就发一堆的东西，报上来的准不准也不知道，后来，2009 年的时候，在分管基金的原副主席姚刚的支持下建立了非常重要的中央数据备份交换平台，各个基金管理公司盘后必须把当天所有的买卖基金的情况的数据全部发到中央登记的公司，我们在这建立了全国的备份公司，每天更新，同时这个平台次日就把基金的对账情况发给基金部，基金部就知道哪个销售部钱没有到，这个系统发挥很大的作用。大家知道互联网金融从前年开始火爆起来了，火爆起来后除了基金销售这一互联网没有出事以外，什么 P2P，什么支付，通通都有跑路的，就这个系统没有，原因就在于有强大的系统。

再一个，投资公司法也有信息披露，它和证券法中的信息披露最大的不一样是，证券法披露的是项目的风险、项目的现金流，供投资人做预测，而作为投资管理披露的是投资数据，有利于增进投资人的投资能力、管理能力，但是管理能力评价要建立系列模型，这个模型要用大量数据，大部分的评价机构用我们的模型、公开的数据就可以很容易地对基金的管理能力做测算、做管理，公募基金行业我们已经培养了 92 万专业人士，估计今年年底通过基金从业资格考试的人能够突破 100 万，同时基金行业现在从业的人员 20000 人，基金经理 2000 人，高级管理人员 400 人，这都是构成这个行业宝贵的财富，同时公募基金的业绩也是相当不错，从 1998 年第一只基金南方的天源基金诞生起到今年 4 月中旬的公募基金，累计年化收益率平均是 13. 55%，货币市场基金的比较基准是银行的活期存款，银行的活期存款是百分之零点三几的利率，货币市场基金的收益率高是百分之四五，现在也得百分之二点几，和一年期存款利率差不多，而且享有非常好的流动性，但有的同学可能还会问，既然基金的业绩这么好，那为什么很多人骂基金？我后面还要说有五个问题，其中一个重要原因是很多的投资者并不是长期持有基金，他们是把基金当股票来炒，今天进明天出，而且经常是进在高点，出在低点；或者是进在高点，拿了好几年也回不到它原来的点位，打个比方，2007 年当市场冲到 5000 点的时候，那个时候是公募基金发展最快的，当时有 1 万多亿基金是在那时候冲上去的，我相信这 1 万多亿元的投资者到现在还解不了套，就是这个问题。另一个问题除了投资人的问题以外，一些投资机构、营销机构没有太多的操守，为了多挣几个手续费，让投资人今天买明天卖。这是投资人无法得到收益的很重要的原因。

公募基金为国家养老制度的改革做了很好的一个铺垫。全国社保基金是 2001 年成立的，这个数字今年年初是 1. 53 万亿，到现在基本是 2 万亿，一共有 18 个管理人。40%的资产交给这 18 个管理人，其中有 16 个是基金管理公司，创造的投资收益率是 8. 36%。如果没有这个业绩，这次基本养老金要入市根本不可能。因为全国社保做了这么好的一个示范，所以全国基本养老金今年通过了。在这里全国社保的秘诀是什么？秘诀是保持股票市场投资不低于 25%，股票仓位基本是 25%—30%之间。实际上真正创造价值的是股票基金。

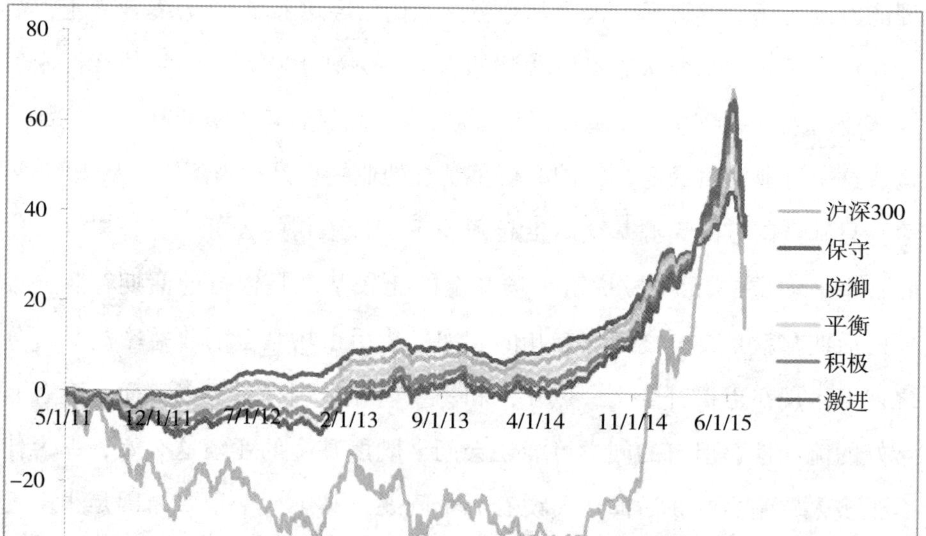

图 3　我国公募基金发展状况

图 3 反映的是企业年金。企业年金是从 2008 年开始的，到 2016 年的业绩相当地不错。从图 3 可以看出，平均年化收益率最好的是激进型。股

票配置率越高的基金收益率越高，达到了 9.89%；最差的保守型 9.4%。这些基金的表现远远战胜比较基准。当然在市场是疯牛的时候谁都战胜不了，因为这些基金都没有 100%配置股票，所以涨幅一定是落后于大盘的。2016 年 5 月我们与中国社保、财政部做最后决策的时候就展示了，这是实盘操作，不是模拟。因为这些基金都是天天在市场中运行的，如果资金配置到这些基金里，就有这样的成果。

私募基金一直没有正常的身份。资本市场老是对内开放对外不开放。所以对外开放我们遇到了很大的阻力。但这一历史在 2012 年年底新的基金法修改以后得到了改写。从去年来开始私募基金的登记和备案，到 10 月底一共登记了 21821 家。到年底这个数字一定在 24000 家以上，并以每周 500 家的速度增加。同时备案登记的机构是 2 万多家，登记的基金也是 2 万多只。总规模到现在为止认缴的超过了 5 万亿，实缴的大概 4 万多亿。

私募基金现在容纳的就业将近 34 万。这个行业在经济下行的时候提供了这么多的就业机会，间接提供的就业机会还无法衡量。所以这个行业是经济非常活跃的。登记的这些私募基金其实也非常可观。现在有产品的机构大致是 6800 家。其中大于 100 亿的基金管理人有 85 家、50 亿—100 亿的 88 家、20 亿—50 亿的 260 家、10 亿—20 亿的 326 家、5 亿—10 亿的 500 多家、1 亿—5 亿的 2000 多家。这是私募基金的一个整体现状。还有一个非常好的现象，在私募基金登记以后，以前金融是分业监管，银证保互设障碍。这个鸿沟逐渐被打破。现在有 9 家银行直接到基金业协会进行基金管理登记，他们控股的公司已经有 12 家登记，还有十多家银行正在等候登记。另外 12 家全国最大的保险公司已经全部完成了管理人的登记。还有 68 家信托中的 61 家也登了记，他们控股的子公司、孙子公司也都登了记。为什么他们要来登记？在过去分业经营的情况下，如果进入资本市场，他们必须走通道，通道必须借别人的账户。2000 年的时候，信托能开设基金的账户开设数量一直受到限制，所以要借保险的通道。借一个通道一年的钱要百万以上。在我们登记之初，借一个通道大概30万，现在登记根本不用借通道。借通道一个是成本问题，还有更重要的是法律问题。法律责任不轻，出了问题到底由谁来承担？最近比较受关注的就是金赛银平安保险的事儿了，实际上是平安保险发的一个产品，但并没有在协会备案，也没有和投资人沟通，所以金赛银跑了以后，只能找平安保险。

民法与信托法明显的差别就是信托财产必须过渡到管理人的名下，它跟实际的收益人是分离的。但在这个法律关系中，目前除了基金法监管下的以外，其他理财产品都不是这一类。不是这类产品又要享有高收益，怎么办，像今年发生的股市异常波动实际上就是由于信托开发了一个结构化的产品，分为优先和劣后，银行的理财资金对接优先级，找信托，信托拿自己的资金当劣后级，做得好的时候是规范的1∶1，一半的优先，一半的劣后，但是信托内部部门繁杂，有的部门又把劣后级拿出来再去找银行的优先级，这个过程可以一直往下传，刚开始证监会要求1∶1的杠杆，到最后变成了1∶10，意味着市场只要波动10%，劣后级就是0，7%、8%的时候劣后级就得平仓保住优先级的资金，这种产品成为市场的主流产品，这类结构化产品规模保守估计5万亿以上。如果没有这5万亿，不能想象从3月到6月，市场每天两万多亿的成交量从何而来，这类产品法律是没有界定的。由于一行三会①的分割，《证券法》不定义证券，《基金法》不定义基金，这是现在最大的问题，当这些东西弄完之后，监管部门也无所适从，最后只能采取非常的手段。

公募基金面临的第二个问题是基础产品问题，第一是整个资本市场证券化较低，非标准化产品比例较高，基金业协会登记的34万亿的资产中，

① 一行三会是国内金融界对中国人民银行、中国银行业监督管理委员会、中国证券监督管理委员会和中国保险监督管理委员会这四家中国的金融监管部门的简称，此种叫法最早起源于2003年，一行三会构成了中国金融业分业监管的格局。一行三会均实行垂直管理。

标准化产品大概不到一半。所谓的标准化产品就是可以分割、可以在二级市场交易的，而非标准化产品，只能协议转让。另外，股票市场上很多上市公司都是不合格的，上市公司不分红，投资人不能靠长期持有股票分红获取收益，现在上市公司主要的产品基本上都是套利产品，投资者跟政策博弈赚差价，这就是证券市场大起大落的根源所在。还有债券市场，按道理越是垃圾债应该越贵，但是却出现了一个现象，很多房地产的债券的利率跟国家开发银行债券利率是一样的，甚至还低。货币市场基金很大，国外的货币市场除了投银行间的票据以外，商业票据也是很重要的一部分，而现在货币市场基金主要投的对象是银行的存款，说得难听一点是在帮中小银行拉存款。衍生品市场在这次股市异常波动中受的打击比较大，原因是衍生品市场信息的不对称，境外的美国市场主要以机构为主，大家对复杂工具的含义和风险都是心知肚明的，国内以散户为主，信息高度不对称，这次股市波动中很多人用衍生品造成了创业板几百块钱的股票价格、几百的市盈率。为什么敢如此投机，就是因为一些大户可以通过中金公司的中证500套期保值，而中小散户不能运用衍生品避险。

公募基金管理公司缺乏稳定性，去年基金经理流失了16%，今年到现在大概流失了24%，很重要的原因是基金管理公司是靠国家信用发展起来的，跟私募相比，私募拿的钱多，所以基金经理纷纷去了私募。美国的市场是靠自然发展，基金经理靠自己信誉积累起来的，同时这些公司产品的设计也都是成熟的，有理论支持、有实践基础，这是我们所缺少的。而且我们没有发挥投资工具的作用，资本市场挣两笔钱，一个是挣交易对手的钱，市场的投资者之间互相博弈，第二个是挣上市公司业绩增长的钱，后者更可靠，是可持续的钱，但市场主要的投资工具应该是股票型基金，市场中间股票型基金大概只占到24%，45%是混合基金，而这些基金是挣套利的钱，这是公募基金的主要问题。

基金发展相对滞后于资产管理的还有一个很重要的原因，就是跟投资者的结构有关，投资人持有基金少于半年的占18%、半年到一年的占26%、一到三年的投资者占23%、五年以上的投资者只有17%，而三年、五年以上的投资者也不是主动持这么多的，可能是因为在2007年、2008年高位套牢而被动持有，这就是现在基金业面临的问题。

还有一个就是体制性的问题，基金不是靠基金公司卖出去的，大部分都是通过银行的渠道卖出去的，而银行的渠道主要是靠交易佣金，也就是说每买卖一次，钱都被银行拿走，所以在这个背景下，银行会频繁地发行新基金，频繁地引导投资者买卖，在这样的情况下，自然就很难培养基金长期持有的一个环境。再来看美国，美国的市场从30年代改革到今天，公募基金已经成为市场的主体，60%以上的家庭都通过公募基金保障养老，其中有很重要的两个因素。第一个是改变了销售的模式。由原来的一人卖基金转变为由投资顾问帮选基金，这是第一个变化。再一个变化，通过机构来完成这些变化，也就是发行以投资基金为主的基金，把短期的变成长期的基金。另一项重要的工作就是税收制度的安排，美国很重要的税收制度——遗产税，如果捐赠给公募基金就免税，这应该说是美国的第二财政。公益基金投资于天使，投资于创投，投资于并购，这些基金为整个国家的财政发展、技术创新提供了丰富的资金，还有就是对财产征税，对资本利得征税，也不是说全征，如果钱放在市场中让别人用，时间越长，征税越少；时间越短，征税越高。再就是通过养老金，自己交一部分，单位交一部分。还有就是鼓励投资，积累自己的退休账户，这些账户的钱在65岁退休以前要用，就跟上面一样征很高的资本利得税，如果是65岁以后才拿，那就免税。所以，美国人想想也挺可怜的，钱都放在市场不敢动，这种时候就逼得投资者选好的基金、好的投资人，所谓好的基金、好的投资人，并不是说名气大，也不是说这个人的收益率高，最重要的是这个基金有长期的稳定的收益。

私募基金发展到今天为止，金融秩序还是混乱的，由于要对股权基金进行单独的立法，在部委之间有很大的争议，所以创造性地在《基金法》第95条做了一条规定叫非公开募集基金财产的证券投资，包括买卖公开发行的股份有限公司股票、债券、基金份额以及国务院证券监督管理机构规定的其他证券及其衍生产品。大家读完这句话就能理解，全国人大把另类股票作为基金的投资范围已经授权中国证监会制定，原来证券投资基金只能够投资于上海、深圳交易所上市交易的股票，根据这条规定已经扩展到了新三板、四板、五板，多层次资本市场上市的股票都在这个法规解释的范围之内，天使基金、创投基金、并购基金，这些早期的基金其实就是通过这些市场完成交易和退出的，实际上就是说股权基金已经包含在证券基金规范的范围之内，2004年国务院“新国九条”第二部分的第三款对资本市场的主要任务已经提出来要加快建设多渠道、广覆盖、零监管、高效率的股权市场，就是多层次的资本市场，明确要建立集中统一登记结算制度，所有的股权基金登记、结算都应该统一到中国证监会，中央登记结算公司，这是非常明确的，但是很遗憾，证监会去年在制定私募基金监督管理办法的时候没有很好地落实全国人大第95条给证监会的授权，没有在这个办法中间明确把股权投资也纳入证券投资范围，所以到今天为止，在私募基金登记过程中出现一个很尴尬的现象，协会根据授权履行登记备案的工作，但是由于上位法没有明确股权是证券投资的一部分，这些基金还不能成为协会的会员，所以协会也无法运用自律的办法对它进行管理，同时这个办法对这些机构也没有退出的条款，所以协会现在就面临一个巨大的风险，就是登记机构越来越多，下一步对它们的处罚手段还严重不足，但是我相信很快政府会调整，会有办法来解决这个问题。

私募基金存在的利润问题，就是税收问题，到现在为止税收问题并没有得到很好的明确，因为税收没有资本利得税。为了鼓励私人投资发展，早在2000年的时候就对证券投资基金暂不征税，但根据财政部税种的解释，这个税只适用于公募基金，不适用于私募基金，所以私募基金的税到今天还没得到很好解决。还有一个问题就是监管力量严重不足，美国是全世界资本市场最发达、最繁荣的市场，美国证监会一共有 4138 人，这是 2003 年年底的数字，有 14 个亿的预算，而且专业素质极好，基本上是由一批律师，还有一批注册会计师构成的，除此之外，美国还有两个很重要的自律机构，一个是金融监管局，通过向基金自律组织收钱来进行监管，这个组织有 3400 人，每年从市场上收费 10 个亿美元，还有一个非常重要的叫 PCLB，是管对上市公司进行审计的注册会计师，有 800 人，有 2.5 亿预算。而证监会到现在不到 3000 人，预算不到 10 亿人民币，而且证监会现在的结构中真正有法律背景的可能还不到 1/4，相当一批是学财经出来的，现在基本上是这么一个结构。

下一步是解决出路，第一个方法就是公募、私募今后不应该分割，必须协同发展，协同发展就是要把证券市场建立在可持续发展的基础之上。而且每一个机构应该是螳螂捕蝉，黄雀在后。我认为资本市场，分层架构是单个不同的主题，每个都要做好自己的工作，同时要互相制衡。上市公司是社会证券市场的基石，有价值的上市公司应该是三个方面具有领先的地位，才会有上市的价值，其中一类公司就是低成本，如果是成熟的类型，比如发电公司，哪个企业发电成本低，哪个企业就会胜出。第二类，就是技术领先，技术领先的企业就是有希望的企业，如果这两个不占优势，那么第三类需要在细分市场上具有优势，比如服装、包，一定是细分市场。

另一个方法是买方基金和投资工具需要关注的。以买方基金为例，第一，买方和卖方要通过统一的定价保证基础产品坚实可靠。第二就是基金，如果股民有两只股票，基础产品的每只股票，他们要承担两个风险，既要承担资本市场由于宏观经济波动的系统性风险，也要承担由于个股财务恶化的非系统性风险，就会有第二层级的投资工具解决分散投资的需求。根据《证券投资基金法》的要求，每只股票不能高于 10%，非系统性风险将要分散在10只以上股票。如果既要分散非系统性风险又要分散系统性风险，就必须在资产配置上做文章，即要在股票债券货币衍生品上，用配置基金的方式来分散系统性风险。原理是通过经济的周期调节股票债券衍生品配置的比例。比如经济周期属于经济上升周期的时候，一般是加大对股票配置的比重，当经济过热的时候，要适当加大对衍生品配置的比重来避险，当市场秋天的时候，减少股票的配置，加大对债券的配置，当经济冬天的时候，要进一步减少股票和债券的配置，把钱挪到现金，迎接下一轮经济的周期，当然这是理想的状态，任何人都很难准确踩住每一个点。

全国社保业绩好的重要原因就是坚持了股票配置比例，因为全国社保资金是一个战略储备，在老龄化没有到来之前，这笔钱就会滚得越大越好，这笔钱会加大对股票的投资。这就是我讲的资产配置的三层架构，从基础资产到投资工具到理财服务。基础资产投行做，投资工具买方资产管理做，理财服务就是由银行保险信托做，以及包括证券公司的经纪业务都可以做理财服务，在过程中就是要想办法把投资人的短钱变成长钱，才可以分享经济的成果，同时只有短钱变成长钱之后，才会关注实体经济的效益。资产管理要做的第二个就是推动养老金制度的改革，从20世纪70年代开始，养老金在全球都是三大支柱：第一大支柱是基本养老金，第二大支柱是企业给补充年金，第三是个人养老的账户。在20世纪90年代的时候，都是基本养老金加个人账户，但是在支付养老金的过程中，一部分的钱来自国家基本养老保险，另一部分的钱是借新还旧，也就是年轻人交了保险金支付给退休人员，始终存在缺口。2015年国家做了重大的战略决策，第一支柱的基本养老金只做互助，不做个人账户，这是重大的改变。每个人交的养老金，由大户进行保证，也就是根据工资的五险一金交工资的40%，交完之后，退休就拿2000多元，富人多交保穷人。第二个支柱是企业年金，在我们国家不是强制性的制度，一般是煤电油、国家烟草等这些国家垄断企业。作为第二支柱的年金，2015 年年底有 7600 多亿，从成熟的发达国家来看，应该是按强制性的，全社会的企业都可以把营业收入拿出 4%来用，但企业都是自愿给职工缴纳。从目前来看，第一支柱占到每一个职工收入的 29%，可能是全世界最高的，做了互保基金之后应该把 9%变成第三支柱，用这笔钱鼓励职工从年轻的时候就把钱放到账户上去，对这笔钱免税，这就是美国 IRA 制度。要通过这个改革，让资本市场有稳定的钱，投资人要把短钱变成长钱。第三就是资产管理行业需要法治，法治是要有层次的，对于学法学的来说，国家的法律是最低的行为准则，最高的行为准则就是自律，自己定的准则。四中全会大力推动社会组织的建立，实际上就是要建立全国自律性的社会组织。我们认为刑法是规范证券市场行为的，第一个是非法集资，第二个就是资本市场中间的欺诈、内幕交易、虚假陈述、操纵市场四个罪，这都是刑法所管辖的范围。此外，就是证监会的行政管理，在基金的领域里，行政管理大概是两个层级：第一个层级就是根据基金法管理，不到协会来登记备案，是要受到行政处罚的；第二个，这些机构对私募产品公开宣传是需要处罚的。这些机构把高风险产品卖给合格投资人，要符合三个条件：第一个是个人的金融资产要高于 300 万；第二个是年收入要高于 50 万；第三个，单次购买产品的金额要大于 100 万。为什么对私募基金管的要求低一点，是因为卖出的这些合格投资者是有钱人，他们承担得了市场波动的风险，哪怕失败，不会影响到吃饭。如果卖给那些投机的穷人，这笔钱亏了，马上吃饭就成问题。

当然行政还有很重要的一点，像欺诈、内幕交易、操纵市场和虚假陈述的行为，首先由行政判断重大不重大，重大可以移交给司法，不重大也可以行政判决。在这之上就要求协会制定一系列的从产品到机构行为的准则和细则。这些行为由协会来制定。如果这些会员违反了细则和准则，协会可以进行谴责，可以取消会员资格。当然国外很多的自律机构也可以罚款，但国内没有，对协会还没有赋予这么大的权力。

监管的混乱，很重要的原因就是同样的东西在不同的管理机构叫不同的名称，标准是不一样的。所以说下一步如果“三会”要合并，最早要合并的就是资产管理的领域。其实银行领域、保险领域和证券领域还是三个行业，它们的监管标准是不一样的。银行监管的目标是资本充足率，保险是偿付能力，证监会是诚信监管。唯一一个有重复的就是资产管理，下一步“三会”应该建立统一标准，集中备案，分业监管、信息共享监管体制，我认为这是更可行的东西。统一监管的底线是信息披露和风险控制制度必须要统一。第二个集中备案，机构都到协会来登记，产品在协会备案，协会进行统一的风险监测。分业监管是说由哪个机构批准的还到那个机构去，但是基金业协会要和银证保财税建立信息共享的机制。

还有一个要做的，需要在法律上有重大的突破。如果《证券法》对证券没有定义的话，那监管部门的边界是不清楚的。比如美国的定义是概述加列举，1933 年《证券法》规定什么叫证券，指被普遍视为证券的任何权益和票据，讲得很清楚。后面又列举了，或与上述任何一项相关的权益或者参与证书、暂时或临时证书、凭证、担保证书、认股权证、认股权、购入权，这些统统都是证券。看看我们《证券法》的定义，没有概述，列举的《证券法》的适用范围，只有股票、公司债和国务院依法认定的其他证券，现在也没认定，还有就是政府债券、证券投资基金份额、证券衍生品种。我们就这么窄，所以大量的产品，只要做了一点变通，证监会也管不了。美国在《投资公司法》下，对基金的定义很广泛，包括了投资、公司、基金、合伙。它对基金的定义是很清楚的，首先是在信托法下，它的定义第一个是集合计划，只要是把大家的钱放在一堆，这堆钱就是基金的特征；第二，基金一定是要组合投资，不能投一个东西，否则那叫融资。把大家的钱集中起来投一个项目，那是众筹，把大家的钱集合起来投一堆东西，这个才叫基金。基金最重要的特征是收益共享，风险公担。收益是按照你的份额享受你的收益，风险是大家一起担，这是美国的定义。而我国的定义是什么？适用的范围是公开或非公开募集资金，设立证券投资基金，由基金管理人管理，托管人托管，为基金份额所有人的利益进行证券投资的活动。

证券没有定义，基金没有定义，法律怎么能管得住？这一轮股票市场最大的破坏的力量，就是信托和银行发明的结构化的产品。一部分的银行储户，银行理财产品持有人，可以不承担任何的风险，享受7%—8%的收益率，鼓动了市场的一批投资分子，在市场上涨的时候挣了暴利。比如说106%以上、劣后级的都是投机分子。为什么市场能在短短的3个月里从3000多点上涨到5000多点，就是全社会的钱都集中起来。这个东西在哪个国家都没办法，因为这不叫证券、不叫基金，就是组队搞了这么一个活动。当市场开始下跌的时候，为了保证银行的这些理财资金的安全，基金纷纷砍仓、平仓，导致暴跌。所以基金的定义一定是共担风险，没有一部分担一部分不担的，这不叫基金，不应该受到法律的保护。

银行的资金就是要通过前面讲到的方式进入资本市场，从投资人利益出发做大类配置，但是必须要共担风险。如果做分级设计行不行？可以，但不能对分级的产品保本保期。收益是在挣钱的时候，保证优先级先分，赔的时候大家一起赔，这从约定中是可以的，但是必须共担风险。这是我们在《基金法》中要规定的。

最后一个问题。基金业协会从成立以来，特别是从去年以来都做了什么。现在给了我们基金业协会很大的权力，在中国的行业协会之间，行政方面赋予这么大权力的，可能中国基金业协会是第一家。我们对私募机构登记注册，全国的基金管理人应当加入协会，服务机构可以加入协会。如果按这个定义，今天我们基金业协会的会员大概2万多个。基金协会赋予这么大的权力，具有巨大的责任。协会怎么做好工作，我用12个字来概括协会的工作。所有金融行为从产生、监管到处罚，基本是事前、事中、事后三个重要环节，我用三个东西来对应。第一个，事前环节要做到制度健全，就是从产品到从业人的行为、到投资行为、到信息披露行为，要做出一系列的制度性的安排和办法。第二个，监测到位，就是要在事中对各类投资可能出现的风险监测到位，包括持续性的信息披露、年报季报，强调的是监控手段，包括舆情、打造一系列监管的基准工具。第三个就是执纪有力，所有违反规定的必须要处理。

从制度健全来说，现在我主要的工作就是内控指引，信息披露管理办法，募集规范以及投资顾问管理办法，还有就是各类契约、合伙、公司型的合同条款，基本上已经完成了。但是目前我绕不过去的最大的障碍还是法律问题。在《公募基金法》制定的时候，由于基金业比较年轻，在分业监管的下头，银监会、保监会、发改委为了封堵证监会的基金，所以做了一个很荒谬的法律规定。如果在美国，基金是两个非常重要的行为，一个行为叫募集行为，一个行为叫管理行为。募集行为实际是基金的受托人，管理行为是投资顾问的行为。但是在中国的基金法中间合二为一，没有了基金募集的概念，只有基金管理的概念，管理、募集都由管理人来执行。但管理是个弱小的人，他没办法面对投资者。所以管理基金的人只能把基金募集委托给银行来代理，代理如果出现问题，募集的人不用对投资人承担受托义务，所以可以随便卖。今天的私募基金要不要做修订？要不要把私募基金回到投资管理的本意上来？同时私募基金跟公募基金不一样，公募基金是风险比较小的，可以5万块钱就卖给你，私募基金要100万才卖，所以允不允许私募基金代销，这是面临的问题。投资顾问是要有专业能力的，不是随便什么人都能做的。合伙型基金中间的合伙人，《基金法》中明确讲的是要承担无限责任，谁能承担无限责任？无限责任并不是一个财务的责任，还包括声誉。必须是专业的人士、职业的人士，我认为只有律师、会计师、保荐人、基金经理，这些通过全社会很严格的考试，只有凤毛麟角的人能够取得职业资格的职业才是值钱的，他们才能承担无限责任。而我们今天，没有进行细化，合伙的基金中都是找一些七八十岁、行将就木的人来当这个合伙人，他能承担责任吗？大家买的金融产品能放心吗？这是存在的制度问题。

接下来谈风险监测的问题，我们和百度合作开发了一个叫“私募地图”，现在登记的两万多家的基金管理人在这个地图上都能够看得到，这个地图首先打开的就是全国的各个省、各个市有多少家公司，管理人多少？管理的基金资产是多少？基金管理人的资料都有，数量多少、管理人的基本情况也都有。最重要的这里有个投诉功能，如果被骗了，直接投诉，协会第一时间受理，第一时间就要调查核实，核实完就公示，投诉多了就“死掉”。协会的工作其实就是打造公示平台，把所有的东西都囊括在里面。什么叫执纪有力？执纪有力就是在做好基本规范的情况下，要做到程序公正，通过程序的公正保证实体的公正。程序的公正就是调查以后一定要履行告知，让其有申诉、复议的权利，是否有问题也不是协会决定。协会有一个自律委员会，自律委员会由三部分人构成：一部分人是基金行业代表，就是基金管理公司的这些专业人士；一部分是证监会执法背景的这些人；还有一部分人就是投资人的代表，投资人的代表中间现在已经有五六十位是这个行业的律师。每一次有一个申诉的时候，我们至少抽三个，三类人一样来一个，三个人一起坐在那儿，当事人也来，协会法律部会把调查的事实向三个委员陈述，当事人可以反驳，最后三个人至少两个人同意就能“定罪”，这就是严格的程序。成本可能是高了一点，但是我觉得通过这个程序能保证协会在做好自律服务的同时不会犯大的错误。最后所有的投诉事务做完了之后有公示平台，在协会官网把条件输入进去，马上机构的数据就出来，有没有被处罚、有没有被投诉一目了然。当然协会做公示最重要的，除了保护投资人的利益以外，是要为行业的专业人士提供服务。新一批的管理办法还没出台，出台以后机构除了填公司注册的 ADD 报表以外，还要填产品的 PF 表和公开信息披露的报表。这两个报表出来以后，协会根据不同的产品、不同的类型公开披露行业的、各类型（不能披露每个机构的数据）的比较基准。这个时候每一个专业人士就可以拿着协会公布的基准跟募集人去游说：你看，这是我的业绩，这是基准。协会就能为社会大量的专业人士专注做自己的工作奠定很好的基础，基金业协会的工作取得了很好的成果，得到了社会很好的认同。最近我们要收会费，刚把账号公布出去，就有一千多个机构蜂拥寄过来会费，但是我们不敢收，收多了不行，协会是非营利性组织，协会收的钱够用就行了，于是赶快把这账号封掉了，通知所有的人不要着急，当管到一个亿以上的资产的时候，我们发现遵守规矩的，协会会主动吸纳为会员。我们不想把协会的会员资格给没有诚信的人登记，这些一定建立在做好基础工作之上，所以基金业协会也非常欢迎在座的、有志的同学今后能够加入我们的社会的组织，特别是衷心希望学子们有更多的公益心、公正心，能够站在社会组织的角度为投资人维护更大的、更多的权益。让大家能够更好地享有晚年的生活。

点　评

刘纪鹏：洪磊会长几乎是把当前基金业协会的数据、发展前景全都向我们展示了，含金量太高了。从 2001 年，他是从嘉实基金的总经理出走揭露了基金黑幕，朱镕基总理钦点，把他调到了中国证监会的基金部副主任的岗位上，所以从那儿开始他才有了从狐狸看鸡窝的角度，知道漏洞在哪儿，如何把这批恶狐狸抓住，来完善中国的监管体制。但是要做到完善何其难也？压力很大。而今天他又到了基金业协会，只有身在这个岗位上，在金融创新、减少审批程序、加强行业自律监管的背景下他才做出了这样一个具有前瞻性的报告。中国证券投资基金业的协会在今后的金融创新中最重要的就是监管功能，自律监管。所以他在这里边展现的是未来，真的应该让学法律的学生深入思考，能够投身到这样一个伟大的事业中是中国市场经济发展的需要，也是金融改革为中国梦奠定重要基石的需要。

刘少军：基金的问题是一个非常专业的问题，我想在这跟大家简单梳理一下基础的关系。基金业应该说是这样一个行业，就是受人之托、代人理财。那么基金行业最大的特点是什么，一个是收入特别高，基金管理人的收入一般的经理至少在200万以上年薪，一般的也在100万以上，收入是非常高的，这是第一点。第二点是名人多，巴菲特、索罗斯等，都是非常有名的基金管理人，一个被称为股神，一个拿着64亿美元制造了东南亚金融危机。那么还有一个基金管理行业的人——麦道夫，这个人可能很多人不知道，2008年美国金融危机里最知名的基金管理人，他诈骗了650亿美元，最后以11项罪名被判了150年监禁，罚款1400亿美元。所以基金行业牛人很多，当然这是国外的基金牛人。

中国基金行业的牛人也很多，在这就不给大家多说了。现在基金法里存在很多的问题。基金法应该有两个基础性的法律，一个是证券法，一个是信托法，由于一般的基金是信托的关系，基金管理人受于受托人，基金投资人受于委托人，一般来讲是这样一个结构，所以基金法的母法应该是信托法。同时还有另一种法，由于基金是一种证券，那么证券法也应该是基金法的一个母法，在此基础上又产生了基金法，但是现在的基金法并不完整，国家现行的基金法叫证券投资基金法，基本上不包括产权投资，最近关于产权投资立法有各种各样的说法，其中原因之一是我们基本上不把投资归入基金法，基本上不太规范基金投资和证券投资之间的问题，如果合在一起，就是把证券去掉，就叫投资基金法，这是比较合适的。一般来说投资基金业包括证券，那么这样就有一个完整的基金法，但还有一个问题，今后基金按基金法的说法是受托型的，但事实上还存在另外类型的基金，合伙型的，按照合伙企业法所登记设置的企业，设置这个企业的资金全部用于投资而不用于直接搞经营，这样的话，实际上合伙企业就变成了一个基金。还有一种是公司形式的，就是设立一家公司，不做工商业的经营，也是全部用于投资，那么它实质上也变成了一个基金。所以基金法如何把这些也纳入进来，这就是一个问题。

当然现在合伙已经基本上纳入进来了，但是现在公司型的基金是不是也要纳入进来，这是一个比较大的问题。现在基金法最主要的规范应该是指公募型基金，因为公募型基金牵扯到很多货币，应该说这方面的规范也比较具体了。当然这还涉及一个问题，私募基金应该怎么办，从法理上说，私募基金可以基本上都不管，因为不涉及公共的事，但是现在私募基金的规模非常大，几个加在一起好几十个亿，这肯定要管，那么就会涉及到底私募基金怎么管的问题。

我原来对此也有疑问，今天听了洪会长的报告，我相信私募基金会在基金业协会的管理下会被管理得非常好，如果大家将来投资私募基金赚钱的话，首先要感谢基金业协会。

洪磊：刚才刘少军教授讲得非常准确，目前基金的主体还是以契约为主，然而从保护投资人利益出发，首先最好应该是公司型的基金，但是由于公司型基金国内很多用公司法理解，对公司型的基金要缴很多的税，所以发展不起来。其次应该是合伙型的基金，合伙型的属于无限责任，但是现在我们把公司型搞歪了，把有限的公司去当合伙人，合伙型基金变为逃税的工具，目前也受到了质疑。所以目前比较好的是契约，下一步一定要开展公司型的基金，要让法工委的、让财政税的人理解此公司非彼公司，这是刚才刘教授说的，投90%的钱用于分红，不做工商类的，只做基金，就是投资公司，这样的公司就应该享有和证券投资基金一样的税收。

王涌：洪会长的经历使我想到了当年美国罗斯福总统成立美国证券基金会的时候，他钦点基金会的首任主席，就是美国肯尼迪总统的父亲老肯尼迪，为什么要选老肯尼迪，罗斯福说，现在要对华尔街的江湖进行管制，不能从大学里面选个教授，必须要从华尔街的江湖里找一个老大，因为他知道华尔街江湖里干的是什么。刚才刘老师介绍，洪会长从当时的嘉实出走，被朱镕基总理钦点，到证监会专门负责基金，经历是何等的相似。

管理基金太难了，我们的治理结构想要建立基金的人大会，但是据说还没开展起来。此外，比如证券法，我们的基金法已经出台，但是没有明确的界定，既然基金法对于私募基金没有准确的规定，而且私募基金的概念界定比较困难，那么基金业协会现在要求私募基金备案并发放证书，这在法律上的依据在哪，这是法学界比较关注的问题。要对私募进行监管、备案，有两个问题：一个是供给，一个是管理，如果说私募在监管范围之内，少军说资金太大，这不是法律人的概念，法律人不能讨论这些量，我们看中的是质，即基金业的备案的法律依据。最后是监管的问题，比如信托，可能据说要走向大监管的格局。我们信息比较缺乏，但是会长作为决策者可能比较了解。

洪磊：基金协会的备案权力是中国证券投资基金法赋予的，是具有强制性的。上位法之一证券法是要管理所有交易者交易行为的，基金作为参与者之一应该受到监管，监管欺诈、操纵市场等，给这个机构上户口，同时对机构所有报告也是约束，我们只要求兑现承诺，除此之外不会有额外的约束，不是想怎样就怎样，完全是符合程序的。

李建伟：作为一个法律人，我觉得今天会长给法律人一个特别好的报告，讲了一个很鲜明的事情——证券市场法律的运用，会长用知识和实践回答了这个问题。在金融市场的法律背景下，少军认为体量过大。从我的角度来说，金融市场如果没有一个完善的法律作为司法性保障，是难以持续发展的。按照今天美国法律的文章，他们的疑问是，为什么以盎格鲁—撒克逊法系作为依据的金融市场会发展得比大陆法系的背景市场更好、更发达，其原因是英美法律提供了更完备的金融法律，为中小投资者提供了更完备的保护，所以会发展得更好。

回到中国的现实，我们的法律，我想说，还要回到一个中小投资的保护问题，如果保护中小投资者的法律基础打好，实际上完全可以转换为一个广大老百姓的真正的金融秩序。为什么这么讲，虽然金融市场取得了那么大的成就，很悲哀的是百分之六七十的老百姓把钱存到银行里。根本上来说，还是老百姓对现代的金融法律体系缺少信任。

洪磊：为什么老鼠仓横行，其实很重要的原因还是产权问题，产权是基础。要解决产权问题，今天已经找到了出路，就是要从私募基金开始，积累自己的信用。因为再也没有国家给你信用。只有建立信用制度，中国的基金业才会逐渐走向有诚信的局面。

张捷：基金业的间接融资会越来越重要，因为银行的间接融资有很大的局限性。法律在金融学领域是内置的，是经过很多法律博弈的。首先，在大陆法系原告被告是不平等的，中小投资者一定是站在原告位置上，而不是站在被告位置上，这是非常重要的一个顶层设计的缺陷。第二，这种顶层设计的缺陷不能逃避，美国推行了大量的基金会做公益，实际上是一种权力的分享，给基金会免了税，这个公益的背后是政府的行为。基金会在美国也是私有的。这个博弈非常复杂，实际上，世界的金融资本永远地固化在美国。其实，中国的单位合并也是很重要的顶层设计。我们还可以提供更多的设想，比如像洪会长这样的基金会协会能否和证监会平起平坐？最后我想讲对金融衍生品的监管，比如给10%的保险，保你炒股一分钱不赔，实际上是通过一系列的对冲，谁管他借钱，他就在谁的账户上做对冲，看不见的实际上可能还有套利。所以，对于现代的金融衍生品的监管会更复杂，还有很多需要探讨的问题，这里面黑幕还很多，洪磊会长任重道远。

洪磊：第一个，衍生品肯定是市场发展的高级阶段。衍生品市场的发展只有少数的人能去分享，中国的市场现在还不完全适合，但我相信随着专业人士越来越多，法律越来越完善，中国的金融衍生品市场一定会很繁荣。

杨帆：只谈形式正义，不谈实质正义，这是错误的。必须有一个讨论的前提和基础，就是要保护中小股民的利益。因为在中国80%以上的投资者都是中小股民，如果不符合他们的利益，设计出的任何制度都不行。我们不能总照顾大的投资者，中小股民总是被剥夺，那中国股市就成了一个利益分配工具，不断地剥夺中产阶级，不断地加剧两极分化，这样的股市索性关门算了。

如何保护中小股民的利益？从基本的立场上看，我和洪磊会长观点是完全一致的，我就指责过这种钻法律空子的行为。最后再说一件事，2015年的股市波动政府救市，应当被判定为失败。从这件事上必须要彻底反思。2007年开始连续6年的熊市跌了75%，中国的股市本来再涨回6400、10000点都很正常，为什么这次2015年涨到5200就掉下来了？我认为其中一半是政府的错误，证监会老监管配资，小额管不了，所以他们就商量，把股市（沪市）从5200点降到4200点，这样他们就觉得可以把80%的配资盘给干掉了。留下20%的优先盘不受损失，这才叫计划经济嘛。但是股市一旦掉下来，是控制得了的吗？要说再跌500点，它就不跌了，这是不可能的。所以国家是被迫不得不救股市，不救中国会出现两个系统性的风险：一个是基民会去挤兑基金；第二个就是老百姓拿人民币去兑换外汇。所以说，救市是完全不得已的，政府是没办法的，而且救市的后一阶段很不成功，里里外外瞻前顾后，这一点非常遗憾。

洪磊：这次股市的波动确实教训深刻，政府的信用也受到了很大的损害。因为资本市场有自己的规律，从市场发展的角度来说，政府首要的任务是维护公平的秩序，保障市场的正常运转，而不应该太多地介入到股市的运作中。中国证监会是证券监督管理委员会，应该履行监督管理的职责，发展服务是发改委的事儿，我相信通过这次巡视，通过国家“十三五”规划的改革，证监会会逐步归位定格，协会应该是证监会自律管理的一部分，不可能代替，也不可能去监督证监会。三层关系，自律、行政和司法，大家各司其职，没有哪个组织能够垄断，每个组织都要相互制衡，中国的市场才可能出现真正的公平、公开、公正。

全球金融危机下的国际金融改革

——从英国脱欧谈起

提　要

时间：2016 年 7 月 1 日

地点：中国政法大学蓟门桥校区科研楼二层学术报告厅

主持：刘纪鹏

主讲：巴曙松　香港交易所集团中国首席经济学家、

中国政法大学兼职教授

点评：杨凯生、姚余栋、高祥

互动提问

一、为什么英国脱欧对国际金融影响重大

无论是次贷危机，还是去年的股灾，还是现在的英国脱欧，都导致了金融市场的动荡。如果把金融市场的动荡作为一个阶段，做不同划分的话，中国银监会顾问沈联涛有一个很有意思的划分，他的一本书叫《十年轮回——从亚洲金融危机到次贷危机》说，金融危机就像几个人在打牌，有一个人输穿仓了，这就出危机了。这就是金融危机第一阶段，有人穿

仓。穿仓之后第二阶段，评估损失阶段，就是看输牌的人到底欠多少钱，第二阶段会导致市场剧烈的震荡，有很多种方法，比如美国这次危机最有影响的方法叫 street test。美国当时的财长盖特纳退下来之后，写了一本自吹的书，说他最得意的就是做了 street test，所以这本书的名字就叫 street test。第三阶段是最艰难的阶段，损失分担。一个人赖账，另外三个人的钱怎么办呢？怎么分担啊？第四阶段，重构规则。赖账的人是有点坏，但是规则肯定也有问题。为什么让一个人输得这么多，还穿仓了，我们一点也意识不到。规则重构是最关键的阶段，就是我们怎么不“错过”危机，就是每次危机过后能力增强的阶段。即使是请像耍赖皮的刘纪鹏教授，他也可以正常地在这个牌上打下去，而不至于穿仓和玩不下去。金融危机大致就是这四个阶段。

2008 年次贷危机到现在，就处于规则的重构阶段。而目前英国脱欧刚处于评估损失阶段，谁损失了多少，还没开始评估。我今天看到的报道说，德意志银行受到的冲击比较大，至于下一步规则怎么重构，还需要时间。今天到我们资本金融研究院讨论规则、金融的竞争，有很多的层面，有产品、金融机构之间的竞争，比如中国工商银行在竞争中成为宇宙第一大行，最关键的、最有影响力的竞争是规则的竞争。

巴塞尔协议就是典型的规则之争，规则之后反映不同的利益、不同的市场环境、不同的金融体制，谈判的影响能力、金融能力也不同。1988 年巴塞尔第一版协议出版之前，全世界看 banker 的排名，前十名里几乎七八家都是日本的银行。巴塞尔出来之后，在前十名里看不到日本的银行了。这就是国际规则影响比较深远的地方。巴塞尔协议不是一个严格意义的法，它就是一个国家和国际组织之间起草的国际惯例性质的、自愿遵循的规则。中国要提升国际影响力，不是说靠自己空喊，而是靠我们了解这些规则，能够熟练地运用这些平台去谈判、修订这些规则，使它更有利于中国金融业的发展。特别是巴塞尔协议，在加入到巴塞尔委员会后，参与这个规则不再是了解的问题了，而是要争取在这个规则里体现中国声音。所以，规则的谈判非常重要。

英国脱欧为什么这么重要？资本市场的记忆都是短暂的，脱欧带来的短期波动没有超过三天，股市跌了两天之后，市场就忘了，英国股市今天又热了。英国脱欧之所以产生很大的影响，不是因为英国本身重要，而是因为它是全球金融市场中非常关键的一环。纽伦港，三个国际金融中心，在这个市场上形成的一些交易、规则，往往是国际金融的惯例。在这个市场上形成的价格，往往是国际市场的标准。所以这个市场的动荡对全世界产生的影响，就显著大于这个经济体本身的影响。比如全球的外汇交易，百分之六七十在伦敦。伦敦之所以重要，不是因为英镑重要，而是在伦敦交易的美元重要、在伦敦交易的金属价格重要、在伦敦定价的人民币和相关的产品价格走势重要，这些规则才是真正重要的。从时间、时区上来看，英国离中国 8 个小时、离美国 5 个小时，正好在主要的经济体的时差中间，形成一个衔接。脱欧就像海浪表面的震动，而真正引起我们关注的是震动平息之后，中层和下层规则的变动。这才是真正体现了金融结构的演变、不同利益主体之间的博弈。

二、金融危机暴露出的金融监管缺陷

金融危机暴露金融体系的缺陷，就像我在最开始说的，金融危机经历的几个不同阶段一样，每一次我们都不能错过金融危机最有价值的地方，就是反思危机爆发的缺陷，然后修正。2008 年次贷危机到现在暴露出来的缺陷是：

第一，监管指标的单一，过分看重资本充足率。近年来，爆发危机时相关国家的银行资本充足率都明显高于巴塞尔协议规定的水平。所以，要改进这样的监管指标单一化。1988 年，巴塞尔协议 I 非常简单，协议核心内容就是商业银行法的基本内容，资本充足率等于资本金除以风险资产。

不要小看这一个简单的公式，它是全球范围内第一次各国共同遵守的监管准则。我们现在展现一个银行家经营水平的高低，往往就能看到这个资本充足率的经营策略。对比不同银行的资产负债表和年报，银行为了保证资本充足率，有的地方用了分子技巧，在资本构成里面会用核心资本、附属资本及资本创新工具，有的会用分母技巧，比如说会改进用优质客户，风险权重低，会调整风险资产必须证券化，把它出表，造成分母减小。所以小小的一个公式，在当时确实发挥了重要的作用，现在也是金融监管的基础。但是也有过于单一的缺陷。

第二，过于侧重微观监管的理念。一笔一笔的贷款，一个一个的机构，定得很严，但当整个金融机构形成一个群体，宏观层面形成一个周期来放大泡沫，对宏观形成的冲击，是以前没有考虑到的。宏观层面形成的叠加和产生的恐慌，是以前的监管没有考虑到的。这也是股灾当中暴露出来的中国金融监管体制的缺陷。如果证监会有什么事情，得经过同意，要不然就是恶意反思。有恶意做空也有恶意反思，我善意地反思一下发现，也是与监管的微观化有关。证监会主席只能看到场内的两融波动，以及证券公司、基金公司的杠杆，看不到银行理财产品的杠杆，看不到互联网金融机构怎么融资，这个时候对它来说基本上是一个黑箱。微观的叠加产生的宏观的冲击效果，监管者不知道，所以这个问题不解决，那始终是监管方面的缺陷。

第三，基于这种事后监管方法的不足，出了问题再去救助。所以，金融业有很重要的一个特点，就是收益和风险的错配。我在支行干过，当时很激进的，在经济扩张期放了很多贷款，赚了很多钱，当期把奖金一分，然后我就走了；等到经济调整期的时候，风险释放，再事后去追究责任，人都不知道去哪里了。所以基于这种事后监管方法，暴露出不足。

第四，监管的协调不足。国家之间，机构之间，确实是存在监管的漏洞和真空地区的。

第五，监管的顺周期性。顺周期性就是金融业存在的非常重要的一个特性。房地产价格、股市价格，经济周期在往上走的时候，你会发现你随便怎么做，不良率越来越低。即使原来贷了一个房地产项目，贷错了，然后这个项目这块地做不下去，卖给另外一个项目了，结果地已经涨了很多，足够还你原来的贷款。所以在上升周期里面，贷款刺激经济的上升，资产价格的上涨，再融资的时候，就变得非常安全。放大收益，但低估了风险。到经济收缩期的时候会发现，工作越认真，不良率越高，不做反而还好。这就是 1997 年、1998 年金融危机的时候，我正好在中国银行杭州分行做副行长的一个体会。越认真，去企业催债，再去查账，还不了，变成不良贷款了，反而有时候含含糊糊的，帮着拉点业务，这个业务还能转动，还能正常还款。

第六，救助机制不健全。好多年没有出过金融机构的危机和问题，所以当一个金融机构真出问题的时候，整个市场就会出现巨大的震荡。比如，雷曼的倒闭大家实在没想到，市场很惊讶，主要是没有预期到这种风险，就没有事先的救助机制。为什么英国脱欧这件事在头一两天冲击这么大，仔细看事前各大投行、各大报纸的头条，基本上认为这是英国的朋友们一起开的玩笑，没有想到他们真脱了。因为在金融学上有一个说法，就是中央银行的救助必须是不确定的，如果中央银行的救助是确定的，就会激励金融机构铤而走险，赚的利润大家分，赔了钱央行买单。所以中央银行的救助必须是不确定的、摇摆的。美国次贷危机最开始爆发的时候，贝尔斯登被救助了，其他的小金融机构被救助了，所以大家以为雷曼也会被救助。结果雷曼没有被救助，才形成市场非常大的意外和冲击。所以雷曼的负责人在美国国会做听证的时候说："我到死也想不清楚，我们的问题不比贝尔斯登大，花一点钱就能把我们救过来，为什么不救？" Paulson 的回答是："央行的政府救助必须是不确定的，必须是摇摆的。" 产生这么大的冲击，以至于很多阴谋论的解释。比如在华尔街，各大金融机构里面只有雷曼的国际业务最多，所以如果让它破产，海外分担风险的比例会比较大；还有的说是 Paulson 毕业后第一份工作就是去雷曼求职，被雷曼拒绝了。

展开说，8%的资本充足率够不够？实际上，爆发危机的这些银行，它的资本充足率都非常高，雷曼的一级资本充足率是 11%，巴林银行 1993 年资本充足率远远超过 8%。即使在美国金融危机爆发之前，美国的 FDIC 网站显示，这些银行的资本充足率也很高，所以这个指标并不具有那么大的可靠性。在文献里面，也有研究，资本和风险有没有相关的联系，其实也有很多的争议。有人认为，在资本管制的压力下，确实降低了风险；也有说，因为有资本管制，就会倒逼银行逃避监管，提高杠杆，结果反而还加大了风险。这一点在我们前一阶段的影子银行里边暴露得非常充分。影子银行非常重要的一个驱动力，就是逃避资本的约束。如果放到银行的表内做，假如现在银监会有 8%、10%的资本充足率的要求，它的资金成本就非常高；如果放到表外做，通过信托通道，通过基金公司的子公司通道，就没有资本性的要求。所以这就产生了大量的监管套利。

监管的单一化就暴露在只看到分子，因为很多的金融市场创新使得资本的质量下降，它有大量的创新金融工具被允许计算到资本里边。巴塞尔协议 II 很典型地体现了这一点，既有一级资本、介于一级资本和二级资本之间的其他的核心资本，比如混合型的权益，也包括二级资本，还包括三级资本。当金融危机爆发的时候，二级、三级资本往往跟金融市场之间发生共振，失去了吸收风险的能力。同时，从分母来看，资本充足率也是失效的。表内业务风险划到表外去了，但是它改善了表内的资本质量。

同时，监管的漏洞也助长了资产证券化的业务。在反思美国次贷危机的时候，格林斯潘几次在国会听证会一直都很强硬，但他承认错了一点，那就是大规模的资产证券化之后，整个金融业运作的商业模式出现了剧烈的变化：从一个零售型变成批发型，变成了交易型。最开始，我们传统的商业银行的零售业务是发起并持有：我做这一笔按揭，评估你的偿还能力、工资、信用分数，然后每个月还本付息，这是一个稳定的商业模式。在资产证券化模式下，为了逃避资本监管，它变成了发起这笔业务并销售，这时商业银行已经失去了主动进行风险控制的兴趣，我做完这笔业务，然后马上把它卖出去，卖给投资银行，投资银行把它进行结构化设计。什么叫投资银行？有一个著名的笑话，说投资银行，比如马上北京的桃要上市了，一般人去卖，就是一筐桃好的坏的都卖给你。投资银行呢，就是把这一筐桃挑出两个来，桃王、桃后拍卖，卖出一个高价；中间最好的四个一样的，做礼品装，利润还很高；确实是烂的怎么办呢？做成果盘，晚上有讲座的专家，讲完了吃吃就可以，这是结构化设计。结构化设计再加上评级公司，全部都是3A，3A之后再卖给对冲基金，对冲基金加杠杆融资、放大，变成各种各样的基金产品，再销售给全球的各种公募基金、资产管理机构，等到最终的持有人买到这个产品的时候，根本不知道它最初对应的资产是什么。而且在整个交易链上，没有一个主体是主动进行风险控制的，基本上是以获取交易型的收益作为主要目的。所以这是一个非常深刻的反思，也是中国推证券化的时候，要构思哪个环节、哪个主体是承担风险控制责任的，这是非常关键的。伯南克在讲话中说："我当时就希望，应该改一下，让最开始的银行也要去买，持有20%、30%的证券化的资产，这样银行就是一个主动的风险管理者。"

第一个监管产生的非常重要的一个缺陷，就是一笔一笔的贷款批的都是合规的、一个一个的机构监管都是合规的，但是把它叠加起来之后，忽然风险变得很大。比如银行的顺周期性，前几天也有银行的行长开玩笑说，赚钱赚得不好意思，那是典型的顺周期快要见顶阶段的重要的言论。基本股市到了高峰，也是散户每天都有一个涨停板，那就是基本上快要见顶的一个很重要的信号。银行家说钱挣得不好意思，基本上也是一个顺周期快要接近尾声的很重要标志。第二个，羊群效应、行动的同质化，也扩大了系统性的风险，投的都是相同的产品，所以它的坍塌形成的是叠加效应。第三个，资产证券化的创新业务，增加了风险的相关性和复杂度，次贷危机是怎么爆发的？是法国的一个机构投资者要赎回基金，基金一赎回就要卖掉，原来是3A的、市值可能是20块，基金卖的时候忽然发现卖不出去。那20块卖不出去，降到15块、10块，一卖出去之后，再重新估净值的时候，大幅缩减。一缩减，其他的人就慌了，接着再卖的时候，就卖不出去了。

关联度在提高，金融一体化扩大了系统性的风险。我个人认为，金融市场的一体化进展程度远远超出了我们的想象，金融市场的全球化程度是快于我们的监管体系、快于实体经济的。所以如果说为什么会推出巴塞尔协议，是因为80年代末期德国一个很小的清算银行，Herstatt银行的倒闭，导致全球的金融地震。由此得定个统一的规矩，才产生的巴塞尔协议。这一次次贷危机也是，法国的一个基金赎回不了，导致全球的震荡。我记得几年前，刚开始放国庆长假，我去拜访一位纽约联储官员，他说，中美的经济联系比我们想象的紧密，“有一年，我们监控资金清算系统的清算链，忽然业务大幅下滑，这要是以前，是要酝酿更大问题的，所以赶快组织各个小组的主要成员银行去查，没什么问题”。什么问题呢？因为中国放长假，中美当时关联度很低，但是通过复杂的联系，中国放长假，美国的清算量大幅下降。很多人、国内的领导很好奇，说：“你们香港交易所收购了伦敦金属交易所，其中究竟有多少是我们中国的交易量啊？”他们摸不清楚，我就用类似的逻辑去告诉他们，我说：“你看一下，我们中国放长假的时候，里面交易量降多少，那就是我们伟大的中国人民贡献的交易量。”大概30%—40%。所以，大家要有全球化的视野。实际上，伦敦金属交易所的价格，已经是一个中国价格了，不能把它当成一个国际的交易所。一个交易所形成的交易价格，它的交易量、需求驱动，有百分之三四十来自于中国，这还不是一个中国价格吗？为了便于大家对照，比如我们的债券市场开放力度空前。但是我们的债券市场上，外资每天的交易量是多少呢？中国的债券市场外资贡献了平均 1.5%左右。没有吸引多样化的投资群体怎么国际化呢？这是系统性风险的监管缺陷。

很多金融机构倒闭，并不是这个机构经营得特别坏，而是它的流动性出现问题，拿不出当时的流动性、足够的资金。或者说当整个市场出现恐慌，出现流动性冻结的时候，这种危机暴露出的一个瞬间的危机枯竭，形成流动性管理失当带来的金融危机。我们资本金融研究院以后可以通过放电影的方式学金融历史、金融知识，也挺好，《华尔街 1》《华尔街 2》《金钱永不眠》《大而不倒》，这些我印象很深。我觉得《金钱永不眠》里金融机构的坐垫和茶垫上面印的一句话叫“Cash is king”，很多金融机构倒闭也不是说它有大量的不良资产，只是因为没有管理流动性的能力。国际国内都非常关注地方政府能不能还债，我个人觉得与其说它是一个信用风险，还不如说是一个流动性风险。因为地方政府的投融资平台，借的基本上是短期资金，而做的都是桥梁、道路、地铁等基础设施，十年二十年的培育才会让它逐步地盈利，而前期它是没有盈利的。这个时候比如贷款三年、五年，还的时候它正处于建设期。这就是为什么中央政府对地方政府的债务进行置换的非常重要的原因，短期资金变成长期资金，期限匹配了。

三、金融创新、金融监管与金融危机之间的关系

金融创新和金融监管，金融产品的创新导致监管无法理解这些金融产品，我个人觉得这是导致每一次金融动荡很重要的一个原因。有笑话是：后来做过美国财长的鲁宾在花旗当首席的时候，找华尔街的一个人过来做 CEO、CDO、CBO 的这些证券化资产的定价，然后接电话的这个人说：“这个东西好复杂，我也不太懂。”鲁宾说：“反正这个东西懂的人也不多，你就来弄吧。”所以监管怎么能跟上市场创新的节奏，这也是一个永恒的难

题。我经常跟金融机构交流，金融机构说：“我们搞的这个产品，中国国内的金融监管者弄明白大概在半年到一年之后，所以你别回去跟他们说，或者写文章说清楚了，那这个周期就缩得太短。”所以，基本上变个花样、搞个新产品，做大之后，监管者看明白，基本上要到半年至一年之后，那时业务已经做起来了。好多人都还没弄明白，公司先做，再去规范。在这个危机里，看到的是资产的证券化，金融市场的相互联系和影响更加密切，以及金融机构的内部在交易账户之间的监管套利，在表外业务之间的监管套利。美国的次贷危机挖来挖去，说怪一个中国人，在中金公司还做过一段时间的首席风险官 David Lee，他现在在美国的 AIG 做首席风险官。他发表了一篇关于 CDO 的定价模型，大家以前不知道怎么定价，现在忽然发现怎么定价了，一用这个模型来定价，导致了这个危机。

怎么改变它呢？要做前瞻性的监管尝试，风险怎么评估、损失准备怎么计提、违约概率怎么测算、会产生什么方面的影响。同时，监管的协调也是非常大的一个问题。不同的监管机构处于不同的位置，掌握不同的信息，国际上也有不同的国际监管机构，规则各自不同，证券、保险、存款保险协会、金融稳定理事会，各有不同的规则。所以如果英国脱欧作为全球化的某种倒退的话，实际上，金融市场监管，一直在追随和跟踪国际市场的全球化。所以，它倒退一点可能还更多地迎合了现在国际市场的现实。为什么现在的危机震荡大呢？因为全世界的金融机构联系越来越紧密，像一个网状化的机构，每个人变成了相互连接的网状中的一个节点，所以整个网的波动就会对你这个节点形成非常大的冲击。我们看到也有一些区域性的监管合作组织，包括太平洋国家金融监管协会、美洲国家银行监管协会等这些跨国的机构。同时在跨境监管里面，也有很多具体的法律冲突，母国和东道国的法律冲突。怎样有一个具有全球约束力的统一监管标准？我们今天讲的巴塞尔协议 III，是在 G20 的首尔峰会上，20 个国家的元首签署作为应对金融危机非常重要的解决改进方案。只对这 20 个国家有一定的约束力，对其他经济体，是自愿参照。母国和东道国的法律冲突表现在很多方面，哪怕就在一个国家内部，比如很可能在香港的一个分支机构实施的是内部评级高级法，在总行实行的是初级法、标准法，这两个叠加就出现冲突了。

再一个是区域和全球性监管机构的作用需要提高，跨境金融机构破产的管理相对空白。我亲身经历了雷曼破产这一事件。我当时正在兴业银行做独立董事风险委员会的主席，后来发现真出现危机的时候，什么国际先进金融机构都是讲故事。跨境的金融机构破产，然后才产生后面的很多改进。比如国际系统重要银行、保险公司、金融机构，为了让它提前有预案，各国才会推进所谓遗嘱条款，这么大的金融机构以后要是倒了怎么办？把“遗嘱”先写好。第一步，大股东怎么救，第二步债务怎么转，真要出了问题就按照“遗嘱”来，这就是金融结构、金融监管在一步步地改进。

监管的顺周期性：当经济处于上升周期，借款人的财务状况在改善，抵押品的价值上升，银行通常会扩展信贷导致经济过热；当经济步入下行周期，借款人的财务状况恶化、抵押品缩水，银行收缩信贷会进一步延长和加剧经济的衰退。这其中既包括银行风控的会计计量，也包括金融监管的资本充足监管。对比贷款的风险评级下降，需要提取的拨备减少，盈利上升，相应地补充资本的能力增强，能够做更高的杠杆。

我国银行业从1997年、1998年开始剥离不良资产，剥了多少呢？第一批是1.39万亿，最终大概剥离2.6万亿。在银行利润高速增长时期，据统计2012年、2013年、2014年加起来，整个银行业赚了1.9万亿，如果把整个银行业的资产负债表加回去，剥了2.6万亿不良，赚的1.9万亿，中间处置2.6万亿不良资产收不收得回0.9亿，如果到0.9亿，那就正好持平。这个计算方法就是，剥离的不良资产2.6万亿等于1.9万亿的利润，再加上如果收回超过0.9亿，那就略微盈利。我看不同的资产管理公司，就这部分不良资产的回收状况要打个问号。

救助机制的不健全就是，局部的单一金融机构、单笔业务审批即使都是健康的，很可能也会形成叠加。金融机构的规模在增大，联系紧密度和国际化程度在提升，系统性风险上升，为什么英国脱欧呢？有一个比喻，说德国、法国几个国家搞了一个朋友圈，大家没事了互相发个红包，互相提供点信息，结果后来加的人越来越多，有的人就只抢红包不发，后来中间有几个发红包的说："你们都这样，我退了算了。"所以，退欧其实很可能对欧洲的紧密化有一定的倒逼作用，英国的意思是："希腊这些国家赖债，只抢红包不出力，那你出去，你要不出去，我就出去。"很可能变成一个欧盟的分裂，一个核心的欧盟区和一个外围的松散的欧盟区。所以，背后也是一个风险收益的重构。

四、全球金融体制改革观察

我罗列了全球一些金融监管在危机前后的变化，包括美国、欧盟、英国、日本。大致的逻辑就是，从微观大家重视一笔一笔的审批，开始变成宏观和微观的结合；从事后开始到前瞻性的事前预防性；从定量到定量和定性的结合；比较重视监管和经济周期波动性的协调，以及金融监管的国际协调。这是一个大的方向。

美国是危机爆发的源头，但也确实做出不少努力，对金融体系进行大规模调整。多德—弗兰克法案、华尔街改革、消费者保护法案都是影响比较大的、广泛的。美国以前一直是比较抗拒巴塞尔协议的，但在 2012 年首尔会议签署之后，2013 年 7 月正式立法，接受了巴塞尔 III 金融监管的资本规则。

欧盟的改革跟美国有很多类似的地方：改进资本金在监管机构间的协调，保持对于波动比较大的对冲基金的监管，场外衍生品的场内化，确定巴塞尔协议 III 的实施标准和清算指令。这次欧洲的金融监管局本来是在伦敦的，英国脱欧之后，可能要迁到其他地方。但是，这也会影响到很多国际标准和规则，这就是我们反复强调的规则很重要。为什么美国不希望英国脱欧？很重要的一点，它想积极推动 TPP，TPP 很难在欧洲推动，英国一脱欧，法国马上表示不加入了，这对它们规则的冲击影响更深远。

至于英国金融监管的改革，从 2007 年到现在，各项改革稳健推进，一直在进行过程中，包括银行改革的讨论文稿、特别条款法案，都做了比较大的调整。大致包括几个方面的内容：金融监管体系做大的调整，把金融服务局撤销，监管职能由金融政策委员会审慎监管局和金融市场新闻监管局来承担，重点监管系统性风险；对有些问题机构的救助和处置机制的改革；同时加强对金融业的薪酬制度监管和消费者保护。

日本金融监管的特色不是太多，所谓金融监管改革的六大理念，听起来跟前面讲的欧盟、英国、美国很相似：纠正不当的激励约束，加强市场透明度，系统性风险监管，宏观审慎等。

同时，各国基本上都成立了一个覆盖多领域的所谓系统风险监控的机构或者说金融机构监管委员会，欧盟叫系统风险委员会，日本叫金融政策委员会。

五、巴塞尔协议的时间轨迹

1988 年 7 月实施巴塞尔协议 I 到巴黎银行出事后，大家迅速地反思，市场风险很重要。所以开始讨论巴塞尔协议 II，这个讨论一直到巴塞尔新协议 2004 年实施协议 II 的时候，出现了新的金融危机，所以经过一系列改革到去年才刚刚确立巴塞尔协议 III。不同的是巴塞尔协议 III 不是很严格的一个监管框架，而是一组修修补补的文件，比如流动性风险改一下、内部凭据法改一下等。不同阶段实际上是监管规则和金融市场的互动、金融危机反思的成果，不同时机的标志性事件、标志性的危机促使了监管体系的反思和改进，然后产生了新的监管规则和框架，这是一个不断演进的过程。

巴塞尔协议 I 奠定了全球金融监管、银行业监管的基本框架，就是资本充足率等于资本除以风险加权资产，后面虽然有改进，但是变化不大。巴塞尔协议 I 的基本内容是创立了全球认可资本监管标准，表内资产分为 5 个档次，百分之零、百分之十、百分之二十、百分之五十、百分之一百的风险资产，表外资产按照一定的信用转换系数转换为表内同等的风险资产，业务的扩张需要资本的约束，这就奠定了全球金融业进行比较的基本的参照系。我们现在深入去了解这些规则，在了解的基础上才能更多体现符合中国金融机构利益和现实环境的指标。

巴塞尔协议 II 可以归结为，对分母更加地风险敏感，这个监管理念深刻影响了证券、基金和保险的监管，只是叫不同的名字。保险叫偿付能力，证券可能叫净资本，但基本上通过资本金约束整个资产负债表和资产的扩张。巴塞尔协议 II 首次建立了一个比较清晰的框架，那么我认为最有价值的部分就是它的分母更加风险敏感。巴塞尔协议 II 就可以通过建立内部的评级模型，如果用内部评级模型越好越敏感，如果客户结构比较优良，测算出来的优质客户的银行、业务结构风险资本消耗低的银行，分母就算得小，就可以用同样的资本做更大的业务。这就展示了不同银行的业务结构差异带来的业务竞争优势的差异，所以在巴塞尔协议 II 引入了信用风险、市场风险、操作风险，并分别对三种风险给予了不同难度、不同阶梯式的评估方法，能够实施难度高的复杂的系统风险管理方法，证明风险管理能力高，验收合格之后，相应地占用的资本金相对较低。让风险管理能力强的金融机构快速扩张，水就越来越清。这个监管理念叫激励相容，监管者的目标和金融机构的业务发展目标是相容的。

巴塞尔协议 III 真正有价值的地方在分子，就是强调分子的质量。分门别类的、明确的、不同的分子和资本所需要覆盖的风险，核心资本与总资本流通缓冲，利用周期资本缓冲。巴塞尔 III 重点是应对危机的风险吸收能力，应对更稳健的多层次的监管框架。我在中英香港系统风险部仅仅做信用风险的风险评估模型，就是一个咨询合约数千万，还不算内部的业务机构调整，还不算我们风险制度调整，就是付给咨询中介的服务费。中国的服务业在实施巴塞尔协议方面的花费是非常巨大的，它的价值在于带动了我们内部的风险流程重组和风险管理水平的提升。

最后讲一下，中国的实施情况。中国的资本监管严格，也是经历了逐步的探索，1995 年的商业银行法提出了 8%的资本充足率，相当于正式采纳了 1988 年的巴塞尔协议 I。中国从一个滞后的实施者开始，成为一个非常活跃的在巴塞尔框架下的有发言权的，而且在有些方面还走在国际前列的一个金融体系，是非常大的改进。中国的银行业在信用风险操作和管理风险方面，有足够的经验，但是在操作风险和市场风险方面，还位于比较初步的阶段，对这些新的产品和业务模式的操作风险和市场风险在什么地方，识别得未必很清楚。

前两年出现在 6 月份的所谓的钱荒，其实就是银行在管理流动性风险方面经验的缺失、系统的缺失。往往可能为了采集一个违约率的数据，要对整个信贷流程做重组，风险文化和专业人才的腐败，同时操作风险的引进量和分析方面也面临非常大的挑战。市场风险方面即管理的架构，怎么上下贯穿地计量、识别、监控和控制报告审计的市场风险，同时数据不足，数据的质量不佳，大量的数据处理一个典型的原则：垃圾进垃圾出。如果采集数据本身就是垃圾数据，噪音很多，得出的结论就很容易出现偏差。

在实施过程中，中国银行业出现什么变化？第一，大家在比谁的规模大，谁的排名就靠前，那么有了基本的资本约束之后，还要看业务结构盈利能力，把资本占用扣除之后能不能挣钱，这是一个非常大的转变。第二，原来大家比较账面利润，但是衡量是不是真正专业的金融业者，不能仅仅只看账面利润，还看资本占用、业务结构怎么样。第三，原来是谁的资产规模大，谁就排在前面，现在开始比较盈利能力、风险控制能力。原来是强调事前审批式的控制，现在开始学会对风险进行定价，一笔贷款定价的基本等式等于资金成本加上可能产生的尾余，加上资本的占用，再加上一个市场竞争的影响因素。盈利原来比较容易的单一利差，有了资本约束之后，才倒逼这些金融机构愿意去做一些不占用资本的，才愿意去做一些资产证券化。所以，业务创新从来不是靠监管部门开会号召的，监管的规则摆在这，本身就成为很清晰的激励导向。原来是被动的定价，现在随着利率市场化，开始要求主动定价。世界各国基本上是利率市场化启动之后，整个银行业的利差持续收窄。中国银行业现在处于收窄时期，为什么中国的银行估值这么低？跟利差收窄趋势有关，收窄到一定水平之后会稳定，稳定之后，会发现第三阶段——分化，就是掌握风险控制能力、定价能力的这些银行。今年年中或者上半年披露年报的，已经有一两家银行利差开始扩大，到底是季度性因素，还是确实拐点到了，现在还在观察，但这确实反映了监管框架形成的分化。再一个，原来的银行把自己做成一个官僚机构，现在要形成新的框架，倒逼这些银行开始在业务流程上重组。原来动不动就谈比例关系、存贷比，这是非常粗浅的、入门级的，而资本管理通过资本的约束，提高资本在不同业务之间的配置，通过资本在不同产品之间的配置，来引导它们的组合，这就是如何推动整个银行业管理上升到新水平、新台阶。

点　评

刘纪鹏：做一点注解，现代金融分为货币金融和资本金融：货币金融就是以商业银行为代表，以债券融资、间接融资为主线，在货币市场流动的融资体系；资本金融是以股市为基础，以投资银行为基础，以直接的股权融资在资本市场流通的融资投资体系。巴曙松教授29岁就做了商业银行的副行长，他真的是个少年的金融天才。他现在做的工作，恰恰转投到了资本金融领域。他现在就职于香港金融交易所集团，又是伦敦的金属期货交易所。所以他是两栖动物，既跨货币金融，又跨资本金融，既有实践，又有理论，今天的侧重只是从银行业看以货币金融为主的金融监管。大家可能很想听听他谈，两类金融在跨界流通中，可能会有非常多的金融风险，比如股市。因此，从这个意义上来说，我想他的第二讲，可能就该讲资本金融了。巴教授真正的干货将在后边点评中一点点展露给大家，第一位点评嘉宾杨凯生行长，是中国最大的银行坏账资产处理公司的总经理，所以，这爷俩匹配，应该是今天讲座的最大亮点。

杨凯生：今天主要谈的就是巴塞尔协议的问题，巴塞尔协议主要是一个资本协议，就是专门讲的对银行业的资本管理问题，曙松刚才介绍了从巴塞尔协议I到巴塞尔协议II再到巴塞尔协议III的发展历程。

曙松对资本充足率这一指标给予了一定的批评，他认为这个指标是比较单一的，是偏重于微观的，是具有顺周期性的。我在一定程度上同意他的说法，因为我们知道任何一个监管指标，都不是完美无缺的，资本充足率监管指标也是这样的。但是我想说的是，这不能怀疑现在要去执行资本充足率的指标，以及要在银行业推行这个监管指标的必要性和重要性。我想说，有比没有还强，没有这个指标是不可想象的，大家都知道，2015年修改了商业银行法，取消了大家诟病已久的贷存款比指标，也就是说你的贷款不得超过该银行总的贷款70%多的要求，大家认为这个指标限制了银行的信贷行为，不利于经济的发展等。最后监管部门也是说，对整个社会的欲求体现了充分的理解，最后启动了修法程序，将它修改了。当时我写过一篇文章，对这个做法提出了一定的质疑，实际上，当时我也说到了资本充足率问题。资本充足率现在也有人质疑，但是他们质疑的角度和曙松刚才质疑的角度是不同的。曙松认为它比较单一、微观、具有顺周期性，那么，我把它翻译过来，就是他还怀疑这个指标对控制金融风险的有效性够不够，他认为还应该有其他措施，比如对流动性的监管还应该更进一步强化。而有些人在质疑存贷款指标和资本充足率指标的时候，还质疑其是否有必要，实际上是让中国的银行业具有更大的信贷投放能力，这也就是我们经常听到的，要解决企业的融资难问题。中国目前仍然是以间接融资为主，仍然是以银行的债权融资作为我国的生产企业的主要融资来源，资本充足率这个指标的重要性是必须强调的，或者说，强调到什么程度，都是不过分的。

中国企业的杠杆率是非常高的。今年中央把“三去一降一补”，作为今年经济工作的主要任务，就是“去杠杆，去产能，去库存，降成本和补短板”。这去杠杆主要指的是什么？中国的整体债务比并不算太高，政府债务率大家现在比较担心，融资平台问题、地方政府的发债问题等等。实际上我们整体的债务率大概是40%，与全世界相比，特别是和欧洲的那些高负债国家相比，我们还有一定的加杠杆空间，个人杠杆率更是偏低的。中国真正高的是企业负债率、杠杆率。按照国际信贷银行的统计，到2015年底，中国企业的负债率是170%，也就是说企业的总债务比上我们的GDP大概是170%，这个数值比世界上发达国家、金砖几国、其他的新兴市场经济体，都要更高一些。更重要的是不到十年前，2008年的企业贷杠杆率大体上不到90%，好像是89%多，而现在已经到了170%了，杠杆率不仅高，而且上升得非常快，这也正是现在中央下决心提出去杠杆的原因所在。曙松所讲的巴塞尔协议的重要内容，就是银行必须考虑自己的资本充足水平，只有当具有多少资本金的时候，才能相应地在资本基础上，投放多少贷款。把整个的分母，资产风险都理解为信贷的话，实际上，企业的债务在中国大体对应的是银行贷款。企业的还本付息的能力下降、企业的违约率上升，就对应了银行不良贷款的增加，银行信贷资产质量的下降。要强调资本充足率，又要控制中国银行信贷的投放能力，以便于降低企业杠杆率，我觉得这还不仅仅是从银行自身的安全角度来考虑、不仅是从防范银行的金融风险角度来考虑，实际上是从整个宏观经济的可持续发展来考虑的。

企业的杠杆率高会带来什么问题？只要市场一有风吹草动，只要它的销售一有问题，违约率马上上升，还本付息能力马上下降，这时候导致金融系统的危机出现，导致金融风险的积聚和增长，更重要的是对整个宏观经济运行的影响，带来系统性的麻烦。讲银行的资本充足率，更重要的意义，是在于维持整个经济的可持续稳定发展。那么现在讲到去杠杆，又要顺便地说到一个问题了，怎么去杠杆？大家都知道这是一个很痛苦的过程。去杠杆就想了一个重要的措施，债转股。又说到巴塞尔协议了，巴塞尔协议的资本管理协议主要是讲管理银行，就讲银行的资产和资本要有对应关系。资本充足率就是个分式，分子简单地说就是资本，分母简单地说就是资产，那么也就是说资产和资本要有相应的对应关系。对于企业来说，我们确实在法规上没有这样一个要求，比如工业企业的资产负债率必须低于多少。但是道理上是相通的，企业也应该讲究“降本求率”。过去说的有多大本钱做多大的生意，现在没有本，就想急剧地扩张，没有资本的投入，没有股本的融资，就想能够做大做强。这个心态在我们许多企业里面似乎比较普遍地存在。一方面银行要不断地提升自己的服务水平，要提升自己识别和管控风险的能力，积极地在满足资本约束和风险管理要求的前提下，支持经济和企业的运行。但是作为企业来说，也要理性地对待自己的融资行为，不能无限制地、无节制地提升自己的资产负债率。这样不仅仅不利于银行的信贷管理，实际上不利于自己的健康运行。在这个过程中，尤其是在当前经济下行压力比较大的时候，怎么样度过现在的困难，怎么样在L型的底部走得更好一点，保持社会的稳定和经济的可持续平稳发展，把企业的杠杆率、银行的信贷投放总量在巴塞尔协议、在中国银监会的资本管理规定的约束下把握好，是一个很重要的问题。

姚余栋：第一，中国很早就进入了巴塞尔 III，实际上，我觉得还是比较早的，采用了巴塞尔 III 也是很有勇气的。1991 年，日本出现泡沫的时候，很多日本人并不知道什么是泡沫，他们主要是研究发展经济学的。1997 年，银行出现破产的时候，也不知道什么是僵尸企业，之后 QE 也没有搞特别好，没有前瞻性指导。所以可能还是经济学理论不够超前，所以我觉得首先还是要感谢像杨行长、巴主席这样的，能够在银行界，无论是在发展还是监管上起到引领作用的特别优秀的经济学家，这是我第一个感想。

第二，银行是人类至爱和至恨的，它跟货币是一样的，还有科学、爱情，都是你爱它也恨它，为什么呢？1400 年，人类创设银行以后，促进了经济发展，要不储蓄率怎么转化成贷款呢？但是它反复出现危机，大约周期就是十年一次。为什么银行反复出现危机，可能证明以前的监管都是不足的，哪怕接受中央银行的监管，所以巴塞尔 III 是革命性的。巴塞尔 III 就是用资本来监管，银行的资产负债表扩大冲动是谁都挡不住的。唯有的办法是让它自身管，就是用资本管，所以巴塞尔 III 核心还是用资本来监管银行。还有一个就是将来补充资本金可转债。我想提一点可转债，可能这个可转债的定价还是有问题的，就是当时发债的时候，作为次级资本补充。但是人们不知道什么时候会转成股票，所以概率一旦大了的话，当时发债的人就不愿意以那么低的利率再给他了。我觉得次级债/可转债的工具还是需要资产上的检验；另外一系列指标 LCR、LCR 很重要，但是它大致上就是说你总要留余钱，跟家里过日子是一样的。但是 LCR 有一个什么问题？就是我们也不知道什么时候会发生流动性问题，但是总要准备这个钱。这个钱增加了银行的操作成本，也增加了经济的成本。在一个月内要对冲风险，所以这也是有争议的。

总体上来说，巴塞尔 III 是更加全面的，已经在全球开始逐步推广，是中国作为最大的经济体抢先了。但是我想跟大家报告的，就是巴塞尔 III 行不行还未经检验。如果巴塞尔III行的话，为什么有经济危机呢？为什么有国际金融危机呢？不要以为有巴塞尔III了，或者是满足巴塞尔III所有要求了，就可以睡大觉了。一个很重要的方面就是要把宏观审慎纳入央行的货币政策目标，这个就是我们周行长最近在跟拉贾德对话的时候说的，央行是多目标的。以前说货币政策只要管一个通胀就完了，其他的就不用管了，但事实证明，这次国际金融危机说明一个通胀是不够的；还要有经济增长、就业、国际收支、价格稳定，将来可能还要把宏观经济的系统稳定放进去，这就是宏观审慎。宏观审慎可能是一个大趋势，它的意义可能比巴塞尔III更广泛一些，有更多的指标。即使银行都做到了巴塞尔III的指标要求，未必能够防止下一场金融危机，这需要央行把宏观审慎纳入到监管框架里去。

“十三五”规划明确说，中国要搞一个直接融资，将来要扩大直接融资。凡是间接为主的经济体，如日本、欧盟国家，都是跌倒了往往起不来。它很难摔倒，但是摔倒了爬不起来，这个问题跟银行体系太大还是有关系的。我们国家经过像刘纪鹏这样前辈的努力，资本市场的发展甚至超越了日本和德国。债券市场有50万亿，股票市场也还是可以的，PE资金达到了6万亿，保险业12万亿。我们还没有达到像美国那样的以直接融资为主，但是已经逐渐地超越了德国和日本。所以最终还是要以直接融资为主，这才是我们从金融体系上防范风险的根本途径。直接融资为主是很难做到的，需要更多地在直接融资中做股权融资。最近我也在所有的场合鼓吹能不能把养老个人账户和资本市场打通。

既要努力做好巴塞尔协议III的监管要求，同时对系统性风险进行防范，永远不能掉以轻心，本身就应该成为央行货币政策的一个目标。那么最终解决、防范系统性风险的一个根本措施还是要把金融体系由间接融资为主，走向直接融资。今天是党的生日，我们追求总书记说的中国梦、经济复兴，能不能造就一个没有金融危机的伟大复兴。

高祥：简单说两句，我不是搞金融监管的，我其实是搞贸易金融的，但是也关注它，我早就知道巴教授，尤其是知道他对巴塞尔协议是非常熟悉的。因为巴塞尔协议的产生其实都是与金融危机有关的。巴塞尔协议I的时候说是因为德国银行的危机，巴塞尔协议应该是与拉美债务危机有关的；然后巴塞尔协议II应该与亚洲金融危机有关的；巴塞尔协议III应该与现在的金融危机有关。其实它只是一个reactive，就是一个回应的东西，所以它肯定是有不足的。另外，它还是比较单纯的就是资本充足率的问题，其实金融监管是一个系统工程，不是说光有这个单方面的，巴教授刚才提到了，资本充足了还有市场风险。

金融改革就是金融监管，美国、欧洲、日本都讲了。我知道澳大利亚的金融监管体制有点特殊，其实就是三个机构：1. 中央银行，管货币的，通过货币来保持整体经济的稳定；2. 澳大利亚储备银行；3. 澳大利亚金融审慎监管局（API），管系统性的大银行，有点像银监会，但是又不像，为什么呢？它不仅要管银行，还要管保险公司，还要管养老金，只要是对系统性影响大的，这些金融机构的审慎经营都要管的。另外一个就是澳大利亚证券投资委员会（SA），它是管市场的，监管目标是管市场诚信、消费者保护。还有一个叫协调委员会，它不是一个实体。澳大利亚是一个机构管一个事，在这种管制下，就不会出现e租宝问题、P2P问题。为什么呢？这都是市场出现的，新的东西只要市场出现了，都是由SA来管的，就是证券市场监管委员会。执照是申请就给，但是一旦违法，会罚得连哭的地方都没有。

互动提问

提问：如果股灾发生在美国、英国或德国，它们的法律系统会怎么管？如果管得了，我们能学到什么？如果管不了，我们能学到什么？

巴曙松：美国80年代的股灾产生了很多质疑，其中有很多与我们相同。事后，美国学术界和监管界在三四年时间里系统反思，形成四百多份研究文献。在这四百多份研究的基础上，几个主要的监管机构联手做了一个深入的研究报告，把很多争议消灭了。我在写股灾反思这一章时，检索各方关于股灾的研究文献，发现特别欠缺，我希望从投资者、法学、监管的角度有广泛的反思、系统深入的评估，若不去反思，我们付出这么大的代价却没换来制度上的改进，这个代价就太不值了。

提问：关于万科重组，您认为华润应如何做，才能实现一个共赢的局面？

巴曙松：一个市场强调相信市场、相信投资者、相信每一个参与的人，无论多么重大的重组中，排在第一位的是市场必须有序地交易，所以市场上的任何一个信息都会及时反映在价格上。所以你会发现在香港市场，香港交易所在处理任何审慎停牌要求的时候，非常严厉，价格会对各方形成一个决策的参考，形成发表申明的约束。我的一个朋友去收购香港本地的一个很大的证券公司，多次沟通才仅获得一天停牌。而另外一个市场，它随便就可以停牌，失去了市场有序的交易，失去了一个价格信号，整个市场成了一团浑水。另外，在这个市场，有一个监管者没有想到的资金来源，通过保险、基金筹集的资金，如果首先进行信息披露，说要做一个高杠杆的项目，一定会要一个高的议价。而现在有一种做法，先筹集资金，再让它去承担一个高风险的业务，这样做不违规，但监管者应当有所意识——如何平衡这种风险收益。

提问：在金融领域，投资者权益保护和消费者权益保护有哪些区别和联系？

巴曙松：在资本市场上，投资者本身就是金融服务的消费者。所以，保护消费者为什么重要呢？有一任美国证监会主席在离职演讲中说过："我作为一个监管者，当我看到一个新的股民、一个投资者或一个消费者进入这个市场时，我就像看到一个小朋友拿着钱包走过站满流氓的街角。所以我必须要设想他的种种形式，提供给他充足的风险警示，来保护他。保护最弱小的投资者，就是保护整个华尔街。因为如果连最弱小的投资者利益都能得到保护，那么它的市场就会有足够的信心。”

我国金融租赁业的发展与创新

提 要

时间：2015 年 10 月 26 日

地点：中国政法大学蓟门桥校区科研楼二层学术报告厅

主持：刘纪鹏

主讲：潘明忠　光大金融租赁公司总裁

点评：刘少军、胡继晔、武长海

互动提问

一、我国的金融改革与发展

要理解我国金融改革与发展情况，首先要理解我们当前所面临的经济社会，以及经济、金融体系所处的环境。如果我们站在具体实践角度又该怎么理解这些特征，进而发现和把握时代的机遇？

对于当前的形势我们应该有两个基本判断：第一，我们进入了一个经济增长方式正在转变的时期；第二，我们面临着互联网时代的冲击。

（一）关于经济增长方式的转变

1. 经济增长的三个阶段

近三十年来，我国经济的发展大体可以划分为三个阶段。

第一阶段是经济起飞阶段。在这个阶段，经济增长主要依靠出口拉动。随着国际市场的逐渐打开，东南沿海地区形成了外向型经济的特征，经济发展逐步加速；第二阶段是经济增长的高速阶段，投资、出口、消费成为驱动经济发展的“三驾马车”，所谓经济增长的“中国模式”正式确立；第三阶段是当前这个阶段。经济增长速度有放缓的趋势，且经济发展进程面临着一个拐点，急需寻找拉动经济增长的新动力。与此同时，一些在经济发展过程中积累的问题也逐渐暴露，因此经济发展战略也逐渐倾向于均衡发展。我们常说的“保增长、调结构、转方式、惠民生”这几句话，即概括了决策者当前主要的经济工作任务，反映了我国当前经济工作求平衡、求协调、求质量的主导思想。然而这些任务的优先性是不同的。增长永远是第一位，调结构的最终目的是为了增长，方式的转变也是为了增长，或者说是为了更好地增长。

在起飞阶段，我国最初的改革是从农村开始，因此释放了大量的人口红利。这些人口涌向经济相对发达、交通相对便利的东南沿海地区，促进了这些地区的经济繁荣，但也导致了当地产业过度集中化、同质化。所以，东南沿海的经济结构调整可能要早于中西部。例如，江苏沿海的造船行业与化工行业，它们早已面临调整，如果继续投资这些传统行业，可能会有风险。但并不意味着这些地区已经不适宜再投资。因为我发现未来一段时期，我国经济发展的潜力可能依旧集中在东南沿海地区。在江苏，一条从苏南到苏中再到苏北的沿海高铁正在建设中。江苏省也自建了不少城际铁路以拉动苏北地区的发展。

相反，尽管现在我国提出向中西部进军的号召，但我在企业内部则要求在中西部地区的投资要谨慎。因为中西部地区发展比较晚，经济总量不足。从金融企业风险管理角度看，中西部地区目前可能没有大量优质的产业吸纳大规模、集中化的金融投资。金融企业一旦投资进去却发现没有相当数量和质量的产业来支撑，将会面临巨大的风险。

第二个阶段是高速增长阶段。这个阶段有两条主线，一个是工业化，一个是城市化。发展工业化很重要的一点是要修路。当我们拥有车之后，就一定要有相应的交通基础设施。交通基础设施的投入巨大，只能由国家来主导。发展城市化的前提就是发展城市基础设施和公共服务。所以，回顾我国三十多年的增长历程，可以发现房地产和乘用车行业的发展是经济增长的主要标志。这两个产业对于过去的经济增长有很大的贡献，其背后的驱动力主要是人口流动所带来的城市化进程。

房地产行业在我国经济发展进程中极其重要。过去即使经济增速出现短暂的回落，一旦放开房地产，经济就会再度增长。房地产业和汽车产业的带动性非常强。而控制房地产很简单，一个非常有效的方式就是控制房地产信贷。我们曾经针对房地产行业的风险做过压力测试，房地产究竟降到什么程度经济才会出现问题。很多银行做过类似的测试，并表示一旦降到百分之二十、三十，就肯定要出问题。相比房地产行业而言，其他行业就没有这样举足轻重。比如煤炭，过去一千多块钱一吨的煤炭现在可能就一二百块钱一吨，但是经济也没有出现大的危机，这足以证明房地产行业在我国国民经济中的重要地位。

第三个阶段就是当前阶段，即经济放缓、人口红利逐渐消失的阶段。逐渐两个字很重要，说明经济可能还会有两三年乃至五年的增长。但从长期来看，传统经济是在走下坡路的，而在这个过程中，各项经济成本会逐渐提高。此前两个阶段的过度投资也造成了资源的严重消耗和传统产能的过剩，由此导致了当前“三期叠加”的局面。

过去三十年的经济发展既有成绩，也有问题，如果想要彻底地分析我国未来的经济发展趋势，就一定要把问题和成绩等量齐观。因为只有明了问题才能抓住下一个发展的机会，只谈成绩不讲问题就会一叶障目，找不到正确的发展方向。事物总是辩证发展的，成绩固然会带来问题，但解决问题后就会有一个新的飞跃。

2. 金融发展的五个阶段

以上主要讲的是三十年来实体经济的发展脉络。伴随着这三十多年经济的发展，金融领域也发生了一系列的变革。三十年来金融领域的发展可以简单分成五个阶段：第一个阶段是货币经济化，其标志是商品经济的发展；第二个阶段是经济资本化，产生了资本市场和房地产市场；第三个阶段是资本泡沫化，“双顺差”开启，经济出现过热的现象，热钱不断涌入，资产价格随之提高；第四个阶段是泡沫全球化，受“次贷危机”的影响，“四万亿”政策出台，导致金融市场杠杆不断增加；第五个阶段就是所谓的“新常态”，人口红利下降，经济增速下滑，实体经济萎靡不振。

金融是为经济服务的。我国经济经历了三十多年的发展，金融是很重要的推动力量，但也是主要的风险之源。如果要做学术研究，就应当对过去三十年的历史做一个梳理，只有把三十年的发展逻辑解释清楚才能预见未来该如何发展。

（二）互联网发展对经济的影响

我们对三次工业革命也进行一下梳理。从 18 世纪 60 年代开始的第一次工业革命，开启了我们所说的蒸汽时代；而第二次工业革命，电力的广泛运用，建立了现代社会文明的主要基础。第二次工业革命时期讲究标准化，特别是在管理学上非常强调标准化，并且追求规模经济，企业也在不断地追求做大做强。这个时候的工作流程是一个产业链，讲究流程驱动。员工无需有独特的创造精神和创造能力，只要手脚、不要大脑，兢兢业业地执行标准化的动作即可，流水线作业就是一切。如今的设备租赁，很多也是流水线的设备，第二次工业革命依然在影响我们。

但随着工业和技术的发展，逐步出现的互联网概念，推动人类社会进入第三次工业革命时代。现在中央文件经常说实现工业化信息化，然而我国在工业化进程还没有完成的时候就遇上了全球互联网时代。互联网时代变化很大，人员的情况改变了，制造业的情况也在变化。人人都可以参与设计，不再是一个流水线的生产。通过网络，人们可以共同参与、设计、制造一件产品，设计流程、生产流程发生了根本性的变化。概括起来说，与标准化、自动化、规模化对应的就是模块化、平台化、智能化。这时的员工需要有创意、有头脑，而不仅是手脚。经济发展主要依赖的是信息技术、新材料技术以及新能源技术而不是流水线作业。生产方式的改变也带动了生产组织的改变，公司的治理结构也在变化之中。

（三）总结

我自己常说的一句话，“这是一个最坏的时代，也是一个最好的时代”。

从“坏”的方面来看，我们国家经过三十几年的快速增长，不可避免地进入了一个中央领导层提出的“新常态”阶段。这是一个转变经济增长模式的过程，是一个不可避免的、确定的事实。

古典经济学意义上的增长，通常是指人口增长带来经济增长、产出增长。三十多年来经济发展如此之快，很大程度上印证了古典经济学的理论。然而实际上，这三十年的发展中，很多层面是不协调的，积累了很多亟待解决的问题。当前我国已经逐渐步入老龄化社会，人口红利衰减，旧的增长模式不可持续，需要寻找新的经济增长动能以及新的经济增长模式。这就要求把人力资本内化于经济增长的模型之中，通过人力资本来提高我们的产出，以创新和科技来推动经济增长。但是我们国家对此并没有做好充分的铺垫和准备，现在突然想以创新来推动增长，难度很大。对于一个微观层面上的金融企业来说，过去三十年可能取得了很好的经营业绩，但到了经济转型的今天，这些金融企业可能要处理大量的不良资产。

金融体系是增长了，但这些成绩却反映为不良资产，未来该怎么走，能不能成功实现转型？这是一个艰难的问题，没有简单的答案。

从“好”的方面看，现在已经进入到了互联网时代，互联网影响着我们的生活和生产方式。当前互联网金融也是一个很热的话题，互联网时代对租赁行业的影响应该说是利大于弊，机遇大于挑战。这就是我所说的“最好的时代”的含义，即互联网时代的到来。机会总存在于危机之中，好与坏都是相伴相随的，关键是要认清时代的主线，适应外部环境的变化，在战略前瞻的基础上积极求变、主动求变。

二、融资租赁行业

租赁行业是提供融资服务的行业，属于金融行业的范畴。租赁行业的经营受货币政策的影响很深、很直接。所以介绍租赁行业之前有必要先谈一谈租赁行业的外在条件，即货币政策对租赁行业的影响。

（一）货币政策及其对租赁业的影响

我们自己制作了一张货币政策的推演图。它的作用很多，可以拿来解读间接融资和直接融资的关系，分析股灾的起因和发展趋势，判断降息降准的概率。这些很重要，因为每一次准确的判断是可以实现套利的，能够直接降低公司的融资成本，扩大公司的竞争优势。2013 年“钱荒”时期，整个银行间市场资金流动非常紧张。但我们公司提前预测到了，所以提前借入了几十亿。时隔不久，恐慌气氛就开始蔓延，Shibor 价格最高时接近 14%。有的银行甚至到我们这借钱，因此实现了套利，因为我们借款时的利率不到 5%，相当于赚了 9%。

同时这张图也有助于理解当前的货币政策变化。我们认为央行、财政部和发改委等经济管理部门有一些政策上的分歧。货币政策通常是救火队，要对经济变化发挥灵敏的调节作用。因此在 2015 年股市繁荣前，央行放水，目的是解决实体经济的资金饥渴问题，刺激实体经济恢复和发展。管理层希望能够通过间接融资和直接融资这两种方式支持实体经济。但是有一个问题，有人放水却没有人管这个水龙头。实际上资本并没有进入到实体经济，反而堵在了银行间的市场，最后进入到股市。股市则借助互联网金融这个创新工具，通过网上配资的形式形成了泡沫，而这种配资活动在本质上与P2P没有差别。

投资者在把资本投到一个项目上时应当了解这个项目，如果既不了解项目又不信任被投资人，仅仅通过P2P平台的形式就敢投资中小企业，还期望获得高收益，那就是不理性的。这个道理大家都明白，但为什么有人还是会落进配资炒股的陷阱，被套牢、被清盘呢？这里有两个方面的原因：第一个方面，这类人认为股市信息透明，炒股有“真经”。每天似懂非懂地看看K线图，就认为自己是炒股高手，就敢于承担高风险。第二个方面，配资条件下炒股的高收益让大家被蒙住了双眼，被急功近利的投机心态左右，结果吃了大亏。二级市场的投资是很难的，投资人除了要有专业知识，还要有纪律底线，并且严守这个底线。比如在二级市场上投资，一个很重要的约束就是交易限额，百分之百投入是有问题的，会面临重大风险。如今的股市“羊群效应”比较明显，一旦有消息众人就开始投，配资一倍、两倍或者三倍。并不是说配资不对，适当的配资是可以，但是一定要控制限额。

货币政策一个很重要的前提条件就是当货币政策的水龙头放开的时候，一定要有一个管控机制。货币进入实体经济的途径很多，其中最重要的一条途径就是银行信贷。央行不断降息降准，迫使银行提供低息的信贷资金，这样的做法是希望过去由于财务费用过高而无法运行的企业振作起来，让实体经济重新运转。这是一个权宜之计，虽然能维持经济的增速，但是并没有起到调整产业结构的作用。

而资本市场上的直接融资可以调整产业结构。资本市场总是不断有人进入、有人退出。比如一个人赚了一个亿退出市场，但这一个亿一定会被用于新的投资。新的投资会投入国家鼓励的产业，这是直接融资的作用。国家希望能把资本投到有用的地方。但是现在的问题是投资并不遵循这个原则，不进入实体经济反而进入了资本市场。最麻烦的管控机制、传导机制偏偏没有人研究，更没有人执行。

我们公司经营的政策、方向是由我来判断的。我们资产、负债怎么摆布，怎么挣钱，怎么防范风险，都是我要考虑的内容。如果单纯从企业经营的角度来说，做好这些就可以了。毕竟我们只是一个小的经营单位，把自己的小环境经营好是企业家的首要任务。但对于外在的大政策、大环境，我们应当知道它的问题和机会所在，否则就可能出现经营战略和策略上的失误。所以作为金融机构的决策者，准确理解货币政策非常重要。

（二）融资租赁行业

现在融资租赁行业是个热点，国家领导人也很支持。不仅李克强总理视察了工银金租，国务院也不断出台政策给予融资租赁行业支持和鼓励，比如68号文、69号文，对促进融资租赁行业健康发展有很大的帮助。

那么什么是租赁，怎么理解租赁？租赁是个古老的行业，用两句话总结就是“买不起的就承租，卖不出去的就出租”。这两句话非常重要，隐含了两个意思：一个是，卖方市场产品稀缺，买方买不起，这时候只能租；另一个是，买方市场产品充分竞争，卖方卖不出去，这时候大多也只能采用租赁的方式。

结合起来看，从卖方市场向买方市场过渡的过程中，租赁起到了一个扩大产品销售的作用，但同时终端客户却在不断次级化。当租赁客户越来越多时，会发现这些租赁客户越来越次级化。这是一个应当防范的风险点，在租赁行业发展中，应当让次级化客户不断高级化，对客户进行重新整合。

租赁市场前景很大，世界上就两种交易关系，一种是买卖关系，另一种则是租赁关系。只要大家关注，处处都能感受到租赁的存在。

三、融资租赁业务

（一）融资租赁业务相关概念

接下来我给大家介绍一些概念：租赁、融资租赁、经营租赁以及金融租赁。这些概念从交易名称、会计名称、税务名称、机构名称角度有不同的区分。比如从法律关系和交易角度来看，只有租赁和融资租赁两种关系，没有经营租赁、金融租赁的概念。从会计和税务的角度来讲，则分为两种，一种叫融资租赁，一种叫经营租赁，也没有金融租赁的概念。

金融租赁是从机构名称的角度来区分的。金融租赁公司有金融牌照，属于特许经营，由银监会监管。要开办金融租赁公司，除了工商执照外，还需要取得银监会金融许可证，而不是说只要是经营融资租赁业务的机构就可以称作金融租赁公司。

除了金融租赁公司之外，主营融资租赁业务的公司通常叫融资租赁公司。这些公司除了取得工商执照外，还要经过商务部的批准。但是融资租赁公司的审批是前置审批，要先经过商务部的审批才能拿到执照。

融资租赁业务与一般的租赁是有区别的。比如就租房而言，二者是不一样的，其最大的区别在购买选择权。融资租赁实际上根据承租人的选择去买东西，比如说买一架飞机，是买波音还是空客，完全是根据承租人的选择而不是出租人来决定。

依据现行会计准则，转移了与资产所有权相关的几乎全部风险和报酬的租赁叫融资租赁，除此以外都是经营租赁。准则为此规定了五项标准：第一项标准是租赁到期，所有权转移，租赁物以象征性的价格从出租人手里转移到承租人手里，这个就被视为融资租赁；第二项标准是租赁期限大于设备折旧年限的75%，视为全部风险、报酬转移，这也被视为融资租赁；第三项标准是最低租金的收款额的现值大于购置成本的90%，也被视为融资租赁。以上三项标准都比较明确，操作中不会有什么问题。但最后两条，即廉价购买权和专用设备这两项标准，则不好判断。什么设备不属于专用设备范畴，专用的内涵是什么？这些问题给会计记账带来一些可以自由裁量的权力。

金融租赁行业的发展已经走过了很多年头。2007年开始有了金融租赁公司试点，第一批是工银金租为首的几家，光大金融租赁是第二批。到现在为止，金融租赁公司已经接近40家，还有很多正在筹备当中。融资租赁公司就更多了，目前已经有3000多家，融资租赁行业的总规模达到3.6万亿元。

这3000多家租赁公司可以分为三类。其中金融租赁公司是一类，里面还有两个子类别，一类是有银行背景的，另一类是没有银行背景的。银行系背景的金融租赁公司，银行是大股东。比如光大金租，大股东是光大银行，兴业金租大股东是兴业银行，招银金租大股东是招商银行。没有银行背景的像华融资产管理公司、信达资产管理公司、中石油等，也有设立租赁公司，也叫金融租赁公司。二者相同点是都在银监会的监管之下，都符合《金融租赁公司管理办法》的要求。此外，商务部管理下的叫作融资租赁公司，又分为两类：一类是中外合资企业，叫外资租赁公司；另外一类叫内资试点租赁公司。这两类公司原来是商务部两个不同的司局各自分管。外资租赁公司的审批条件比较低，省一级商务部门就可以审批；内资试点租赁公司的设立门槛则要高一些。

金融租赁公司虽然只有不到40家，但是资产规模占了融资租赁行业总资产规模的一半以上，而且这个占比还会再提高。因为金融租赁公司资产规模扩张得非常快，像工银金租的资产规模现在已经两千多亿，国银金租达到一千多亿，发展非常快。光大金租估计再过两三年也会过千亿。商务部管理下租赁公司发展相对慢一些，虽然它们做得很“专”，但是规模很难扩大，因为它们的融资渠道受到一些制约。

目前，整个租赁行业的注册资本金达到一万亿左右，比去年同期增长了约三千亿，大量的资本涌向这个行业。但是这个行业人才极为缺乏，真正有经验的人才非常稀少，那么多租赁公司成立之后找不到人做。我们公司只有八十几个人，即使按一百人算，乘以四十家，整个金融租赁行业也才四千人，相比于其他行业数量实在太少。

不过总体来说，这个行业发展前景非常好。一方面是法律、会计、税收、监管等各方面的制度都已经逐步健全，另一方面全社会对固定资产投资的资金来源需求量非常大，对于设备、技术的需求量非常大。2012 年全国固定资产投资资金仅有 12.55%来自国内贷款，自筹资金及其他资金来源占 81.6%，而这个 81.6%就是租赁行业的空间。从 2012 年的数据来看，我国的租赁渗透率还很低。所以固定资产更新需要我们，转型升级需要我们，市场需求巨大，创新潜力巨大。

（二）融资租赁业务的基本特征

融资租赁业务的基本特征可以用一句话概括：集债权与物权于一身，合融资与融物为一体。融资租赁是有物权保障的，把标的物租给他人后，在租赁期间，这个标的物依然属于出租人所有而不是承租人。到期承租人把租金全部付完之后，所有权才会以象征性的价格转移给承租人。

这种业务模式就决定了融资租赁业务与信贷业务有所不同。信贷业务看报表描述过去三年的财务状况，看的只是一个历史信用。但过去盈利不能代表未来一定盈利，过去有偿债能力不代表未来一定能还债。很多审查人员天天耗在财务报表分析上面，但以历史推测未来是不一定准确的。一旦出现了信用风险，信贷成为了不良资产，就很难催收。我们做租赁业务就不是这样。出租人从使用租赁物的方式上就能够判断承租人是否有盈利能力。比如飞机租赁，飞机作为租赁物很复杂。飞机能不能盈利，跑一条航线能不能盈利，影响的因素很多，比如起飞和降落的里程、座位的大小都是需要考虑的因素，所以这个参数、模型非常复杂。飞机租赁会面临很多不确定性，除了燃料成本等比较确定的因素要考虑，还有很多技术参数、经济参数。只有把技术参数和经济参数都带到模型中计算，这架飞机飞一趟赚不赚钱，能不能负担得起租金，才能有一个大致的判断。所以要有非常强的资产管理能力。再举一个例子，我们那时候做工程机械的时候，很多人找到我们要求分期付款，想租一台挖掘机。工程机械的融资租赁最终需求不是要买设备的人，而是看能不能拿到挖掘的合同。如果说从业经验丰富，有关系，能拿到很多合同，能持续开工，当然就能创造现金流，我们就可以给他审批。有时候没有合同，那就看从业经验。如果这个人在这个领域里有从业经验，就证明他更有可能获得合同。从事融资租赁行业，一定要了解每个设备，了解设备能创造的价值。当然还有更高级层面，比如设备技术革新，波音 737 飞机要推出 737MAX 系列，一旦新的系列推出来，原来的机型比如 737-800 是不是就要被淘汰了呢？研究这个事情也没那么简单。因为现在是双头垄断，所以推出新机型如果会对自身产生影响，生产商也是要考虑这个问题的。比如现在买飞机，就要先下订单，然后等待一个比较长的交货期。假如交货期是三年，三年后到手的飞机有没有经济价值？三年后的技术革新会不会导致订购的飞机过时？这些事情都是要考虑的。所以融资租赁不能只懂看报表，一定要对设备、租赁物有资产管理能力，充分了解租赁物的经济属性和盈利模式。

租赁公司是一个人才聚合的场所，既要懂设备，又要懂金融、法律、会计等。融资租赁业务除了涉及债权之外，还涉及物权。物有千千万万种，每一种物的取得和权利凭证、质量保证、保险和实物监控、现金流控制、维修保养等都不一样。我们做过一个核磁共振的医疗设备租赁。这个设备的租赁，我们做得很辛苦，过程很复杂。一开始我们想得很简单：融资买了设备，安装调试之后就可以使用，然后就可以收租金了。但后来发现买到了设备也不能马上安装，因为还得先建一个房子来安置它，安装核磁共振设备要有个房子防辐射的。这个房子还不能随便建，要符合卫生行政部门的相关标准，建完了还要卫生行政部门验收，验收完成设备才能到位。前后大约半年的时间备齐了上述条件，结果院方又提出了问题，说核磁共振设备的说明书只有英文的，租赁公司应该翻译并且培训医院的人使用。当然这是为了不付租金而找的理由，但这就是实实在在的风险。承租人有可能找出若干个细节拒付租金。所以这个时候出租方不仅需要懂设备，还需要懂实务、懂行业、懂法律，才能顺利地完成业务。

而且我国目前还没有专门的融资租赁立法，物权法现在解决了一些融资租赁业务开展过程中遇到的问题，2014 年最高人民法院出台的司法解释，也解决了部分问题，但还是远远不够。融资租赁行业现在还有资本闲置的问题。法律不健全，出租人的权利得不到保障，于是大家都去集中做航空航运，因为船舶和飞机是遵循国际法的。国际公约在权利保障条款上规定得很清晰，比如船籍、飞机的所有权登记等各种制度都很健全。除这两个之外，其他各种设备在物权保护、二手交易以及估值方面都有很大的难度。现在买卖二手工程机械，许多人都是把挖掘机开到城乡结合部，两人一谈就卖了，价值自己评估。卖二手车也是一样，把车开到南四环，找到买家或者中间商，评估一下就达成买卖。这样的市场肯定不是一个公信力很强的市场，租赁业务风险很大。租赁物是保障租赁债权的，从理论上讲，一旦出了风险，出租人是可以收回租赁物并进行处置，用处置所得弥补债权损失的。但这在实践中很难做到，因为二手设备转让市场不成熟，权利界定不清晰。我国目前似乎只有二手房是比较规范的，而其他的都比较困难。所以物权制度的建设是融资租赁行业将来大发展的一个重要条件。这个条件不成熟，很多资本在融资租赁行业将会闲置。

那么融资租赁和信贷有什么不同？经常有人把融资租赁业务叫类信

贷，意思就是融资租赁公司的业务是和银行业务一样的。其实类信贷是个中性词，银行有很多看不上或者认为风险偏高而不承接的项目，租赁公司可以做。我们公司这几年发展很快，做了几百亿的资产，主要是因为我们跟银行相比有一些特有的优势。比如业务的期限比较长，一般三年以上，现在有八年甚至有十年的。一些新能源比如水电建设，建设和运营的期限很长，银行做不了，租赁公司就可以介入。再比如地方政府搞基础设施建设，找银行做项目贷款，银行要求项目开工的各种审批要件全部齐全，一旦要件齐全了，各家银行就会蜂拥而至，项目资金就不成问题了。但地方政府不愿意等，希望早点启动项目，这时租赁公司也可介入。审批的五个要件具备四个或三个了，另外两个是非主要要件，那我们就可以先给付资金。当然我们这样不是不讲规则，而是因为考虑到中国国情。因此我们融资的灵活程度比较高，竞争能力也就比较强。再比如像固定资产设备项目，如果去银行融资，一个亿的设备能融到两三千万已经算不错了，在租赁公司则可能融到百分之百。这也是租赁公司的一个优势。

总体来讲，金融租赁业务的风险偏好较强，风险越高，收益越高，金融产品就是这样的。银行不敢做的项目我们敢做，报价当然就比银行贷款的高。商务部的很多融资租赁公司，做中小企业的融资租赁，能够达到百分之二三十的内部收益率，比金融租赁公司高很多。因为他们监管更少，所以风险偏好更激进，收益率自然就高。而银行背景的租赁公司风险偏好弱一些，最近一段时间内部收益率能做到百分之六七就很不容易，而且竞争非常激烈。这就说明了融资租赁这个金融业态有市场，满足了实体经济的需要。所以租赁行业跟银行相比较有优势，客户会选择租赁融资。

（三）融资租赁业务的基本交易结构

融资租赁最基本的结构，就是有三方当事人，两份合同。三方当事人是指出租人、承租人和供货商；两份合同是指租赁物购买合同和融资租赁合同。当然我们有时候把融资租赁分为两种：一种是直租，出租人直接购买，然后租给承租方使用；还有一种就是回租，回租就是供货人和承租人为同一人。换句话说，这个东西本来就是承租人的东西，把它卖给出租人，再由承租人租回去，这就是售后回租。售后回租在中国的租赁行业中特别常见，因为如果能把自己一些看起来不值钱的设备卖给租赁公司，换回现金，再将设备租回来，那企业就能解决很多问题。

（四）融资租赁产品

光大金租擅长做工程机械融资租赁。中国的工程机械制造业是非常厉害的，耳熟能详的有三一、徐工、中联重工等，这些都是中国大型的工程机械制造厂家。光大金租在工程机械融资租赁业务中占比例是最高的，行业内都知道它是做工程机械租赁业务的专家。另一块占比较大的租赁业务是公用设施领域，比如固定资产这方面，包括桥、港口、管网、水电设施、排污设施、电力能源设备等，现在叫城市基础设施与公共服务，当然还包括交通基础设施。

接下来探讨一下航空租赁。一旦提到航空租赁，大家会觉得是高端的产业，表面上看是非常复杂，但航空租赁其实是比较简单的，因为它比较标准化、国际化。中国航空产业不大，航空公司比较强势，报价比较低，融资成本又比较高。这种情况下，我们依然坚持做，因为有时候不是看一架飞机能否盈利，而是要看整个航空业的发展趋势以及航空租赁的业务模式。首先，中国的航空业肯定是要有大发展的，目前飞机少，所以民航飞机肯定是有发展前景的。民航飞机现在每年大概以 400 架的数量在增长，这些业务不能都让给境外租赁公司。其次，飞机租赁一定要有生态系统，不能仅考虑一架能否赚钱，还要考虑资产的转让。即使在利差上挣不到钱，但有后来的租赁公司愿意买，售出就能赚钱。租赁业务有时候是要通过资产转让和资产的重新组合来盈利的。开展航空租赁业务，参与这个生态系统的建设，初期不把盈利放在第一位，重在长远发展。

航空租赁业务的架构很复杂，需要在境内、境外设子公司。境内比如天津自贸区，境外比如爱尔兰。爱尔兰在航空经营租赁上政策特别优惠，服务也特别到位。航空租赁有其相应的基础知识，比如账务处理，主要涉及收入方是哪几方，支出方是哪几方，收入有租赁合同的本金和利息收入、手续费收入、残值收入等。当然我们还可以有其他收入，比如管理咨询、采购佣金，支出方有购买价款、利息支出、其他费用等，收入与支出之间的差额就是我们的收入。税收也是航空租赁的一项重要考虑因素，不同的折旧政策会对税收产生比较大的影响。然而，我国没有加速折旧的制度，实际上加速折旧对于租赁是非常重要的，因为它对设备更新、固定资产购置的加速技术升级是有很大好处的，同时加速折旧可以减少税额。

总的来说，在融资租赁行业发展当中有几种很重要的产品：第一种是类信贷；第二种是供应商；第三种是专业设备，比如航空；第四种是复杂一点的结构性租赁。如果按照资产的相关度来划分，像飞机、船舶、集装箱等一定是要以资产为主的，要有规范的、标准的租赁物。相反，类信贷的租赁物可能就是地下管网之类的，属于挖出来也没办法卖掉的设备。

租赁行业涉及的方向大致也就这几类，不多且很简单，但每一类都有一些特征和风险因素。比如，做供应商租赁一定要和制造商合作，因为他们有资产管理能力，更重要的是还有设备回收能力。现在有些厂家在做二手制造，这种业务利润大又环保。比如起重机，它最核心的就是液压件和吊起重臂，把这些回收、升级换代，就能再次出售，而且还比新的价格高。这就是为什么说做租赁一定要做全产业链。注册在香港的光大控股旗下有一家租赁公司叫中国飞机租赁公司，是香港的上市公司，就是做全产业链。它现在在黑龙江成立了一个拆解公司，就是老、旧飞机拆解，拆解下来关键部件还可以再次使用。结构性租赁是要跟资本市场结合的，比如跟 PE、VC 结合，或者嵌入一些选择权，又或者引进一些杠杆融资，这是一些比较复杂的创新性东西。

四、融资租赁的未来发展趋势

现在租赁物已经有从动产发展到不动产的趋势。比如一些厂房和物流仓库规模比较大，里面需要安装设备，设备价值不高，但连带厂房、物流仓库等不动产就可能上亿了。另外无形资产也是可以租赁的，比如转播权的租赁，还有嵌入选择权的租赁业务等，这些都是可能创新的。

租赁的传统业务是做上游和中游，就像中游的制造业是引进融资租赁最多的领域。但是租赁能不能做到下游，涉猎衣食住行各方面？在互联网时代，以后我们也许可以深入消费类的设备领域，比如医疗、养老、新能源汽车以及其他形式的出行服务等。专车业务就是一例，像神州、易到、滴滴等这样的出行服务，现在虽然风生水起，但各有各的软肋，很需要租赁公司的进入。现在城市越来越大，人口越来越多，越来越拥挤，一个人的车仅供自己使用是巨大的浪费，也造成了城市交通拥堵。其实，我们可以自愿优化组合，利用互联网和物联网，再加上租赁公司，开展分时租赁业务，这样一来，就不需要人人都买车了，车可以随叫随到。

出行服务领域、消费领域都有租赁公司创新的空间，因为这些行业都有固定资产。租赁公司投资于这些行业，不仅可以收取租金，在未来条件允许的情况下，还可能获取股权溢价。一旦被投资企业上市成功，租赁公司获取的股权回报将是非常可观的。

点　评

刘纪鹏：当年我在他们公司做董事的时候，董事长拉我去上海工程机械展览做讲座。我看了他们的展览很震撼，真可谓是气势壮观。在中国整体信用体系差的大背景下，像基础设施，拖拉机、挖掘机，租赁设备租出去后，会面临不交租赁费的问题。但是他们公司成立十年没一笔坏账，因为公司跟机械厂协议通过GPS监控每一台设备，只要不交租金，就进行操作控制使机械不能正常运行，交了租金才能启动，这样成功避免了坏账。租赁无所不能，未来的前景十分广阔，这个专业既包括法律问题，又覆盖金融问题。

我在这就做一个铺垫，下面请少军教授来做比较系统的点评。当然在这里边，一会我也想请潘总，给我们讲讲习主席到西雅图跟奥巴马会谈，订购300架波音飞机，为什么是带着工商银行管租赁的董事长去的。

刘少军：金融改革，从金融学整体来说是金融改革，从法学来说就是修法。因为90年代中期跟现在的立法环境是完全不一样的。现在我们修法的任务已经列入了日程的就是《证券法》和《期货法》。这次改革可是大改，几乎是面目全非。《期货法》原来有一个条例，十个办法，还有几个规定，现在要把这些进行整合，最后上升为法律，制定《期货法》。我们这次金融体制改革基本的调子要靠这两部法律定下来。那么这两部法对我们来讲，最重要的就是分业经营、功能监管。

过去我国是分业经营，机构监管，由负责审批的机构进行风险监管。现在要进行功能监管。功能监管就是在监管中以业务为监管对象，不再以机构为核心，当然机构还要监管的。要把监管业务排在第一位，然后在这个基础上再监管机构。这个变化其实是非常大的。我们虽然已经有很多的混业经营，但是不完全成熟。所以，我们只能实行在一定程度上的分业，一定程度上的混业。以前说要银监会、证监会、保监会三会合一，但是现在看来各个方面条件也不太成熟。

这次改革的《期货法》《证券法》，还都是阶段性的。最后的原则和基调还是要坚持分业经营的这个原则，然后是功能监管。要依功能监管就不一样了，它关键是要把不经过批准的那些业务，也纳入管理里边，只要是经营相同的业务就都有权监管。这里面就涉及一个大问题，即民商法和金融法分界的问题。过去民商法和金融法的分界是比较清楚的，因为金融机构是法定的，金融机构就纳入金融法的调整范围之内。但现在这个界限有了问题。实行功能监管以后，任何一个经营相同业务的机构，如果有可能产生系统性金融风险，那么监管机构就要监管。例如，一个普通的工商企业，甚至说是普通的个人，在做金融业务，监管机构认为这个企业或个人有系统性的金融风险，那监管机构就要将其纳入监管，如果有违反规定的行为，监管机构就要处罚。这就导致了民商法和金融法边界的模糊问题。

以功能监管为主体的话，那么我们立法就主要治准入。现在立法的核心是金融业务的权利义务。就像关于融资租赁，融资，租赁，在我们国家现在几乎是没有相关立法的。仅仅《合同法》里面的一章，对我们实际操作中的借鉴意义很小。所以说关于这些方面的立法是势在必行的。融资租赁涉及非常复杂的东西，需要细致解读。在整个大背景解读下来之后，对我们的法学思路都会发生很大的变化。

接下来，要修改的就是《商业银行法》，这个也已经提上了日程，前两个月我们在国务院法制办开会专门讨论了这个问题。那次开会主要是说要修订存贷比相关内容。其实是包括两件事儿，一个是询问大家是否都同意修改，这个是无所谓的，银监会实际都已经做了，修改实际上就是一个形式，更大的问题是要讨论《商业银行法》修改的工作。当时有好多金融界的人，也有很多法学界的人，我发现最后大家不约而同地说出一句话，就是“商业银行法”这个名字我们不要再使用了，改成“银行业法”。简单地说，就是把银监会监管的这些金融机构，除了信托类有《信托法》监管之外，别的全部要纳入我们这个新法里面，所以它只能叫《银行业法》。这意味着，间接融资性业务就应该纳入到法律体系中。我也给他们提了一个详细的方案，把融资租赁就作为其中的一章来编写，主要是权利义务，不再主要说准入的事宜，而重点关注其中的权利义务。因为融资租赁涉及的问题非常复杂，就像刚才潘总讲的那样，最少两个合同，涉及五六个合同也是有可能的，这是我们传统的合同法没法解决的。这些合同的关系不仅仅是主、从合同，有些合同都互相有连带，如果一个合同无效或者被撤销了，其余合同怎么办？这些大问题没有法律规定来约束是不行的。当然，我们现在也可以靠约定，但是约定太复杂了。如果在法律中把这些问题规定下来，那么就容易多了。比如说，租赁物发生了故障，导致死伤一百多人。如果这吊车是潘总租出去的，那在法律上该怎么处理？这个事情是比较麻烦的。从惯例上来讲，应该是免责，但是在法律上还没有规定。

没有法律规定，对出租人是否免责存在疑虑和争议，出租人就会感到害怕，无形之中交易难度就会增加。还有一个问题，这个设备出现质量问题，找不找出租人修理，从理论上来讲，一般意义上的融资租赁，是不承担责任的。

潘明忠：融资租赁业务中，作为出租人是不管设备质量的问题的。

刘少军：按照一般意义上来讲，我租了你的东西，东西坏了你是不是得负责维修？你得承担责任。所以，融资租赁在实践过程中，问题非常多，必须得立法来加以规范。所以，这次修改《商业银行法》，我就干脆建议把它改成《银行业法》，对权利业务做具体规定。

还有一个问题是，融资租赁和典当在金融上更相似。典当一开始是银行业务，后来转到经贸委，又变动了几次，现在转给了商务部。商务部现在也有融资租赁，典当要不要回归金融也是一个问题。我们经常看到的典当是过去的含义，而现在则是一种融资手段。有很多东西是我们现在没法想到的，例如现在很火热的票据融资：在浙江那块，企业不发债券，而改为发票据。所以我们把法律关系和做业务一定要结合起来。

这里面的问题到底是归民商法还是金融法的范畴，是一个非常重要的问题。比如现在场外配资和非法集资的情况太多了，问题的根本是总理不允许银行给房地产贷款，它们只好依赖于信托。大家现在研究的通道业务到底是不是信托，还是以信托之名掩盖非法之实际，这是个问题。如果换个名头就可以有几万亿的规模，而且房子卖不出去，资金链一旦断裂，信托又出问题了。这里面的问题都值得我们深入研究。

刘纪鹏：我们确实需要把这些尖端的金融领域跟法学这个学科结合起来。如果只学法学科，就业比较难，但是稍微一转换，需要法的地方无处不在。你刚才说你在参与修改《银行业法》，我也参与了《基金法》《期货法》《证券法》的改革商讨，这次确实得大改。今后我们的法只要有几条线能够跟政策部门、实践部门牵上，就大有用武之地。

胡继晔：我想点评两点。第一点，融资租赁在金融业里面，它处于什么样的位置。我们都知道，金融就是直接融资和间接融资两个部分。但是融资租赁恰恰是它既有直接融资又有间接融资的部分，同时，它又是实体经济和虚拟经济非常好的结合。融资租赁和信托一样，不仅仅连接了这个资金的提供者和资金的需求者，它还把实体经济和整个金融体系进行了非常好的连接。这也是我希望诸位在学金融的过程中注意的一个非常重要的金融形态，它跟传统银行和证券都不一样。

第二点是如何把融资租赁再立法，我想到了美国《证券法》的例子。美国在1929年大崩溃之前，是没有《证券法》的，那么都是靠经纪人之间所谓的“自我约束”。但是，后来为什么有了《证券法》？从研究《证券法》的立法的历史中也发现，过去诸多的案例都是靠合同来规范的，但是合同的诉讼需要很长的时间，同时也会浪费大量的法律资源。最后，美国形成了1933年的《证券法》和1934年的《证券交易法》。过去70多年了，这两部法律依然实施得非常好。我国的融资租赁，实际上也可能是要从过去的这种从案例出发，最终形成法律。所以刚才少军教授提出来，如果融资租赁能够成为《银行业法》的一部分，也算是融资租赁立法的一个重要进程。我觉得我国将来可能要形成单独的一部《融资租赁法》。

刘纪鹏：创新的思路，就在于跟这个伟大时代的尖端领域相结合。而金融就是中国崛起的必需部分。所以法和金融的结合，不仅是我们每一个同学从就业角度出发的一个必然选择，而且是我们教学理论的必由之路，更是中国崛起，法律和金融结合，是它的必要基石。所以，我想潘总今天的讲座之后，做这样一个铺垫和指引，大家都应该意识到法与金融结合的战略意义。

武长海：融资租赁在法律上是缺位的。1999 年的合同法里，273 条是一个融资租赁的条款。这个条款实际上只涉及两种行为，但是从现在的行为角度来讲，已经发生了 11 种行为了。例如，直接租赁、转融资租赁、售后回租租赁、杠杆融资租赁、委托融资租赁、项目融资租赁、销售式租赁、抽成式融资租赁、风险融资租赁，还有结构式参与融资租赁以及捆绑式融资租赁。实际上，合同法只涉及两种租赁，一个是回租，还有一个是直租。但现在已经有多种行为了，那么从法律上怎么解决这个问题？潘总刚才所提及的租赁物的创新，涉及无数产业，最终再加入互联网，这个不但涉及具体业务和很多专业的领域，也涉及一些专业的法律，就像保险法、信托法以及担保法等其他一些具体的法律。那么仅仅有合同法而没有一个专业的立法，是远远不够的。

这二十年来，法律上是缺位的，我国必须有一个《融资租赁法》。监管部门也不再是一个单纯的银监会，涉及证监会，还涉及其他的部门，这时候立法肯定要单独立法。从监管机构来看，我们需要一个综合性的监管机构，而不是说靠某一个部门。就像这次股灾出现的原因之一，就是证监会掌握的信息不足，来源不够广泛。例如银行的钱都投资进股市了，而证监会却并不了解这方面的相关信息，从而无能为力。

随着我们金融改革的深化，要整合机构，形成一个综合监管部门。新的领导人上台之后，出现了很多的业务创新。这时候就需要整合法律，需要新的立法。金融监管机构需要在全国成立一个综合性的监管机构，全国统筹。“融资租赁”如果要写论文，有很多可写的内容，有很多值得去研究的问题。

潘明忠：感谢几位教授刚才对我的点评，纪鹏教授创立了资本金融学院并定期举办讲座，他的这颗心我想在座的这些同学都是可以理解的，他考虑得很长远。法学和金融学的结合是最紧密的，两个学科结合点，应当是法学对金融的支持。刚才少军教授点评得非常好，他注意到了金融业真正发展变化的趋势，就是混业经营和分业经营的问题。这方面业内的探讨是非常多的。现在讲的缺乏资产管理的概念，实际上就是混业经营的一种表现形式。现在金融行业里面，金融机构作为主体，其功能、特征都在模糊化，各个机构都在趋同，很多时候做一样的工作。这就验证了少军教授刚才所讲的，需要功能监管。功能监管通俗来讲，就是管产品，这就需要看透金融产品。现在在混业经营的趋势下，很多的创新，监管部门是看不明白的。银行已经不是原来的银行了，证券公司也不是原来的证券公司了，交叉重叠，你中有我，我中有你。混业经营趋势是金融业发展的一个重要趋势，这是一个方面；另外一个很重要的方面是金融业的参数也在变化，这个参数就是价格参数，也就是利率和汇率。“利率市场化”已经基本地完成了，汇率改革正在进行中。“8·11”这个解释犹抱琵琶半遮面，肯定还有后续步骤。现在看来，央行不想让汇率迅速下降，但偏偏又推行了降息降准。按道理，降息之后人民币会贬值，汇率应该下跌，这对矛盾还在进行之中。

融资租赁就是由一堆合同组成的。合同多了，法律适用上就有冲突、有竞合，会产生许多问题。具体实践的时候会遇到很多法律问题，如果细细地研究融资租赁，这里的许多问题包括融资租赁该不该单独立法，都有很大的争议。

刘纪鹏：潘总说得很明白，搞金融的人搞不明白，不是说他能力不行，而是体制内、体制外的人都不想把它搞明白，搞明白他们就挣不着钱了，这就是事实。那些投资银行，这么多衍生品、期货，包括他们哪个买壳上市、VIE回归，没人讲明白，所以任由他们去解释。不想立法，立法就是约束他们，让魔鬼变成天使就得靠法律。魔鬼不会自愿变成天使，这就是金融的两重性，所以，从这个意义上说，我们今天反复强调的法律与金融的结合，不只是中国，是全世界的发展方向，真正的出路。如果只缩在法律的龟壳里，是找不到更广阔的发展空间的。但如果你把法律跟金融一结合，我想未来的天地很大。金融必须靠法律制度的完善来规范。所以，现在搞金融、吃金融、用金融，最需要的是法律人才，但是一定是懂金融的法律人才。其实，资本金融就是我提的概念，我今天跟潘总、少军以及在座各位也在求证，我把现代金融分为货币金融和资本金融是否成立，现在我的第一本《资本金融学》，已经写出来了。

刘少军：韩国现在制定了《资本市场法》。

刘纪鹏：名字接近，但是我叫资本金融，他们有资本市场研究所，但资本金融的提法就少，资本金融是以资本市场为主导，以投资银行为主导，以股权融资、直接融资为主要形式的融资方式和体系。但是在对照组织结构对号入座时，遇到一个困难，就是在资本金融和货币金融之间，有大量的非营利机构。现在公认的有七类，包括信托、证券、保险、租赁、基金、财务公司还有投行，后来又衍生出汽车消费等非银行金融机构。如果把融资租赁划到货币金融领域，那银行立法就得约束它了。或者我们可以认为融资租赁属于资本金融的范畴，或者说是第三种边缘地带，即边缘金融。所谓边缘金融就是货币金融和资本金融的结合部。到底该划归哪一领域，这个问题很难。我在书里把它放到了资本金融的范畴，因为我觉得这个领域里面的创新空间巨大。

潘明忠：我们经常讲，融资租赁天然具有连接金融虚拟经济和实体经济的优势。但是现在实务中的行为，是债权性质比较明显的。少军教授还有一句话，这些都是阶段性的。很多东西不成熟，我们实际上做的是债权。我借钱给你以后，实际就管不到这笔钱的用途了，所谓的风险管理实际上是没有用的。但是股权不一样，股东可以参与公司决策和运作，保障自己的权利。

互动提问

提问者：美联储加息，美元走强。航空租赁一般是美元融资，美元回流，对我们行业有何影响？

潘明忠：中美双方在经济上的互相依存度高于差异度。现在外汇融资占比较小，很多企业已经暂停美元融资了。从长远来看，人民币国际化是很重要的。人民币国际化的基础是人民币要有人用，要解决更多数、更广泛的全世界人民使用的问题，从贸易结算到成为储备货币，先要把这个基础建立起来。

大数据在现代金融创新与风险管理中的运用
——从e租宝谈起

提 要

时间：2016年3月23日

地点：中国政法大学蓟门桥校区科研楼二层学术报告厅

主持人：刘纪鹏

主讲：杨凯生 中国工商银行原行长、中国政法大学兼职教授

点评：贺强、高祥、武长海

互动提问

2014年7月，e租宝是打着互联网旗号上线运行的平台，实际上是钰诚系下的一个金融网络科技有限公司。2015年年底东窗事发，高管被抓、支付困难。此事究竟是公司经营不善、对市场风险的判断不准确引起的？还是非法集资、庞氏骗局呢？性质是不一样的。这要等法院判决以后才能清楚。

但是有些情况可以佐证某些判断：它的主观恶意性到底大不大？还是完全无辜的、经验不足？据说它把1000多册的资料、账页打成近百个编织

袋，埋到地底下，公安部门动用挖掘机取出来的。如果是真是经营不善、对市场判断不准，不至于做这些事情。据报道，e租宝累计吸收资金500多亿，涉及90多万人，搞的项目基本都是假项目，用投资者融资款的大概1%、1.5%去买一些项目资料，用买来的项目资料再吸引新的投资者。而所谓的207个项目中，大概仅有一个项目真的发生过业务往来或者发生过洽谈，其他的根本就没什么往来。为了让投资者增强一点信心，e租宝的项目由自己办的担保公司来提供担保，保证还本付息。

e租宝的宣传口号是：一元起投、随时赎回、高收益、低风险。这样的广告词是很有吸引力的。有人认为互联网金融彻底颠覆了传统的经济金融理论。传统经济学理论认为流动性和收益率应该是负相关：即流动性越高，收益率往往越低；流动性低了，收益率才能偏高一些。传统金融理论另一个基本原理：高收益必然伴随高风险，只有低收益的才有可能是低风险。然而e租宝确实颠覆了这两个传统金融理论：e租宝产品的流动性高（可随时赎回）但收益也高，即高收益但低风险。因此，工行确实要真正思考一下，这些理论能不能经得起经济生活实践的检验。而传统经济金融理论可能真不是那么容易被颠覆的。

e租宝不能简单等同于互联网金融，应该说它是打着互联网金融的旗号搞非法集资、庞氏骗局。简单以此把互联网金融全部否定是不妥当的。同时互联网不等于大数据，互联网和大数据既有联系也有区别。

今天主讲银行的大数据建设及其在风险管理中的应用。大数据最早是未来学家托夫勒在《第三次浪潮》中提出来的概念，2011年美国的麦肯锡公司发布了第一篇关于大数据应用的报告，从那时起，大数据的应用特别是有关的商业应用才真正推到了众人眼前。近年来，大数据在我国已经成为热门话题。2015年，国务院连续发了两个文件：2015年7月发布的《关于积极推进“互联网+”行动的指导意见》；2015年9月5日发布的《关于印发促进大数据发展行动纲要的通知》。由此，大数据问题更是引起了各行各业的关注和重视。工行过去总说“知易行难”，而我认为大数据问题，可以说是“知不易，行更难”。

今天的讲座主要从两个方面来谈：一、大数据的基础建设，主要是结合银行系统，特别是工商银行这些年来在大数据的基础建设方面是怎么思考的、怎么做的，也可以说是一个背景介绍。二、大数据在银行风险管理中的应用。大数据可以应用于银行的以下方面：金融产品的研发、市场的营销、客户关系的维护、银行的内部管理，机构、网点、员工的绩效考评等。银行在这些方面一直在尝试通过大数据的应用来提高管理运作水平。银行最重要的基本功还是风险管理，今天的主题是大数据建设如何应用于银行风险管理。

一、大数据的基础建设

当今世界正在形成一个大数据的产业链，这个产业链包括上游、中游和下游三部分。

大数据产业链的上游是指那些进行大数据汇集的机构。在一定条件下，拥有大数据的企业、公司、政府部门可以把自己掌握的数据作为资产，有些数据是可以作为一种资源来实现其商业价值的。例如，万得（Wind）公司、美国的彭博（Bloomberg）公司就是典型的靠出售数据挣钱的。目前，法律和伦理约束还很不完善，需要加紧研究和解决。

大数据产业链的中游，是指那些专门提供大数据挖掘分析软件工具和硬件平台的公司。目前比较领先的主要还是美国、欧洲的一些公司，比如IBM、Teradata、Oracle、SAS以及SAP等公司。我国已经迈开了步子，但还存在一定的差距。

大数据产业链的下游，主要是指借助大数据的分析软件和平台开展大数据分析和应用的各种机构，既包括政府部门、企业、研究机构等为自身目的开展大数据分析应用的机构，也包括受托为第三方开展大数据分析、从中获取服务费的各类大数据分析服务商。例如，智能交通管理实际上就是应用大数据来管理交通。现在高端的大数据分析人才十分紧缺，是一个不小的制约瓶颈。西方的数据科学已经成为一门新学科了，并出现了数据科学家这个职业。

大数据和信息技术的进步对传统银行业的变革起了很大的推动和促进作用，并带动了金融创新。应该说，银行业天然就是和数据、网络有着密不可分联系的行业。

整个银行业的一切活动和产品都是与数据有关的，甚至可以极端点说，银行生产的所有产品就是数据。银行开发的金融产品，实际上就是按一定规律组织的数据；银行的支付结算等服务，实际上就是以网络化手段对客户的账户和交易行为进行数据处理。因此，互联网技术的发展和大数据的应用，能更加高效、低成本地完成商业银行过去所从事的绝大部分业务，从而提升传统金融对社会公众的服务水准。

数据技术和互联网技术的发展，也模糊了互联网企业和金融企业之间的一些界限，过去只能由商业银行提供的支付、融资、理财服务，互联网公司在这些方面已经取得了不小的发展，扮演着越来越不可小视的角色，有的已经具备了金融中介功能。当然，大家对这个问题的看法还不一样，到底什么样的企业和机构才能具有金融中介的职能，需不需要一定的资质、特许、审批等手续？这些问题都需要明确和解决。

结合工商银行这些年的发展道路，讲一下工行大数据的体系，包括工行大数据的框架、建立过程、作用等方面。

工商银行一直把大数据和信息化建设作为自身发展的三大战略（大零售、大资管、大数据以及信息化）之一，一直在追求让全行的各类信息能够集中、整合、共享、挖掘，从而提升适应变革和不断创新的能力。从1996—1997年开始，经过十多年的持续努力，工行现在已经建立了一个庞大的大数据基础架构和应用体系。美国天睿公司是全球最大的数据仓库服务商，每年在全球数据仓库用户大会上，发布对全世界各国数据仓库的评价结果。从 2012 年开始，工商银行连续被评为中国第一、全世界第六的银行业数据仓库。

工商银行的大数据架构是由三部分构成的：数据基础，数据服务，业务应用。数据基础也包括三个部分：外部信息，内部信息，业务系统信息，即综合业务系统产生的各类数据信息。前两部分的外部信息和内部信息大多数是指非结构化的数据，主要以各类文档、资讯、图片、音像、多媒体资料等形式保存和管理。第三部分业务数据，产生于工行的综合业务系统，每天在系统里进行的这些交易情况与业务情况的数据，是对所有客户在我行业务活动过程和结果的记载，是关于这些客户每一笔账户变动情况的准确记载，属于结构化数据。这些数据既是标示客户在我行的资产负债的法定凭证，也构成了工行掌握客户行为规律和需求特征的重要基础。此外，为了加快对客户信息的实时分析和处理能力，近年来工行又建立了流数据的平台，实现了对客户的一些关键业务数据信息的实时或准实时地处理、分析、应用。在这个数据库的基础上，工行又建立起了一个指标库，即对数据进行标准化。

经过标准化的数据，可以进入大数据架构的第二部分——服务系统。主要包括客户端直连服务器的灵活查询，通过浏览器界面连接服务器的通用查询，找出海量数据背后业务知识的数据挖掘，对非结构化数据的搜索引擎，各类自定义的信息定制等工作，以及各种各样的可视化的展现方式。这些构成了工商银行具有自身特点的数据服务层，可以用来满足工行不同层次的数据分析需求。

第三，实际上就是基于前两层的数据和服务手段，建立起来的面向专业部门、决策层、管理层的应用系统。例如，行长要检查全行的最新经营情况，打开计算机都可以看到。也可以用来满足各专业部门经营管理的需要，还可以满足营销人员及时发现客户的重要情况变动以及产品销售商机的需要。

在大数据分析与应用领域，有这样一句话“garbage in，garbage out”，也就是“垃圾进，垃圾出”。特别是数据量大时，进来的数据如果不经过清洗、筛选、标准化处理，会影响到大数据的质量，不仅不会增加业务价值，而且一定会影响到整个数据库基础框架的生命力。含有大量垃圾数据的数据库是没有任何意义的。一定要建立科学的、可持续起作用的数据质量保障机制，要做好这项工作必须两手抓：一是建立数据的标准体系；二是建立数据的质量管控体系，通过这两个体系来实现对数据质量的保证。

1. 数据质量管理。2006 年开始，工商银行就对进入数据库的各类数据质量进行治理，现在已经把数据质量管理纳入了总行、分行的操作风险管理体系，就像抓业务风险一样来抓数据的质量风险。

工行始终认为失真的数据、不准确的数据、假的数据比没有数据还坏。当然这项工作是非常艰苦细致的，急功近利、马马虎虎是绝对不行的，特别是面对一些缺乏会计核算基础的非结构性数据。如果是结构性数据，质量相对有保证，因为银行的结构性数据是基于会计核算的。而非结构性数据，大多是游离于会计核算之外的，在一定意义上更难。尤其是当数据的生产者和使用者发现这些数据和自己的利益相关时，那么这些非结构性数据的可靠性就更需要关注了。

再有一种现象也可能带来不小的挑战，即用户要求屏蔽自己的某些社交行为数据。欧盟有人起诉 Google，要求法院维护他不被知晓的权利，认为 Google 已经侵犯了他的隐私权。欧盟法院判决 Google 败诉，要求 Google 在技术上能够满足用户的这种需求。据说 Google 在欧盟要征询客户意见，哪些数据是可以被人搜索到，哪些数据是不希望被人搜索到的。一旦这个理念被广泛接受，那么对于人们社交数据的应用，就值得进一步研究了。

数据质量管理当中很重要的一个内容就是数据清洗。一是清洗连接过程中的数据，以保证数据记录的唯一性。例如，客户业务发生的时间和借据代码必须是唯一的。一笔业务的发生时间必须是唯一的，不能同一笔业务记载的时间不一致。二是清洗掉异常值数据。比如，客户的年龄突然出现了一个负数，这就是个异常值，系统要能识别出来，必须对它进行清洗。还有就是许多业务问题导致的数据质量问题，一般来说，在整个数据范围里的尾端和首端的数据在清洗过程中需要特别关注。还要对数据进行多维度分析，这也是一项更重要更复杂的清洗，需要从多个角度分析数据的连续性、可比性，发现异常要重新检查前面的数据清洗流程。工行现在系统里已经能够自动实现，目前工商银行已经制定了积累超过 500 项的各类数据质量控制规则。

2. 信息标准化。信息标准化实际上就是信息统一语言和计量的过程，简单地说就是“五个统一”：定义统一、口径统一、名称统一、数据来源统一、参照统一。

（1）定义统一。同样信息项的业务含义和其所对应的业务场景都必须是唯一的，并保持一致。例如，什么叫银行的法人客户？它除了和自然人相对应以外，有贷款的客户叫法人客户吗？如果生产企业属于法人客户，那么机关属于吗？如果机关属于法人客户的话，部队属于吗？如果不把定义统一，不同的人产生不一样的理解。法人客户定义为，与工商银行发生业务往来的、在工商银行开立账户的、并且持有工行一种含一种以上产品（包括负债、资产和中间业务）的客户。

（2）口径统一。由数量表达的信息标准，计算口径必须要统一。不同部门对代码取值、计算方法、代码规则等必须要统一起来。例如，银监会发布 3 月份金融系统增加贷款额，是指增加人民币贷款，显然不包括外币和境外业务。银行要大力支持小微企业的发展，那么如何判断小微企业？人数少就是小微企业吗？贷款金额小就是小微企业吗？营业收入少就是小微企业吗？有关部门对小微企业的定义还是按照职工人数、营业收入来定，实际上是不准确、不科学的。支持小微企业的财税政策、信贷政策，都是很稀缺的政策资源，不能把这些稀缺资源用到本来不该享有的主体头上，而影响到真正需要享受政策的小微企业。

（3）参照统一。参照统一是指企业内部的数据标准和定义必须和国际的、国家的、有关政府部门的标准是统一的。工商银行制定数据标准的时候参照了国际、国内有关部门的200多项标准，包括国家统计局的、人民银行的、银监会的标准，最终形成了自己的庞大统计系统，包括一系列统计规则、定义的要求。

（4）名称统一。数据名称统一以免同样数据的不同名称产生问题。

（5）数据来源统一。标准化的数据来源应该有且只有一个。

大数据建设落地的核心是建好数据仓库，数据仓库的精髓是把所有的数据通过逻辑数据模型（LDM）集中和关联起来，形成一个整体。物理集中只是一个重要的基础，其目的是逻辑集中，进而实现数据的整合、共享、使用。

工行最初的数据管理也是分散的，各部门、各专业都有自己的统计和小型数据库，都是很原始的一种数据管理方式。所以，建设数据仓库时强调逻辑集中，就是要打破专业界限、部门界限、系统界限，实现数据的统一，使所有的数据都能够集中和共享。管理学的一个基本观点是：凡是可量化的才是可管理的，不可量化的就是难以管理的。我赞成前半句，不太赞成后半句。工行经过漫长复杂的过程，用十几年的时间将各部门、各专业、各分行小而全的管理信息系统集中起来，建立了一个全行企业级的数据库，实现了逻辑集中，成功打破了部门、专业、地区的界限。

建立数据库要把全部的信息以有序的方式实现逻辑集中。从横向看，在所有的分支机构层面实现跨专业、跨部门的数据信息整合，能够得到完整的信息视图；从纵向看，在全行范围内要实现各专业条线信息的整体集成，以便全面评价和分析业务信息。如此才能真正解决管理中需要海量信息支持才能解决的一些问题。数据集中的好处是，可以实现全行经营管理信息的“一次存储，共享使用”，以节约信息管理和使用的成本，提高效率。同时，只有把信息都逻辑有序地集中起来，才可能把它用于指导工行的业务发展。所以建立数据仓库的目的就是要夯实数据的逻辑基础，把信息当作工行的一个宝贵资产来看待。

工商银行数据库现在的规模有多大呢？工行实现了对全行所有业务系统数据的全覆盖，已入库的有 121 个业务源系统，5054 张数据源表。工商银行每天发生的所有业务都会带有时间标记，以数据源表的形式进入数据库。业务范围包括了存款、贷款、信用卡、票据、基金、债券、理财、国际业务、电子银行、金融产品等领域；从地域范围来说，境内的、境外的、集团子公司的、行外信息等。这是结构化数据的一部分。

非结构化信息数据每天也要进入信息库。结构化的信息进入数据仓库，非结构化信息进入信息库。在目前的情况下，数据仓库的存储、应用水平要高于信息库，信息库有网银日志、融 e 购、融 e 联、投诉工单等，融 e 购就是工行的电商，运行了两年，现在是全国第二大电商。

数据仓库的发展大体可以分为五个阶段：第一个阶段，报告型的数据仓库，主要告诉你已经发生了什么，可以固定地产生一些报表，简单地进行一些事后的查询。第二个阶段，带有分析功能，在一定意义上说明为什么会发生，有很多灵活查询的功能，有专业化的数据分析的工具。第三个阶段，预测型的数据仓库。它不仅报告你发生了什么，分析为什么会发生，还会告诉你将来还会发生什么。能够通过数据分析和模型预测找出隐藏在数据中的规律，而且可以把这些规律和模型部署到业务系统当中去，主动地实现对业务管理的优化和提升。第四个阶段，就完全是一个实时性的运营分析性的数据仓库了。流平台就是反映、分析正在发生的事情。第五个阶段，智慧型的数据仓库。它高度智能化，对许多业务机会能自动捕捉，营销机会也能自动捕捉，还能够自动触发一些操作。到目前为止，智慧型的数据仓库现在世界上还没有哪一家企业、哪一个部门敢声称自己的数据库已经完全达到这个程度了，最多就是在某些方面或多或少有那么一点实践而已。工商银行现在处于第二阶段、第三阶段当中，少量的已经进入第四阶段。

流数据处理平台实际上要做的是如何提升银行的快速反应能力，对正在运营的一些数据，不仅要能进行实时分析，并且能够及时反馈到前台部门，甚至反馈到客户。它不仅仅是银行的业务综合系统功能的简单增加。

例如，信用卡刷卡后通常会立即有一个短信，提示消费了多少钱，但这仅仅是流数据的最初级应用，而真正的流数据概念远不止这一种业务场景。第一，它可以在客户做过什么操作后在极短时间内反馈给你相关信息，例如余额变动；第二，它还可以进入银行数据库所积累的数据中，包括个人过去的征信情况、消费习惯等一起综合分析，并且及时反馈到业务部门。所以不同银行给你的刷卡短信提示实际上背后的技术含量是不一样的。这是流数据应用的一个简单例子，通过流数据处理平台，实现对一些交易信息的实时采集、存储，并按规则进行计算，而且计算的结果又可以实时、准实时地推送到业务处理系统和渠道，以满足风险管理和营销领域的实时需要。

二、大数据在风险管理中的应用

大数据在银行可以应用到很多方面，例如产品的研发、市场的营销、客户关系的维护、内部的管理，还有工行营业网点、机构，乃至员工的绩效考评等都会用到数据技术，但是最重要的还是用在风险防控方面。

（一）风险管理应用概况

1. 大数据应用必须具备的条件。大数据在风险管理中的应用必须具备一些必要的条件。首先，要有海量的基础数据。工商银行现在有近 5 亿个人客户、500 多万法人客户，有近 20 年的业务数据积累。其次，要有统一的管理模式。从上到下必须有统一的意识和机制。再次，必须有刚性的系统控制。统一的管理模式必须体现在系统的刚性控制上，任何人随便想改是改不了的。评级控制、授权控制、审批控制、限额控制、风险调整后的资本收益（RAROC）控制等，都要由系统来实现。最后，要有严格的数据清洗流程，数据的标准要统一，数据的更新要有规则，数据要能够验证，要有数据质量控制平台等。

2. 大数据分析必须成为银行的基本功能。工行花了十多年的时间建立起来一个符合《巴塞尔协议》要求的、切合工行实际的风险识别和计量体系。风险不仅要能够识别，而且还要能够计量，不计量就没有办法管理。巴塞尔委员会明确要求，银行要能够基于自己的数据，运用自己的模型，对各项业务的风险参数进行逐笔的测算，用以计量各种业务的资本占用，并将其应用于风险管理的各个领域。这就是巴塞尔委员会的内部评级法的概念。巴塞尔委员会最初是由 10 个国家发起的一个委员会，它通过的决定、协议实际上对全世界各国的银行是不具备法律约束力的，但现在全球的主要银行都已经接受它。如果不是执行《巴塞尔协议》的金融机构，评级会受到影响，融资成本与交易成本会受到影响。

工行从 2003 年开始启动内部评级法工程，在这一过程中先后经受了银监会历时四年的四轮评估，对风险管理的这套模型，包括数据积累情况、数据质量的管理、制度流程、验证审计、IT 系统以及计量应用，进行了四轮的评估，接受了巴塞尔委员会组织的国际同行评估。2014 年 4 月，工行正式成为实施资本高级管理方法的银行，是工行的数据建设在风险管理方面的一个重要标志。

3. 数据应用要注重四个结合。风险数据管理的一个重要应用特点就是必须是多维度的。什么是多维度呢？首先，静态和动态的数据要相结合。不能光看客户的资产负债表情况，要注意实际的、不同时点的变化情况，要求的是动态数据。其次，微观和宏观、中观数据要结合。不能光看一个企业的情况，还要注意它的行业情况，注意整个经济的发展情况（例如工行的房价指数），乃至整个国民经济的发展情况等。再次，结构化和非结构化的数据要结合。最后，行内行外的数据也要结合起来。行外数据包括公积金数据、征信数据，海关、公检法的一些数据，工商税务的数据等，也包括客户的水电表数据。这些数据在使用时都要结合起来。

4. 大数据与小数据必须相辅相成。更重要的还有一个大数据和小数据相辅相成、相互结合的问题。实际上大数据有大数据的不足，小数据也有不可忽视的优势和必须用它的理由。比如，传统的小数据是有经典的数理模型的，是有比较成熟的数据分析、统计理论和方法的，方法论是已经解决了的，技术上已经没有什么问题，数据挖掘的方法早就成形了。而且大数据数量越大，噪音相应也就越大，甚至往往是数据大幅增加的时候，噪音的增长幅度要快于数据量的增长幅度，因而大数据的挖掘成本是比较高的。再比如大数据主要反映出一些相关关系，而小数据通过分析比较容易直接得出因果关系。在许多情况下相关关系都不能简单地取代因果关系。

大数据与小数据不仅仅是数据量的区别。小数据主要是它的数据形态比较单一，是传统的二维表方式所反映出来的结构化的数据。应该说它抽取了现实世界一些事情的最核心的一些内容，它与大数据相比，具有单位信息容量更大的特点。因而小数据单位信息往往具有更多的价值。只有把小数据分析方法的完备性、准确性和大数据的多维性、即时性融合起来，才能给工商银行的管理带来一种质的升华。

（二）大数据在信用风险管理中的应用

信用风险、市场风险、操作风险是风险管理的三个种类，分别讲一讲数据管理如何发挥作用。

1. 大数据是信用风险管理的基础。

巴塞尔协议规定，银行对信用风险的管理可以采用两种方法，一种叫标准法，另一种叫内部评级法。内部评级法与标准法不同，要求银行用自己掌握的数据、自己开发的模型，来对每一笔资产逐一进行风险计量，既算出它们的资本占用，又用于自己的风险管理。这是一个相当高的要求，要有先进的数据技术才能实现。在信用风险方面，工行基于自己掌握的数据和模型，建立了包括客户评级和债项评级的二维评级体系。

客户评级与债项评级应该广泛并科学地应用于信贷管理的各个方面。在法人客户业务中，量化分析和专家的判断是相结合的，不仅考虑模型计算结果，还要经过审贷会。审贷会通过以后按照授权规定进行签批。个人业务相对标准化程度要高一点，所以工行的个人业务现在有一部分已经是完全线上自动化审批。个人业务和法人业务审批方式不完全一样，这也可以说是工商银行大数据和小数据结合应用的一个实例吧。

2. 用大数据实现法人客户的精细化风险管理。

（1）客户评级提高风险预测能力。工行现在把法人客户分成 7 大类，对应的客户评级模型有 34 个。这 7 大类 34 个法人客户评级模型，实现了对所有法人客户违约概率的计量。数据必须还要不断更新，比如说财务数据必须是最新的。而且要对一系列数据建立起勾稽关系，工行系统里有几百条的勾稽关系核查流程就是用来保证数据质量的。

（2）债项评级覆盖全部信贷产品。这套对客户评级的方法，现在已覆盖到金融机构、事业单位、政府投资类企业、小微企业、新建企业、一般大中型企业和境外公司等，对这些客户违约的可能性、违约概率进行预测。而债项评级是对债务人一旦违约，某一笔债项的损失大小进行预测。只有对客户进行评级，同时对债项进行评级，并且把这两个评级综合起来看，才能够对信用风险进行完整的计量。

现在工行的债项评级已经积累了 2001—2014 年长达 14 个年度的数据，覆盖了全行 175 个信贷产品，以这种方式来计算违约损失率，基础就比较可靠了。要做到这一点，重要的就是要有一个损失数据库，它是通过信贷管理系统、押品估值的评估系统、不良贷款清收管理系统这三个系统的数据形成的损失数据集来为债项评级服务的。现在有几百万法人客户基本信息，1700 万条财务数据，717 万条合同债项数据，730 万条风险缓释的信息，3200 万条回收的记录。

（3）组合管理实现资产分散化配置。对法人客户除了要有客户评级、债项评级，还有一个组合风险管理的问题。从数据角度来说，就是除了看法人客户自身的风险情况和损益情况之外，还要看他所处的行业、所处的产业、所处的地域信息。违约概率、违约损失率、违约风险暴露，虽然这些已经都能计算了，但还不够。还要关注很多问题，例如它是上市公司的话，资本市场的信息，它的市值、价格一定要注意。

企业属性信息就是这个企业所处的行业、区域情况，是风险管理中很重要的东西。最近，中央决策层提出要高度重视和推进供给侧改革，供给侧改革的很重要内容就是对过剩产能的淘汰和压缩。银行的一个客户处于哪个行业，例如一个工艺水平先进的钢铁企业，它处于钢铁行业，它的行业属性是钢铁，是过剩的，但这个企业是专门生产一种特种钢的，除了它其他厂生产不了，怎么看这些问题？都不是一件简单的事情。

所以在判断企业信用风险的时候，除了关注企业本身的信用信息、损益信息、资本市场信息以外，还要高度关注它的属性信息。过剩产能行业包括：绝对过剩行业，就是产能已经闲置太多，即使整个经济进入上升周期，市场复苏了，这个行业中有些企业还是难以生存的；相对过剩的行业只不过是目前市场不好，日后出现市场复苏的机会，它就还有可能起来。科学判断这个企业本身的风险，没有数据分析包括企业的属性数据是做不到的。我认为，中国过剩产能的问题很严重，必须切一刀，但是这一刀下去要有点豁口，要留点正好没切到的，但是豁口不能多，豁口一多就不是刀了，成了锯条了。就是说政策要精准，实际上就是要注意利用数据、利用掌握的信息来关注、来全面地分析和把握客户的信用风险。

3. 用大数据支持个人客户全流程管理。个人客户的风险管理与法人客户不太一样。

（1）风险计量要覆盖个人业务周期全流程。工行现在积累有两个T以上的个人客户信息，有5亿条客户的资产交易、还款行为、逾期违约行为等方面的数据记载，采用了现在国内比较领先的方法，就是利用大数据实现对个人客户的多维度风险管理，风险计量覆盖个人客户业务的全周期，覆盖信贷管理的全流程。

（2）用大数据提高自动化审批能力。个人业务客户群具有一定的同质化，个人业务产品确实比较容易标准化。而法人业务则是比较复杂的，个性化、差异化特点比较突出，因此难以完全舍弃人工确认、人工判断的过程。

从技术上讲，工行已经完全具备对信贷业务百分之百自动审批的能力，技术上没有问题。但是银行办业务除了考虑便捷性、效率性以外，还必须考虑安全性、风险性。因为银行归根结底必须对存款人负责，这不是银行自己的钱，动不动就砸钱、烧钱的做法和说法，对银行来说是不允许的，银行必须对存款人负责。个人贷款特别是住房按揭贷款，单笔金额其实也都不小，动辄几十万、几百万，与电商客户的交易中所需的贷款金额相比要大得多。那应该如何利用数据提高信贷审批的效率？现在实际做法是能自动化审批的就自动化审批，但是有一些情况复杂的，或者说风险程度较高的，必须加以人工的辅助。现在设置了一百多个不同的参数阈值，实现了高分段客户自动准入，低分段自动拒绝，其余部分采取人工加计算机审批，就是为了兼顾安全性和便捷性，尽可能求得效率与风险的平衡。

（3）用大数据实现押品自动估值。银行许多贷款是设置抵押的，在贷款存续期内，随着市场的变化，押品的价值会有变化。过去押品管理水平不高，存在以下问题：第一，设定的押品的种类不合理；第二，对押品价值的管理不够及时有效。现在建立了专门的押品库，这是一个无形的押品库，在系统里进行管理，实现及时的数据更新。通过数据管理摸索了一些自动化评估的经验。

住房按揭贷款有一个比较重要的概念叫 LTV，就是贷款成数。像工商银行现在新发放的住房按揭贷款，成数大概是 60%出头一点；剩余成数就是已发放的贷款扣除已还款额后的剩余贷款与抵押房屋市值的比例，这个数字大概是 50%。所以在分析银行经营风险时，什么是主要风险，要抓住真正要害。如果一家银行住房贷款剩余成数只有 50%，房价还可以跌一半，不是说希望跌一半，也不是说真的可能会跌一半，只是说抗跌能力还是比较强的，还是比较安全的。零首付我是坚决不赞成的，无论再怎么想启动房地产市场，也不能采用零首付的办法。美国次贷危机产生的原因当然是多方面的，但和放宽房贷的标准毫无疑问是有关系的。

（4）用大数据支持个人消费贷款营销。必须把产品、客户的特征和现在整个经济运行的情况，包括现行的宏观经济运行的先行指标、预测指标，甚至连 M0、Ml、M2、GDP、CPI 的增速等预测都放在里面，然后再统一考虑个人客户的新增贷款的违约率大概是多少，存量贷款的违约率大概是多少。工行有客户的白名单制，有预授信的指标；黑名单当然人民银行征信系统里有，各家银行与这个系统是相连的，有情况都能查询出来，每一笔个人贷款在发放前，都会去查询人民银行的征信系统。大数据可以实现预授信问题，如果没有这套数据的积累，没有对风险的评估，不可能实现这些。有了对客户的主动授信以后，工行个人的信贷自动审批就成为可能了。

（5）用大数据推进个人客户交叉营销。有了大数据以后，就容易实现客户的交叉营销了，就是工行的不同业务有了统一的客户视图。客户进入银行以后，面对的是不同的窗口和柜台，实际上是面对的不同的专业条线和产品部门。什么叫以客户为中心？客户进入银行以后，对客户应该是分一线、二线、前台、后台，以客户为中心，应该是环形地面对客户，而不应该是条线的。要做到这一点，必须有数据支撑。工行经过几年努力，对个人客户的统一视图已经基本建立了起来。

（三）大数据在市场风险管理中的应用

市场风险指的是由于面临市场因素波动，比如汇率、利率、股票指数、商品、大宗商品价格等的波动，银行进行交易或持有资产的价格会发生变化，而由这个变化所带来的损失的可能性。就是银行面临各种交易产品、交易工具的市场波动、价格变化所可能发生的损失风险。

1. 建立集团统一的数据库。现在我国银行走出去的越来越多了，工商银行现在在海外42个国家有营业机构，再加上工行是南非标准银行的控股股东，南标又在近20个国家有机构，加在一起实际上工行分布在60多个国家。工行每天在国内外发生着海量的市场交易行为。这个风险怎么控制？如果不控制住，风险是不可想象的。工行现在已经建立了集团层面全口径、覆盖全市场大数据的一个全面风险管理架构，同时因为不同的国家处于不同的时区，使用不同语言，而且不同国家的监管规则还有差异，在这个过程中，工行整个市场风险的管理又要能够适应这样的情况，所以这是一个比较复杂的事情。通过这些年的努力，这一套体系已经基本建立起来了。

工行现在每天从外部采集的是11650多个产品的风险因子，包括汇率、利率、商品、各类市场价格和市场信息，每天接收的实时数据量达到210万条，通过先进的数据清洗、筛选功能，有超过1.4亿条数据存储在市场数据库供挖掘和分析。它的应用覆盖了工行的交易管理系统、风险计量系统、产品控制系统、交易对手信用风险计量系统、资产负债管理系统、财会公允价值计量系统等。

2. 开发全球市场风险管理系统。工行这套市场风险管理系统是自己开发的，没有这样一个系统，要把这个交易的风险控制住，把每天各类产品的估值都算出来，是难以想象的事情。因为工行这么多交易量形成了1万多个投资的组合，因为在不同的层面、不同的机构、不同的交易员，产品、时点、数量等都是不一样的。

3. 每日做好风险计量、预测与限额管理。工商银行开发了全球市场风险管理系统（GMRM），利用这套系统每天进行海量的运算，比如利用最近一年的250个交易日和过去十年中的市场波动情况，按照现有的投资组合，在一定的置信区间下，比如99%的置信区间下，预测工商银行可能会发生的最不利的市场情况。工行还设定了700多个场景，比如说1997年亚洲金融风暴、2008年美国金融危机，作为压力情景来进行测试计算。有了这一套办法以后，工行对每一个流程、每一个产品都可以经过业务预测，对不同的组合通过定量测算，算出它的VaR值，然后来确定权限，也就是交易限额，这个交易员有多大限额、这个海外分行有多大限额，然后通知各交易岗位，按照这个阈值来实施。多少个交易组合，多少个分行，多少个交易员，每个人每时每刻都处在这个限额的管控之下，任何一个要超过限额来操作都是不允许的，也是不可能的。

4. 应用压力测试工具。工行挖掘了1987年以来的市场数据，提炼成了700多个符合工商银行情况的情景，设定了包括美国股市崩盘、亚洲金融危机、美国次贷危机等情景，然后根据模型，测算极端情况下工商银行将承担多大的损失，每天会承担多少等，对3000多个产品要估值，频率是每天都要进行这样的计算，由此形成报告。每天要反映给交易人员和管理者，每个季度还要向董事会报告压力测试的情况。

5. 用大数据把"黑天鹅"关起来。有了这套办法才能够把所谓的"黑天鹅"关起来。市场风险看上去似乎比信用风险要虚一点，实际上风险是很大的。比如巴林银行、法国兴业银行等都是市场风险事件。所以一家银行对市场风险的管理是任何时候都不能松懈的，要按交易的事前、事中、事后几个阶段来实施风险管理。

（1）事前控制。事前控制就是要通过数据管理，通过信息系统，在交易发生前就防止一系列可能出现的风险行为。工行实行12个防止：第一，防止非交易人员违规开展交易；第二，防止单笔交易金额超权限；第三，防止累计交易超权限；第四，防止价格明显偏离市场；第五，防止与交易对手过度密集交易；第六，防止与反洗钱的黑名单机构误做交易；第七，防止涉及卖出和借出的债券等资产的交易出现透支；第八，防止与无授信和超授信的交易对手进行交易；第九，防止出现超出国别风险限额的交易；第十，防止与未签署ISDA ©或NAFMII ©协议的机构开展交易；第十一，防止风险敞口超出限额；第十二，防止期货等有杠杆性质的产品的保证金失控。这十二个方面的限制要真正落实，绝不能仅靠颁布制度，都要在系统里面设定。（2）事中控制。事中交易的过程中对交易行为必须有复核。现在的复核完全是在系统里操作的，监督人员和交易人员物理上都是隔离的，以防止各种舞弊现象产生的可能。工商银行每年对市场交易业务进行的事中复核要超过40万笔，以防止簿记错误、交易遗漏、延迟等可能造成的损失。（3）事后控制。包括产品控制、对账、市值验证，昨天这笔交易价格为什么和市场差那么多，到底是什么问题？要进行损益的计算和分析，对交易价格进行监测，以发现有没有利益输送。

用这么一套关于市场风险的事前、事中、事后的措施把各种因素都关联起来，目的就是为了防止发生巴林银行的里森事件，防止一些银行发生过的黑天鹅事件。

（四）大数据在操作风险管理中的应用

操作风险是指由于不完善的具有问题的内部操作程序、人员、系统，或者由于外部事件所造成的银行风险。比如欺诈问题、洗钱问题、内部人员的操作失误甚至舞弊问题等，都是操作风险。

1. 推进实施操作风险高级计量法。操作风险的防控、操作风险的计量是比较困难的。现在的有关操作风险资本占用的计算办法，包括国际上大银行采用的办法也都还不是很科学。例如每年工行银行的实际操作风险形成的损失并不大，但是按照巴塞尔协议，操作风险所占用的资本计量下来，要占用的资本是几百亿元。工行在2008年启动了操作风险高级计量法项目，采用全球通用的损失分布方法，对银行未来的损失发生频率和损失严重度进行估计。这套东西做出来，除了计算资本，工行也在探索如何把这些与传统的操作风险管理手段，如何与案件防范工作更紧密地结合起来。

2. 运用大数据进行反欺诈。对于银行业务来讲，欺诈行为可以按照业务周期分为申请欺诈和交易欺诈。申请欺诈，主要是指利用虚假身份、虚假资料来银行开户、申请贷款等；交易欺诈，主要是指账户开通后，不法分子通过技术手段盗用账户、转移资金等行为。工行一直在努力识别并阻断欺诈。近年来，大数据驱动、行为模式识别以及智能检测技术的发展，为欺诈风险防控又提供了新的思路。工行收集了各产品、各渠道的海量数据，用数据挖掘技术提取客户行为特征，构建客户画像，使用了神经网络模型、关联分析等智能检测技术来识别和防范欺诈风险。

事前预警。例如在信用卡申请时，通过自动化抓取行内外各种信息，比如客户身份信息、人行征信信息、历史信息、灰名单、户籍信息、关联信息和公积金信息等，运用中英文模糊比对、规则模型、关联分析等技术，实现对申请环节单人及团伙欺诈的自动化预警。

事中阻断。还是说信用卡，工行使用了信用卡交易反欺诈系统和电子银行交易反欺诈系统，通过记录客户交易行为，可以形成每个客户独有的特征档案。工行利用先进的神经网络模型，可以识别当前交易和客户历史交易习惯的差异，在50毫秒内进行判断，实现实时阻断欺诈交易。这一技术目前在业界处于领先地位。

3. 实施企业级反欺诈。企业级反欺诈的建设目标，就是建立整合的、统一的、开放式反欺诈管理平台。这个平台不但要能够覆盖所有机构、客户、产品和渠道，而且要做到把数据整合、模型分析、信息共享、业务应用放在一起，真正实现以客户为中心，实施跨产品、跨渠道的反欺诈集中管理。要建设好这个平台，一是建立统一的反欺诈数据集市和客户统一视图，这个统一的数据库要包含反欺诈名单、设备终端、反欺诈案件以及客户行为特征；二是推广智能的反欺诈技术手段，通过社会网络分析、资金往来分析和地址设备网络分析，梳理和整合相关规则和模型；三是系统覆盖业务的全生命周期，加强欺诈风险的事前预警、事中实时干预与事后监控，将反欺诈进一步向前延伸至客户营销环节。

4. 将数据模型应用于反洗钱。按照中央银行反洗钱监管新要求，工行开发了新一代反洗钱监控系统，对可疑交易进行精准监测，满足反洗钱的事前身份识别、事中交易监控、事后可疑行为分析以及数据报送的需要。根据“案例特征化，特征指标化，指标模型化”的思路，运用智慧型风控思维和神经网络等技术，研发了100多个监测指标和30多个监控模型，充分展现了监控模型在反洗钱风险管理中的“雷达”和“鹰眼”作用。

5. 内部运营风险监控。工行对内部运营风险进行监控的模式是以数据分析为基础，以监督模型为风险识别引擎，通过挖掘业务运营风险特征把业务运营中的风险因素识别出来，把可能带来风险后果的风险事件抓取出来。

以上是银行大数据基础建设以及在信用风险、市场风险和操作风险三大风险管理中的应用情况。

点　评

刘纪鹏：工商银行在把很多理财产品转给很多高端客户的过程中，是否也在应用大数据去帮助客户克服风险，以及P2P互联网金融，在金融创新中一系列跟大数据相关的问题，都是大家所关注的。

贺强：杨行长是一个学者型的行长，善于思考，勇于接受新事物，很多观点确实值得工行沉思。什么是大数据？现在国外有个说法，大数据就是未来的新石油，可以说大数据是现在最重要的资源。那么大数据有多大呢？有人预测到2020年，每一个普通家庭产生的数据量会比半个图书馆存储的还要多。科学家还预测，目前人类产生的数据量如果刻成光盘，可以搭起5条从地球到月球的通道。大数据有多重要呢？哈佛量化社会科学研究所主任认为这是一次革命，在庞大的新数据来源的支持下，量化的前进步伐将会踏遍学术、商界和政府领域，没有一个领域可以不被触及。麦肯锡在一份名为《大数据是下一轮创新竞争和生产力的前沿》的报告中指出，对于企业来讲，海量数据的运用将成为未来竞争和增长的基础。奥巴马政府表示一个国家拥有的数据规模，活性及解释运用的能力将成为综合国力的重要的组成部分，未来对数据的占有和控制，甚至将成为陆权、海权、空权之外的另一种国家的核心资产。

现在从国际形势上来看，美国已经组织了几十个国家形成了大数据的相关的联盟，数据共享。中国现在有点被动，是否加入这个联盟呢？加入这个联盟很多的数据要泄密，不加入这个联盟可能要被边缘化。所以国际来看，中国必须打破美国对大数据的这种垄断。从大数据的发展情况来看，最重要是安全性、真实性、共享性。

杨行长的报告详尽地介绍了大数据在工行世界最大银行的实际的应用，其观点非常发人沉思。比如，金融创新除了技术，是不是还需要点别的呢？另外数据质量是管理工作的基础，不能垃圾进，垃圾出；失真的数据，不准确的数据比没有数据还坏。大数据本身很专业，技术含量也很高，但是杨行长能够理论与实际密切联系，娓娓道来，每一个论点都有实实在在的例子来佐证。现代科技与现代金融在今天怎样高度融合，杨行长给工行做出了很好的、很精彩的回答！

高祥：自从有了资本金融研究院以后，政法大学的讲座气氛就变了，其实比较法也组织过很多讲座，但是从来没有过这么多人。我原来以为中国的官员或者高级官员很多都是官僚比较多，但杨行长确实是一个非常扎实的人，踏踏实实做事，为了工行的风险防范费了很多的心血。

我觉得大数据其实就是目前互联网的一种现象，尤其年轻人现在等于是天天要和互联网打交道。中国的金融资产，到2014年统计的时候，当时93%的资产在银行，去年有一个数据是90%。如果银行出了风险，马上全世界的人都受害，这与互联网有关系，因为传导太快了，对工行影响很大。据统计，不管1929年的金融危机还是80年代拉美金融危机，90年代的亚洲金融危机，还在进行的2008年的危机，受害的是穷人多。另外一个问题就是风险管理的问题，其实银行我觉得最大的问题就是风险，一定要把这个风险管好。

武长海：我觉得杨行长的讲座非常重要，我认为他讲了三点：一是怎么利用大数据在银行业进行创新的问题，也就是开拓新业务。二是安全问题，怎么防范银行业的安全、风险问题。三是怎么通过便利客户，增强竞争力的问题。下面我就从两个方面发表一下我的看法：

第一个问题，关于互联网金融。2012年以前，杨行长认为是鼓励金融创新，但是他没说互联网金融，但是我认为是不是也包括互联网金融呢？从2013年之后，一再强调互联网金融领域的风险和防范问题。互联网金融是不是一个真正的新业态呢，从现在来说还差得很远。真正的互联网金融是一个大数据的深度挖掘，通过云计算到智能化。现在国内互联网金融风，大概有5年时间了，自2012年之后愈演愈烈。据英国牛津大学的一个最新统计，2015年亚太地区19个国家，关于互联网金融销售额大概是2700亿美元，中国占了99%，2600多亿美元。这个数字是非常可怕的。难道其他的国家就没有互联网金融了？2017年年底或者2018年年初，这阵互联网金融的风基本上就过去了。互联网金融和大数据关系密切，最终是真正的一个新经济业态。

大数据实际上来源有三部分：政府掌握的数据、公共数据、个人数据。大数据挖掘还会产生隐私权的保护问题。澳大利亚在2015年已经出台了强制保存通信数据法案，要求保留两年。印度为了所谓的安全，2013年把所有公民进行全方位的信息监控。2013年6月，英国实施了“时代计划”，是把通信光纤全部进行监控，监控所有信息。2007年，美国通过棱镜计划，对所有的个人信息全部监控。

涉及的几个法律领域：首先是国家信息主权问题，而国际法上也没有这个条约，但实际上这个问题特别重要。国家之间怎么进行信息采集、分配、保护，应该通过国家之间的国际公约去推动。从国内立法来看，政府信息公开条例已经落后了，规划里面也要进行修改。而这些数据的开发、挖掘，有没有知识产权问题？数据本身又是一种产权关系，谁掌握数据，转让怎么竞价？在政府监管、信息公开、信息自由之间的矛盾冲突要通过立法进行解决。

又刮了一阵大数据的风，贵阳大数据交易所成立了，2015年的交易额已经达到2000亿了，注册公司达到了1.7万家。这种大数据风可能很快过去。这涉及一个问题，传统银行死不死？所有的客户、数据都在传统银行，其他做这个全部要死掉的，剩下的只有银行来做。

我向杨行长提一个问题，您对信贷资产证券化，还有银行不良资产的债转股这个问题怎么评价？

杨凯生：我简单回答一下武长海教授关于信贷资产证券化和不良资产债转股的问题。顺便也回答一下，他认为我2012年之前是比较支持创新，比较开放的；2013年以后转为比较保守的。实际上这个看法我不太承认。

比如说信贷资产证券化，作为金融创新的重要内容，从2000年开始直到今天我没有改变过，一直是支持的。尽管当时金融危机发生之后叫停了，我也曾经写过文章，叫《停止金融创新不利于防范金融风险》。2013

年是互联网金融最热或者说被人们称为互联网金融元年，我写过一篇文章《关于互联网金融的几点认识》，提出互联网金融不能野蛮生长，互联网金融的发展要有一种良好的文化支撑等。这个观点一直到今天互联网金融出了很多的风险和问题，我认为互联网金融要规范发展。曾经有个说法，是对互联网金融这个新生事物要采取比较宽容的态度，要适度监管。但我不赞成“适度监管”的说法。我认为，要对一个新事物采取宽容态度应该通过立法；如果立法来不及，应该是颁布行政法规，豁免它一些什么责任。这才能体现出宽容和适度监管。如果所有法规都是一样的，而在执法过程中赋予监管机构更多的自由裁量权，因为它戴一个互联网的帽子，就可以对它松一点；传统的金融机构做同样的事就要查处。这不符合依法治国的精神。从依法治国的角度来讲，办理同样的业务，应该接受同样的监管。如果对某一类甚至某一家企业，要特殊豁免，只能通过颁布行政法规，甚至立法。像香港给予一些上市公司特殊的豁免，但要取得特殊的豁免资格才行。

资产证券化现在的步子正在迈开，也涉及许多法律问题。比如说刚性兑付，如果刚性兑付从机制和理念上，不能扭过来，那么资产证券化就有一定的危险。如果不看作是一种本人的投资行为，而是看作银行的，我去存款了或者是怎么样，这个后果就很严重了。当然里面还涉及税收的问题。这些问题都需要解决，然后才能保证资产证券化的顺利进行。

说到债转股，实际上现在没有说不良资产的债转股，现在比较正式的说法是可以采取市场化的方式来实行一点债转股，以降低企业的杠杆率，这是比较规范的表述。1999 年、2000 年咱们曾经搞过债转股。我在政协有个发言，当时的情况不一样，当时的债务人主要是国有企业，当时的债权人主要是国有独资银行。而现在的股权结构已经多元化了，经济运行中的市场化程度已经大大地提高了，在这个过程中，如何依法合规地来处理这些债权债务关系，是必须厘清的。不是简单的一句债转股就可以解决这么多的问题的。作为银行来说，上市公司要把对外的债权转成对外的投资，股权就是投资，需要履行什么样的法律手续。那么债务人作为一个企业甚至是股权多元化的企业，是否统一进来新股东？进来新股东以后，如果是控股的，无论是相对控股还是绝对控股，让渡不让渡自己的管理权？如果债转股的目的是想减掉当期还本付息的压力，而管理权又不想让渡，是不可能的。如果成为一个财务投资者，是让渡管理权的。如果想获取固定的收益，那么和银行的利息相比，可能负担比利息稍微轻一点，是否愿意？如果不愿意的话，银行作为上市公司，股东会、董事会可能比较难以通过，又不能行使管理权，同时又把自己的固定的收益放弃了，这和依法治国、市场经济崇尚契约精神的基本原则可能又有点矛盾。所以这是一个改革的方向，通过市场化的方式来解决问题。

互动提问

提问：现在关于地方债有两个说法非常极端。一是中国的次贷危机很有可能从地方债开始，比如首付贷；还有比较乐观的观点，觉得中国地方债的负债率远远低于国际的容忍程度，数据显示说，工行是目前为止几大行中，对于地方债的余额度是贷款余额最高的一个银行。那么杨行长怎么看目前中国的地方债的问题？

杨凯生：首先需要了解清楚中国的债务结构，再来判断中国的债务风险大不大。中国政府的债务率和全世界的发达国家比，和全世界金砖五国中的其他四国相比，我国政府的债务率包括中央政府和地方政府加在一起也不算高。尽管企业的债务率很高，但个人债务率并不高。在这样的情况下，我觉得没有必要像有些人说的，把中国政府的债务风险看得那么重。

那么有数据来佐证我的观点：包括工商银行在内的几家银行，对地方政府融资平台贷款的不良率要远低于银行平均的贷款不良率。比如说银监会披露的中国银行业的不良率是1.67%，但是这几大银行的政府融资平台都没有超过1%。所以没有必要把这个问题看得那么重。当然现在关键要规范。如果是一个独立经营的法人，那么就按照法人来借款，接受对法人的信用风险管理规范。如果不想办成法人，就是政府出面，地方政府可以发债，现在预算法已经做了修改，经过全国人大批准以后，地方政府是允许适度发债的。按照财政部的有关要求，再给一个额度，发债就行了。不要不规范，明明是一个地方政府融资平台，又是一个打着企业的名号。因为财政局不可能贷款了，但是又变成了省投资管理有限公司了，这种做法就不好了。现在实际上中央政府已经看到这个问题，所以从前几年已经开始整顿地方政府的负债，把它纳入规范化的渠道。该发债的发债，该借款的借款，你是公司独立法人，银行独立判断它的风险，能贷就贷，不能贷就不贷，所以这就是我对地方政府融资平台的看法。

提问：对如何监管P2P平台有什么样的建议？

杨凯生：如果把P2P平台看作是一种金融机构，显然它的经营必须经过特许，必须经过审批，它的经营活动必须接受监管，必须具备一些基本的条件。比如，只要发放贷款，或者对贷款提出担保，就应该有资本充足率的要求，有多大本钱才能干多大的事。为了应对未来可能出现的风险就必须计提不备，不能把当期的利润吃光用光。而现在这些要求都没有，这些企业一开始也打着科技公司的名号，就是e租宝上面的科技公司，一弄科技就给人家感觉是创新，应该支持和给它特殊的宽容。但是搞金融活动不接受金融行业应有的监管是不行的。

去年有一个文件，国务院曾经分工哪个部门管什么，哪些证监会管，哪些银监会管。第三方支付中央银行管，P2P银监会管，基金属于证监会管等等。但是按照周小川行长最近的一次答记者问可以看出，形势又有了一些变化。当时那个文件还没有来得及真正落实，现在又出现了许多新的问题，所以要抓紧研究，抓紧出台监管办法。无论在什么时候，只要是金融行为，特别拿别人的钱去搞金融，必须接受监管。

第三篇

公司金融与新金融

我国上市公司发展、监管和自律现状及趋势

提　要

时间：2015 年 10 月 19 日

地点：中国政法大学蓟门桥校区科研楼二层学术报告厅

主持：刘纪鹏

主讲：姚峰　中国上市公司协会党委书记、副会长

点评：赵旭东、李东方、刘继峰、武长海

互动提问

一、资本市场的最新情况

我国的资本市场，起步于 20 世纪 90 年代初，经过 20 多年的发展，上市公司的数量和规模稳步增长，质量不断提升。目前已经初步建立了主板、中小板、创业板和新三板等多层次资本市场体系，以适应多元化的投资和融资的需求。

A 股上市公司的数量已经由 1990 年沪深交易所成立之初的 8 家（业内称为“老八股”），发展到今天的 2780 家。截至 2014 年年底，A 股上市公司总股本约 4.33 万亿股，净资产 2.23 万亿元，总市值超过 41 万亿元，排

名居全球第三；占 GDP（国内生产总值，目前为 63.6 万亿元）的比重为 65%。2014 年上市公司净利润的总和是 2.6 万亿元，相当于规模以上工业企业利润总额（6.47 万亿元）的 41%。

下面结合今年上半年的年报数据，讲述一下我国资本市场的最新情况。

第一，上市公司的总体分布情况。截至 2015 年 6 月 30 日，A 股上市公司一共是 2780 家，其中主板 1530 家，中小板 767 家，创业板 483 家；国有企业和集体企业合计 996 家，民营和外资企业合计 1784 家。早中期阶段，国企脱困改革，改制上市居多，而民营企业起步晚，数量少；后期则是国有企业上市增长放缓，而民营企业增长加快。从区域的分布情况看，目前在中国是以广东省（包括深圳辖区）的上市公司数量最多——共 419 家，其次是浙江省（含宁波辖区）有 296 家、江苏 273 家、北京 259 家、上海 213 家，刚才提到的这五个省市，上市公司的数量之和占到上市公司总数的一半以上。浙江、广东、江苏、福建等沿海省、市民企数量占上市企业总数的 50%以上。制造业企业的比重依旧很高，一共有 1811 家，占比是 66%；互联网、TMT（科技、传媒、通信），也就是科技产品通讯等新兴产业近年来发展迅速。

第二，今年上半年上市公司的业绩情况。虽然现在我国的整个经济下行的压力比较大，但上市公司的业绩还是有所增长。经营成本上升，但上市公司业绩整体稳中有进，多项财务指标均有所增长。2780 家公司上半年实现净利润合计 1.42 万亿元，较去年同比增长 10.2%，其中：非金融类企业实现净利润 0.52 万亿元，同比下降了 1.29%；16 家上市银行净利润总和是 0.7 万亿元，同比微增 2.4%，净利润增速与 2014 年上半年净利润的增速持平，但较今年一季度 3.5%的增速，则明显回升。上市公司经营规模逐步扩张，上半年共实现营业收入 13.97 万亿元，同比增长 1.34%；非金融类企业实现营业收入 11 万亿元，同比小幅下降了 3.3%。1617 家公司净利润同比增长达到了 58.16%，其中 600 家公司增长是 50%以上，比去年同期增加了近 100 家；一共有 434 家上市公司亏损，所占比例是 15.61%。计算机、汽车、医药行业业绩增长放缓，互联网金融、新能源汽车等行业业绩持续高增长；部分周期性行业，如养殖业、白酒行业，业绩开始反转。由于工业产品售价持续下降，生产要素成本上升，非金融类公司营业成本上涨 2.85%，销售费用同比上涨 3.8%，管理费用同比增长 10.5%，均高于营业收入的增长率。财务费用同比上升 3.42%，较 2014 年的 26.17%下降 22.75 个百分点，从资产负债表来看，非金融类企业资产负债率是 60.51%，与上一年的 61.47%相比，下降 0.96%。存货较去年同期增长了 16.25%，远高于去年同期营业收入的增长率，未来去库存的压力比较大。

第三，上市公司继续发挥了国民经济的主力军和生力军的作用。在税收、就业、推动创新驱动和产业转型升级等方面做出了巨大的贡献。上半年上市公司实现的营业收入占二季度国内生产总值 31.4 万亿的 45%，上市公司多数是行业的龙头或者排头兵。2015 年美国《财富》杂志中，中国上榜企业达到 106 家，数量稳居世界第二，其中 90%以上为上市公司及集团。上市公司支付的各项税费共计 1.5 万亿元，同比增长 7.87%，较营业收入的增长高出了 6.53%，高于上市公司实现的净利润总量，在目前我国整个经济下行、财政征收乏力的情况下，可以说对国家财税的贡献巨大；就业方面，上市公司创造了近两千万个就业岗位，合计支付职工薪酬 1.24 万亿，同比增加了 1382 亿，促进了就业和国民收入的增长。

上市公司依托资本市场的孵化作用，创新动力持续增强。在实现从劳动力和土地资源等要素驱动向创新驱动的转变以及推动产业升级等方面发挥了重要作用。近三年上市公司研发投入占营业收入的比重持续增加，分别为 0.93%、0.97%和 1.06%，与国外的优秀企业相比仍然差距很大；创业板研发投入分别是 5.47%、5.49%和 5.37%，高于 3%的国际平均线，研发投入超过 10%的公司正在逐年增加，2014 年达到了 145 家，四维图新、同花顺等十家企业已连续三年超过 30%，北京君正连续三年超过 45%，2014 年甚至高达 72. 57%。

资本市场的多层次体系，除了主板、中小板、创业板以外，还有三板、四板市场为非上市公司提供融资和股权交易的服务。大家熟知的“三板市场”——也就是全国中小企业股份转让系统——俗称“新三板”，它是经国务院批准设立的，第三家全国性的交易市场，它的主管机关是中国证监会，主要职责是安排非上市股份公司股份的公开转让，提供融资并购等相关业务。我读了报纸报道，李克强总理昨天开的国务院常务会议还请了金融方面专门从事“新三板”的专家去做了介绍，可见中央对此的重视程度。截止到 9 月 23 日，“新三板”挂牌公司有 3517 家，增长非常迅速，总股本达 1856. 97 亿股，流通股本有 687. 15 亿股，成交股数 8117. 61 万股，成交金额是 3. 89 亿元；而“四板”指的是区域性交易市场，隶属于地方政府，是为特定区域的企业提供股权、债券的转让和融资服务的私募市场，如北京股权交易中心、上海股权交易所、重庆股权交易所等地方性、区域性的交易市场。主板、中小板、创业板、三板和四板市场都是我们多层次资本市场的重要组成部分，满足企业对融资的多层次需求。

二、上市公司监管体制的沿革、现状以及趋势

20 世纪 80 年代以来我国上市公司的监管体制经历了从多头到统一、从分散到集中的较长的过程。股份制改造和证券市场的发展呈现出分割的曲线的特点。90 年代初期，我国资本市场处于一种自我演进、缺乏规范和监管的状态。1992 年 5 月，我国成立了人民银行证券管理办公室，是最早的对证券市场实施统一管理的机构；1992 年 10 月，国务院成立了证券管理委员会和中国证监会，同时将发行证券的试点由少数几个地方推行到全国，资本市场开始纳入到全国统一监管的框架。同时国务院赋予中央有关部门部分证券监管的职能，当时形成了各部门共管局面：人民银行、财政

部和国家计委都从不同层面参与了资本市场的监管。比如，90 年代初我在财政部的时候，财政部负责推动国债的改革，从行政摊派演变成市场化发行；1997 年，全国金融工作会议确立了以中国证监会为核心的集中监管体制；1998 年国家证券委撤销，中国证监会成为全国证券、期货市场的监管部门，建立了集中统一的监管体制。根据现行的相关法律规定，证监会及其派出机构、上海和深圳证券交易所以及上市公司协会都是履行上市公司监管、自律的主体。证监会负责制定相关的法律法规、市场准入审批、信息披露监管以及负责对违法的惩罚等。证监会在全国有 36 个派出机构，除了省一级，还有几个计划单列市，都设有派出机构。主要负责一线监管、日常监管和现场检查。交易所的职责主要是对上市公司的一线监管，并负责二级市场的一线监控。上市公司协会则对上市公司群体进行自律性的管理。

上市公司监管法律、法规体系包括几个层面：

第一，法律层面：包括证券法、公司法等；

第二，行政法规和部门规章等规范性文件：如《首次公开发行股票和上市管理办法》《证券发行与承销管理办法》《上市公司信息披露管理办法》《上市公司收购管理办法》等；

第三，自律规则，主要包括：交易所制定的监管和交易规则，我所在的上市公司协会制定的相关指引和守则等。

上述三个层次的规则体系是相互联系、形成整体的。每个居于较低层次的法律规定，都是对上一层次的法规制度的具体化和必要的补充，相辅相成，构成了统一的法律制度体系。

20 世纪 90 年代初期到现在，上市公司监管可分为三个阶段：

第一个阶段是 1992 年到 1998 年，是探索和起步阶段。在这个阶段，国家颁布了 1993 年的《股票发行与交易暂行条例》和《公开发行股票公司信息披露实施细则》，分别规范了股票发行交易以及上市公司收购等活动、上市公司信息披露的内容和标准；1993 年《禁止证券欺诈行为暂行办法》和 1996 年《关于严禁操纵证券市场行为的通知》，对禁止性的交易行为做了较为详细的规定；1994 年《公司法》的实施，规范了有限责任公司和股份有限公司的法人治理结构，为股份制企业和资本市场的发展奠定了制度性的基础；到 1998 年年底，证监会先后颁布实施了 250 多项法律法规。1994 年的《公司法》原则性规定了上市公司在一定的条件下暂停和中止上市的情形，但是长期没有实施；1998 年 4 月，沪、深交易所宣布对财务状况或者其他状况出现异常的上市公司的股票进行特别处理，即我们所说的 ST：1999 年厦海发因为两年亏损，成为首家 ST 的公司；1995 年 3 月到 1997 年 6 月，证券市场股市、期市违规事件频繁发生，1997 年出现了第一个上市公司造假的案例，就是琼民源公司财务造假案。

在这一阶段股市多次出现投机过度，监管层一般是采用行政手段干预，一直没有找到合适的预防、预警机制；对于违规事件，多以关闭或停牌来解决，当时监管措施的单一可见一斑。

第二个阶段就是 1999 年到 2010 年的规范和发展阶段。随着 1999 年《证券法》的实施，我国资本市场进入了法制化和规范化的发展阶段。1999 年起，证监会对证券市场混乱的状况进行了一系列的清理和整顿，关闭了非法股票交易场所等；股票市场上，以 1999 年 10 月开始的国有股减持为始端，开始了股市全流通的实践探索；在座的纪鹏院长，也是股改的重要参与者，为执政当局提了很多有建设性的意见。股改后来因为股市暴跌而暂停，但是我们的探索却从未止步。到了 2001 年，证监会颁布了《亏损上市公司暂停上市和终止上市实施办法》，首次明确了上市公司退市的规则，取消了 PT 制度：连续 3 年亏损的公司即停止交易，交易所不再提供转让的服务；暂停交易以后第一个会计年度，公司没有实现扭亏的，就直接终止上市；“PT 水仙”是 A 股首家退市公司。2000 年以后，证监会出台了一系列改革措施，其中包括股票上市发行审批制转为核准制。2000

年3月，证监会决定，从当年4月起，转配股逐步安排上市；2001年2月，证监会宣布B股向境内投资者开放；2004年2月，国务院发布了《关于推动证券市场改革开放和稳定发展的若干意见》，我们简称老“国九条”。此后又进行了一系列的改革，完善资本市场各项基础性制度，包括：股权分置改革、证券公司综合治理、提高上市公司质量、大力发展机构投资者、改革发行制度等等。2005年到2007年，证监会联合相关部委，启动了股权分置改革的工作，股票进入了全流通时代；2006年5月，证监会首次公布了《首次公开发行股票及上市管理办法》，标志着因股权分置改革暂停了一年的新股发行重新启动。这些都是我们中国证券市场上历史性的时间点。2005年，《公司法》和《证券法》又进行了全面的修订，鼓励市场创新，拓宽资金入市的渠道；对不利于资本市场深化改革的限制性规定都做了适当调整，从法律上保证了资本市场健康有序发展。

同时，针对上市公司的治理和规范，也成为这一时期监管部门工作的重心。2002年1月，证监会发布了《上市公司治理准则》，之后证监会又出台了一系列操作性比较强的规定，对上市公司发行证券以及证券交易各个环节的信息披露、资金往来和对外担保等问题做出了具体规定，有效地规范了上市公司的行为。2007年《上市公司信息披露管理办法》实施，证监会以信息披露违法案件处罚决定书的形式对涉及违法行为和责任人员采取了市场禁入等监管措施，对信息披露涉嫌犯罪的案件开始移送司法机关。这些举措在一定程度上，遏制了操纵内幕信息的违法行为。2007年到2009年，开展了上市公司的专项治理活动，围绕上市公司“三会”的运作、信息披露、内部控制、独立性等方面的问题，将有效的公司治理机制置于提高上市公司质量系统工程的中心环节。监管机构基本上确立了上市公司治理的原则和框架，并督促上市公司逐步走上了规范发展的轨道。

第三个阶段是转型和改革的阶段。2011年起，监管思路明确为：放松管制、加强监管。进行了一系列的制度改革，给证券机构、上市公司松绑，降低相关的业务门槛。同时，加强了对证券市场违法、违规行为的打击和惩罚力度。2011 年到 2012 年，证监会推出的各项政策、办法达 70 余条，包括鼓励上市公司分红、禁止内幕交易、IPO 制度改革、打击炒新、完善退市制度、引入长期投资者、降低交易和监管费用、推动开办新三板市场、恢复国债期货交易、推出转融通业务等。在保障股民权益、严打违规行为、释放证券市场主体活力方面进行了全方位的改革。2013 年，证监会明确提出，“宽进严管，加强监管执法”为当前我国资本市场监管转型的着力点。将主营业务从审核、审批向监管执法转型，将运营重心从事前把关向事中、事后监管转移，进一步明确将信息披露作为上市公司监管核心，提高监管效率，从市场化约束机制入手，推进各方归位尽责。大幅取消、简化行政许可的审批事项；推动再融资、并购重组的市场化机制，推动新股发行机制的改革和退市制度的改革等。修订了《上市公司收购管理办法》《上市公司重大资产重组管理办法》等一系列规章，加大了对违法违规行为的打击力度。2014 年，国务院发布了《关于进一步促进资本市场健康发展的若干意见》，我们也称新“国九条”——是资本市场发展的纲领性文件：从加快建设多层次股票市场，发展债券、私募和期货市场，促进资本市场开放等方面，做出了一系列的顶层设计和部署，进一步促进资本市场健康发展，健全多层次的资本市场体系。

下面针对监管演变的主要特征和趋势，做一些分析和概括。

我国上市公司的监管，刚才介绍了整个演进的历程，它呈现出以下的特征和趋势：

第一，由政府行政监管向政府监管为主、自律管理为辅转变。刚才纪鹏院长跟我聊天就说：上市公司协会这样的自律组织作用会越来越大。其实从整个的监管转型来看，目前也确实是这样的势头。早期的监管，以政府行政监管为主，随着上市公司数量的急升和监管的压力、复杂性的增加，自律监管成为必要的补充。监管模式的转变是必然趋势，自律将发挥越来越重要的作用。

第二，从上市公司外部监管为主转向注重以公司治理监管为主的内部约束机制。监管的重点将从关注公司治理和信息披露转变为关注信息披露。当前公司治理的法律、法规体系逐渐健全，法人治理结构日益规范完善，初步建立了和国际通行规范接轨的上市公司信息披露制度，上市公司的信息披露质量已经明显提高。

第三个趋势特征就是从事前审批逐步转变为强化事中、事后监管。今年以来，监管机构取消、调整了大量的事前行政审批事项，明确将信息披露作为上市公司监管的核心，进一步完善了信息披露监管方面的法规体系，鼓励公司自愿、主动披露信息。加强对信息发布的监管。同时加强稽查和监管执法，开展专项的执法活动，维护市场秩序，加大对中小投资者的保护力度。

近年来，证券监管机构顺应全面深化改革的趋势以及放松管制、加强监管的转型，为推动上市公司监管的法治化、市场化和国际化做了大量工作，进一步发挥市场在资源配置中的决定性作用，提升资本市场服务实体经济的能力。

下一步的主要举措和工作包括：

第一项工作：大幅削减事前行政审批事项，制定权力清单、责任清单，探索负面清单。中国证监会正同国际组织合作，包括与美国证监会等就这方面进行双边交流，其中一个重要内容，就是探索负面清单制度。

第二项工作：完善信息披露等市场基础性制度建设。资本市场经过 20 多年的快速发展，初步建立了一整套的与市场发展水平相适应的制度和机制。但市场基础性制度和机制还有一些不完善的地方，证监会下一步还要加强市场的基础性制度建设。主要是推动与完善“以信息披露为中心”的新股发行体制。修订证券发行与证券管理办法等配套的制度规则，研究适当放宽创业板对创新型、成长型企业的财务准入的标准。重点针对信息披露中存在的问题做大量的工作。

结合当前的时点和上市公司现状，我们认为主要是信息披露需求与供给之间存在一些矛盾。

第一个矛盾，是信息供求双方对于信息披露的有效性存在判断上的差异。投资者与上市公司之间的信息流动没有达到有效的平衡状态，信息披露的有效性急需提高，上市公司信息披露的自愿性还不强。

第二个矛盾，是信息手段和媒介日益拓宽投资者获取多元性信息的渠道。投资者难以做出辨识，对于信息双向互动需求仍然难以得到满足。

第三个矛盾，是上市公司披露重点在于合法性、合规性等监管部门关注的问题，而投资者则关注公司未来发展的战略、价值创造等投资决策方面的信息。不同类别的公司，信息披露的差异性不强，披露文件千篇一律。

第四个矛盾，是目前市场上主体多元化，信息披露的要求也随之更加复杂。近年来，我国的投资者发展很快，不同类型的投资者（机构投资者、中小投资者等）对于信息需求的多少、繁简等有着不同的要求。这些对于监管工作都提出了新的挑战。证监会近些年来一直致力于构建以信息披露为核心、以投资者需求为导向的上市公司信息披露监管和服务体系。我们中国上市公司协会的目标就是不断推进上市公司的服务体系建设。

第三项工作：推动并购重组等重点领域市场化的改革。第一就是拓宽渠道，便利融资；推动修改《证券法》，目前已列入立法计划；建立符合新三板、创业板企业特点的小额、快速、灵活的融资机制，制定优先股改革的试点办法，推进公司债券制度规则的统一，推进金融债、信贷资产证券化产品，公司债在银行间市场和交易所市场的交叉挂牌；引入商业银行发行公司债券；扩大中小企业私募债试点的范围，将发行主体范围扩大到新三板市场，更好地满足中小企业一系列需求。

到了 2015 年 1 月，证监会修订和发布了《公司债券发行与交易管理办法》，将债券发行主体扩大到公司法人，简化公募发行程序，实行大公募面向公众投资者、小公募面向合格投资者；大、小公募的平均审核用时在20—25个工作日。全面建立非公开发行制度，实行行业组织备案和事后备案管理。此外，增加交易场所、扩展公开发行市场和非公开发行市场，包括证券公司柜台。强化事中、事后监管，加强投资者的保护，以专章规定重大事项的强制性披露，非公开发行应该按照规定和约定进行披露。

去年我国资本市场的总融资额超过9千亿，包括IPO、定向发行和再融资等场内、场外的股权融资业务以及沪深交易市场的债权融资，今年上市公司IPO、非公开发行以及配股为资本市场提供了超过6千亿元的资金，为上市公司发展提供了资金来源。

2014年国务院发布了14号文，提出了完善并购重组市场的顶层部署，包括七个举措：减少兼并重组和并购市场的审核程序，优化政策环境，完善有利于兼并重组的金融、财税、职工等各项政策引导，逐步解决企业融资难等问题，不断健全兼并重组的服务体系。

证监会对于这个方面也做出了一系列努力：

一是强化信息披露，弱化实质审核。减少行政审批，对于借壳发行股份、发行股份购买资产以外的其他情形都取消了行政许可。同时简化了流程，增加自动豁免的事项。按照新规，目前涉及75%的交易金额以及90%的交易项目都已经无需审批。

二是实行并联审批和分道审批。提高审批的效率和透明度，现在证监会的审批和财政部、发改委的审批是并联审批，对于涉及多项许可的并购重组实行一站式的审批。

根据分道制，优质并购重组直接上审核会，进一步减少审核周期。审核时限已经从原来的三个月缩短到现在的20个工作日左右。统一标准，优化程序，透明公开。从2015年10月15日起，对于并购重组的审批信息做到了每周更新。

三是支持并购重组创新，完善机制安排。研究并购重组支付方式创新，引入优先股和定向可转债等；完善市场化定价机制，增加并购定价时间窗口，引入定价调节机制；拓宽融资渠道，支持财务顾问提供并购融资；支持并购基金发展，改善并购融资环境。

此外，发改委等11个部门也出台了相关的政策，推动信贷、投资、税收和跨境投资、外汇管理、人事和土地政策方面制度的完善；其中企业重组所得税特殊性税务处理标准的降低和范围的扩大，极大降低了并购重组的成本。

四是加强监管力度和执法，完善投资者的回报和利益保护机制。加强监管执法是投资者利益的重要保障，证监会将其作为一项主要工作和核心任务。

我国已经形成了全系统、多层次、全方位的稽查体系。2014年证监会受理线索678件，新增立案调查有205件，移送公安机关74件。这些都是前五年平均数的2.3倍。审结案件数是163件，收缴罚没款项共计7.04亿元。

优化投资者保护机制。2013年国务院发布了《关于进一步加强资本市场中小投资者合法权益保护工作的意见》。我们按照指引，开展了一系列的工作，主要就是推动现金分红，再者就是推出优先股、员工持股的指导意见。下一步的推动工作包括增强投资者回报的选择权、决策话语权，推进形成股东与劳动者一致的利益结构，修改股权激励管理办法等。

三、上市公司治理的现状和趋势

良好的公司治理是资本市场健康发展的基石，也是资本市场成熟完善的标志之一；资本市场的发展得益于公司治理的不断完善，同时也推动了公司治理水平的提升。特别是在我国现代企业制度从无到有的过程当中，资本市场对于公司治理的建设起到了不可替代的作用。我国上市公司治理总体上是借鉴了国外公司治理的模式。英美法系的治理模式为主，辅之以大陆法系的监事会制度。一国公司治理必然要受到当地的历史文化等各项因素的影响，随着资本市场的发展，情况也日益复杂多样，千差万别，但是单一的公司治理已经很难适应所有类型公司，事实证明也不存在一个完美而适应所有公司的制度。

今年5月份，我代肖钢主席去土耳其，参加G20/OECD公司治理的研讨会，在会上我也代表中国证监会做了一个发言，以表明我们的观点：各国公司治理各有其优，没有最优的公司治理模式，只有更适合自己的公司治理模式。上市公司治理应该更加具有包容性、开放性和多样性，公司应该根据自身实际，量身定制、构建符合自身发展需要的公司治理模式。

我国目前公司治理现状和趋势：

第一，公司治理的内外部机制已经形成。它的几个特点：(1) 公司治理的制度体系已经基本形成，并陆续出台了一系列规范性文件。从2002年证监会联合原国家经贸委发布《上市公司治理准则》开始，出台了一系列的规定。内容涵盖了“三会”制度、独立董事、关联交易、资金往来、对外担保、投资者保护等方面，初步构建了上市公司治理制度的框架。(2) 推动股权分置改革。通过公司治理体系的建设推动了股权分置改革，解决了长期制约我国资本市场健康发展的这一历史遗留问题，促进形成股东的共同利益基础。(3) 开展了一系列的专项治理。集中部署组织开展了清理大股东占用资金和违规担保等一系列的上市公司治理活动，基本解决了大股东和实际控制人违规占用上市公司资金的问题，进一步促进了上市公司董、监、高的规范履职。(4) 推动完善了信息披露制度。推进落实与国际财务报告准则趋同的财务会计制度，夯实我国公司治理规范运作的会计基础。(5) 大力推进了机构投资者的建设。增强了机构投资者参与公司治理的积极性，促进以市场为基础的外部治理体制的初步形成。

第二，对公司治理现状的基本判断。从2012年9月起，中国上市公司协会按照中国证监会的统一部署，以独立董事和监事会为切入点，开展了倡导公司治理最佳实践活动。探索公司自治，推动公司治理的本土化。我们做过一些调研，先后在六省市开了座谈会，征集了450多份实践的案例，通过对这些案例进行剖析，形成一个基本判断：(1) 公司治理今非昔比，无论是从公司的内部治理，还是从外部环境建设，整体已经发生了很大的变化，但还有很长的路要走。上市公司应该说是我国现代企业制度最规范的群体。通过关联交易掏空上市公司的情况基本已经成为过去。(2) 公司治理实施二十年，从总体来看，前十年主要是制度的移植，近十年主要是制度的完善。现阶段应该认真地总结成功的案例，剖析持续存在还未能解决的普遍性问题，从制度建设上实现新的突破。上市公司有内部治理，有外部治理。从我们调研的情况看，内部治理可以做的，大多数上市公司都在做，而且监管部门的监督也是比较有效的；但是外部治理对内部治理有很大的影响，其中有正面的，也有负面的。面对那些来自外来的负面影响甚至冲击，很多企业还难以应对。外部治理主要分为两个问题：一是如资本市场的监管、外部审计师、律师、投资银行、媒体等，这些机构或组织是维护市场秩序、保障上市公司正常运行所必要的，他们的行为机制大多受法律规制，同时也受市场的约束，对公司的内部治理起到了正面的促进作用；另一个问题是来自控股股东，特别是国有控股股东对上市公司的影响：一是控股股东往往把上市公司当作独资子公司一样来管理和控制，所有权侵犯了经营权。控股股东与上市公司在多个领域、很大范围内存在复杂的关联性，透明度比较低；另一个就是指政府机构通过控股股东对上市公司延伸监管，较大程度上使上市公司缺乏了独立性。比如对高管的任免，很多地方省委组织部、市委组织部会介入；包括激励机制方面，当地的国资委都制定了标准，监督严格；公司的重大决策、年度经营目标的确定等都要通过非正常渠道做出决定，董事会只是履行程序；有些国企、央企的董事会没有充分地发挥作用。要解决这些问题首先要真正做到政企分开，要改善上市公司的股权结构，规范股东行为，真正做到所有权与经营权分离。这是深刻的国有经济的再改革，它牵动着全局，需要有个过程。9月份，中央已经发了两个文件，对国有企业改革的顶层设计已经基本完成。

当前可将独立董事、监事会、机构投资者、外部审计机构、监管制度作为推动有效公司治理的抓手。(1) 通过完善独立董事制度，加强董事会建设；(2) 研究推进外部监事、试行中小板、创业板独立董事和监事会“二选一”备选制；(3) 大力发展长期机构投资者，改善公司的股权结构；(4) 强化外部审计机构的作用，提高上市公司信息披露的质量；(5) 完善控股股东、实际控制人的相关制度，建立符合我国国情的治理规范；(6) 改进上市公司监管的制度，推进以信息披露为核心的监管，提高上市公司的治理水平。

第三，完善独立董事制度。有六个方面的建议：(1) 要明晰独立董事的定位，强化独董的监督责任。(2) 改善独立董事的选聘渠道，为上市公司提供更多的人选来源。纪鹏院长跟我探讨要建立独董的数据库，协会目前已经开始建立，所有的独立董事，以前当过的和以后想当的，我们都会列到数据库中，以后也会建立一套资质的管理系统。(3) 改进独立董事的提名机制，增强独董的独立性。现在很多上市公司的独立董事都是大股东，或者董事长提名的，这也是造成独董不独立的一个重要方面。(4) 制定上市公司独立董事的行为指引，保障独董的知情权，提高履职的效果。(5) 完善独董的激励机制，探索实行对独董的股权激励制度。(6) 建立独董的考核、考评以及问责机制。

第四，监事会也是上市公司的治理结构中比较薄弱的一环。依据规定，监事会在财务检查、对董事会和高管行为监督方面要发挥作用。但是从我们实际调研的情况看，监事会作用的发挥明显不足，监督流于形式。如何发挥监事会的作用？很多企业都很困惑。通过调查研究，我们同样提出六方面的建议：(1) 引入差异化的治理观念，允许中小板、创业板的独立董事和监事会实行两选一。(2) 推广外部监事、股东监事的做法。我们有一个上交所的调查报告，73.4%的有效样本公司监事会的主席是从企业内部产生的；公司内部产生监事的人数占全体监事会的比例接近60%；股权监事也主要是由控股股东推荐，以企业的内部人为主，因此这些监事主要还是倾向维护控股股东的利益。职工监事则是由企业内部职工产生，其监事会成员的身份和行政隶属关系不能保持独立。我们建议以后也像独立董事一样推行外部监事，包括股东监事的做法，有些上市公司是有这方面的先例，并起到了很好的效果。比如我们调研的“达实智能”这个企业，它的五名监事成员中有三名是外部监事，包括监事会的主席都是来自创投机构。这些监事专业能力强，对公司的财务、对外投资等研究都很深入，并且能够做到对公司经营活动的持续跟踪、参与，有效地发挥了监督作用。(3) 拓宽监督的深度和广度，探索决策的评价机制。(4) 探索监督方式。我们要求扩大监事会在财务检查、董事和高管行为方面监督的广度，建立评价机制，对重大决策的科学性、合理性以及执行结果进行有效的评估。同时要将评估的结果作为财务检查、董事和高管的行为考评等的重要依据。同时我们建议监事会要与外部审计机构建立良好的沟通机制，借助外部审计力量及时了解公司的情况，提高履职的能力，提高监督的有效性和针对性。很多公司反映监事会缺乏工作指引，组织松散，部分公司监事会空心化。深交所对200家中小板公司进行调查，发现近100家公司将监事会作为常设机构，实际工作中列席会议是监事会最重要的履职形式，而监事会基本都是肯定董事会的决议；即使有少数公司的监事能够提出工作建议和意见，往往也不被采纳。因此我们建议在这方面再进行一些大胆的探索。有一些比较好的公司范例，如中国远洋，是国有控股上市公司，采取纪检、监察、审计三位一体的大监督模式，监事会主席身兼纪委书记等特殊身份，以其个人威信，使监事会具有较大的影响力；对此当然还有些不同的看法。另一个比较好的例证是像银行业的监事机构就比较健全，引入了外部监事，且监事会下面设专门的委员会。其他还有像四川长虹、中国神华这些公司通过监事在子公司层层进入、外派监事，然后借助审计力量来进行监督，加强监事会对子公司经营情况的监督。(5) 提高监事的履职能力。现在很多监事会的人员专业性不强、能力不足，下一步我们协会要加强对监事的专业培训，提高他们的履职能力。(6) 梳理上市公司的监督体系。现在上市公司的监督体系，一方面多头重叠，公司对接部门应接不暇，已经成为企业特别沉重的负担；另一方面却该监管的没有监管到位。对于上市公司，法定的监督机构有监事会、独立董事、以独立董事为主体的审计委员会；外部还有审计师、监督管理部门、交易所、市场中介，以及媒体的监督。整个监督体系是比较庞杂的。下一步改革中要对公司的治理过程进行区别对待，将国有控股公司与其他类型企业区别开来，探索不同的监督模式。

第五，公司治理的第五部分，我想介绍一下公司治理的未来趋势。

1. 公司治理正逐步向法制化、市场化转变。随着资本市场的改革深化、以信息披露为核心的监管转型、行政管制的逐渐放松、市场主体力量和市场调节能力的增强以及中介机构功能的逐步强化，特别是控股股东的行为在内外部制约下不断规范，总体来看，公司治理的总体环境得到了改善，市场自律也必然会发挥越来越重要的作用。

2. 未来上市公司治理的监管将是以自律管理和市场化监管为主的模式。从以行政主导模式为主，逐步向企业自治、市场自律和行政监管三位一体的模式转变，最终实现以自律管理和市场化监管为主的监管模式；上市公司可以通过自治规范、自我完善推进公司治理的内层机制建设，使公司治理成为公司和全体股东的共同行动；社会中介服务机构则在其中凭借其专业水准和社会公信力来承担起客观、独立的专业导向作用；在自律管理层面，主要发挥中国上市公司协会、沪深交易所和各地方上市公司协会的服务和自律功能。

3. 国有上市公司治理更加市场化、法制化和规范化。国企改革推动之前，国有企业中还有相当数量的全民所有制企业。以国务院国资委监管的直属 112 家央企为例，其母公司除少数外，基本上都属于全民所有制企业或国有独资企业，真正实现股权多样化的只有 7 家，真正引入非国有资本的只有 1 家，已成立董事会的企业只有 58 家，这种现实情况使得国有出资人无法通过公司治理架构来行使股东权利。国有上市公司更是长期以来面临证券监管和国资监管两套不同体系；在信息披露和内部决策程序等方面也有着差异化要求。去年十八届三中全会《中共中央关于全面深化改革若干重大问题的决定》将国企改革和混合所有制改革再次提上了日程，提出了新一轮国企改革的路线图。在今年 9 月 13 日和 9 月 24 日，先后发布了《中共中央、国务院关于国有企业改革的指导意见》和《国务院关于国有企业发展混合所有制经济的意见》，《意见》指出：推进国有企业改革，完善现代企业制度，推进公司治理、股份制改革，健全公司法人的治理结构，重点是推进董事会建设，充分发挥董事会的决策作用，监事会的监督作用，经理层的经营管理作用，党组织的政治核心作用，实现规范的公司治理。混合所有制意见提出，通过深化国有企业混合所有制改革，推动完善现代企业制度，建立健全企业法人治理结构，建立健全混合所有制企业治理机制，进一步确立和落实企业市场主体地位。政府不得干预企业的自主经营，股东不得干预企业的日常经营，同时要健全混合所有制企业的法人治理结构，混合所有制企业要建立健全现代企业制度，明晰产权，同股同权，依法保护各类股东利益。规范企业股东大会、董事会、经理层、监事会和党组织的权责关系，依章程行权，对资本监管，靠市场选人，依规则运行，形成定位清晰、权责对等、运转协调、制衡有效的法人治理结构。随着国企改革和混合所有制改革的推进和落地，我们相信对国有企业的监管将会实现以管企业为主向以管资本为主的转变。国有上市公司的内部治理将趋向市场化、法制化和规范化，履行出资人职责的机构与所出资企业之间是股权关系，是平等的主体，国有出资人不再通过行政审批或行政干预方式，而是依法在公司治理框架内行使权利、履行义务。与其他股东统一适用现代公司法律制度，不仅有利于国有出资人依法用足、用好股东的法定权利，提高对国有企业监督的效率，也能够推进解决长期以来国有上市公司存在的证券监管和国资监管相关制度规则相矛盾的问题，更加符合上市公司作为市场主体的定位。

四、上市公司协会的定位以及工作

中国上市公司协会是于2012年2月15日成立的，其筹备用了8年，是经国务院批准的全国性自律组织，主管部门是中国证监会。其成立取得了民政部、发改委、国资委、财政部、商务部、国家社会总局和人民银行等七个部委的大力支持。协会采取的是自愿入会的原则，不加以强制。目前我们协会总计有会员1800多家，其中上市公司会员1700多家，我国一共有近2800家上市公司，会员规模占全体上市公司的近70%。协会的治理架构是以会员为主体，设立会员代表大会、理事会和监事会。发起的会员有228家，理事会成员有249名，常务理事会的成员有119名，监事会成员34名。协会的基本宗旨为"八字方针"，即"服务、自律、规范、提高"。我们以服务会员为宗旨，以自律规范为手段，以配合监管转型为重点，以提高上市公司质量为目的。我们协会的定位是"去行政化、非营利性、新型社会组织"，致力于"一肩担两头"，一方面是联系政府，另一方面是联系上市公司。致力于表达会员的诉求，维护会员的整体利益，同时加强自律引导并且以强化"全局观、协会观、创新观"为指导，根据监管需要、市场发展的需要以及会员的需要来开展工作。我们力求在证监会等单位的支持下创新协会的工作，探索致力于服务的新模式和新方法，逐步构建与行政监管相并行的会员自律管理体系。

协会成立以来做了一些工作，简述如下：

1. 积极推进国家智库、监管智囊的建设，努力打造会员诉求的直通车，形成重大的调研报告，上报国务院。

2. 参与证监会以及有关部委的立法、修法工作。协会参与了《证券法》《上市公司监管条例》等重大法律法规的制定，现在证监会只要出台涉及上市公司的法律法规，都会预先请我们协会组织召开座谈会，由相关的上市公司和各部门来参与讨论，如果有会员反映强烈的意见，证监会都会带回去认真研究，很多意见都得以采纳。

3. 推进公司治理以及相关工作，促进自律规范。(1) 我们发布了上市公司独立董事的履职指引，解决了长期以来上市公司独立董事履职缺乏全面详尽指导的难题。目前，我们正继续推进上市公司监事会工作指引，上市公司董事会工作指引和董事会秘书工作指引等编制工作，包括财务总监指引也列入了我们明年的工作计划。(2) 开展公司治理最佳实践活动，发布了《中国上市公司治理报告》，对上市公司的治理历史、现状和发展趋势做了深刻的阐述。(3) 举办了年度最受投资者尊重的上市公司评选活动，通过树立上市公司的典型来加强示范引导。(4) 探索上市公司诚信评价工作，起草上市公司的诚信守则，发布了承诺履行的失信榜单，使榜单上的公司受到市场机制的约束。(5) 积极推进上市公司履行社会责任的建设，连续四年发布了《中国上市公司社会责任信息披露研究报告》，开展社会责任信息披露标准的编制工作。(6) 开展了董、监、高的培训，受证监会委托，每年要举办数期董事长、总经理培训班，已经成为我们的品牌项目，由证监会上市部和我们协会联合举办。(7) 受证监会市场部的委托，进行上市公司行业分类的工作，按季度发布。(8) 根据证监会的工作部署，开展市值管理、自律管理工作；陆续开展调研、培训和研究报告等工作，制定并适时发布《上市公司市值管理制度指引》。

4. 密切关注会员的关切点，优化上市公司发展环境，以会员需求作为切入点，推动上市公司监管制度的完善。对于涉及上市公司整体利益的一些改革、创新等重大政策，采取有效方式及时调研和评估，帮助会员解决最为关注的难点问题。不断推动企业的发展环境优化，对于会员反映较多的退市、再融资、并购重组等问题的调研，已经取得了实质的成果。同时还完成了改善H股公司发展环境的报告，IPO募集资金监管情况的调研等工作。搭建上市公司的宣传平台，组织年度的《中国上市公司年鉴》的编写工作，先后有千百家机构，上千人参加这个工作，目前已经连续出版发行了八期，成为研究上市公司的专家必备手册；成立了媒体记者俱乐部，开展上门服务活动，服务会员"走出去"，在巴西、秘鲁参加了相关的活动，请驻外的使馆参加活动，介绍国外的投资、法律环境，帮助我们的企业走出去，明年结合"一带一路"将加强这方面的工作力度。

5. 理顺内外关系，促进监管合力；加强内部管理，强化队伍建设。经证监会批准，我们成立了十个工作部门，完善用人机制，根据协会发展需要选用多领域的专业人才，充实协会的专业架构。先后成立了十个行业委员会，独董委员会、并购委员会是最早成立的。成立委员会的目的是发挥会员自我服务、自我监督、自我管理的作用。今年马上要拍一个并购重组的专题片，宣传并购重组的一系列经典案例，普及金融领域兼并重组的常识。

6. 推动构建整个上市公司服务、资本市场服务体系。我们与全国32家地方上市公司协会都建立了很紧密的工作关系，同时也与很多社会组织建立了战略合作关系。通过双向的组织联络和紧密的业务联动，形成全国统一、全面、有效的自律服务体系，共同维护上市公司的合法权益，同时也促进资本市场有序发展。

点　评

赵旭东：姚会长今天的报告内容特别丰富，信息量也非常大，在一个半小时内向我们展现了中国上市公司从监管到自律到内部治理一个全景的现状，存在的问题以及思考和研究。其中，我印象最深的、也最关注的就是上市公司的治理问题。

我认为这次股市异常波动跟上市公司治理没有直接的联系，有市场因素自身的结果，但是从深层次讲，同上市公司治理是有一定联系的，因为上市公司的治理是整个证券市场存在和发展的基础。我很认同姚会长所说的“良好的公司治理是资本市场健康发展的基石”。研究市场的很重要一点就是对公司治理问题的研究。姚会长所说：“没有最优的治理模式，只有更适合自己的治理模式。”这也是我想研究的方向。

姚会长还谈到中国的一种情况：通过证监会推动，中国上市公司的内外治理机制已经初步形成；公司治理今非昔比，已经取得了巨大的成就，与几年前相较已经有很大的改观，但是未来还有很长的路要走，这同样也是我深切的感受。

接下来姚会长也谈到了未来的路怎样走，他特别谈到中上协对上市公司的研究，这个研究是以上市公司治理当中的独立董事和监事会作为切入点来研究公司治理未来的问题，我觉得这个点抓的是切中要害，也是我认为中国上市公司致命的缺陷，是改变中国上市公司治理现状的一个很重要的着力点和突破口。

姚会长的报告勾起了我对这个问题长期的一些思考，简述如下：

公司治理是公司法永恒的话题。我国上市公司治理的问题很多，两次《公司法》的修改，特别是2005年《公司法》修改，一个重心的制度设计落在公司治理上，做了很多制度上的突破、完善和创新，但是公司治理不尽人意的现状，我认为确实得到一些改善，但还谈不上根本的改变。学者们多年谈到的、广泛诟病的公司治理的一些顽症，一些负面的现象一直存在，其中就包括大股东的过度控制、股东会的名不副实，特别是监事会的形同虚设、经理人的内部控制等，这些现象过去存在，现在虽有变化，但是依旧没有形成根本的改变，甚至某些公司身上还有非常突出的问题，很多学者都有亲身的体验。我本人担任过十几年的独立董事，经历过多家公司，这一路走过来的体会是：这些问题在我任职过的上市公司当中，不同程度地存在着，只是轻重有别；当然有些公司的问题十分严重，媒体也报道过一些丑闻。公司制度改革、公司法监管也注意到了这些问题，但并没有彻底的改观。

2005 年公司法修改，从法律制度的设计上，是比较完善的：外国的经验、先例我们都借来了，似乎已经尽到我们最大的努力，但是依然没能使这些问题得到根本的改观。到底是我们的制度设计出了问题，还是其他什么原因？是我们法律执行得有问题，还是制度设计本身就有问题？我觉得中国公司治理也许存在着一个革命性的改革的需要。需要对制度进行全面的、彻底的反思：到底这个制度存在什么问题？我就一直在为这样的问题所困扰。

中国的公司治理存在一个突出的问题，就是“脱节”。什么脱节？我觉得有三方面：1. 法律规范的制度设计，同公司治理的现实运行之间脱节。2. 公司治理的主体同公司实际管理的主体脱节。法律上的治理主体是谁呢？股东会、董事会、监事会还有一个经理。其中股东会是最高权力机构，监事会是监督机构。但是到了现实当中，掌握着实质性权力，真正能够左右公司治理的主体是法律上并没有赋予其特别权力的大股东、控股股东、董事长甚至还有董秘、财务组的人。3. 法定的权利分配和实际上的权利分配脱节。比如经理在法律上是微不足道的机构，是聘任的管理机构，但在很多公司治理中，经理发挥了特别重要的作用。

当然还有更具体的问题，我也做了归纳，突出的问题主要有三个：1. 我国公司治理重集体，轻个人；重股东会、董事会、监事会，轻董事长、董事个人；法律上基本都是重机构责任，以机构权利义务为对象，轻具体的负责人、经办人的责任。2. 重身份，轻行为。3. 重形式，轻实质。公司治理的很多规则只是个形式。

姚会长讲的很多东西确实是点到要害了，希望姚会长的调研对我国的公司治理，包括立法能够起到建议的作用。这是我对姚会长报告的感想。

刘纪鹏：中国公司的治理结构，形式的东西很多。大陆法系的监事会、英美法系独立董事我们都有了，但结果都是只注重形式。中国与西方国家最大不同是什么呢？就是它的监事制度是监事内部人、职业经理人。但是中国呢，都是一股独大，特别是家族企业，直接和套现减值密切相关，暴富也就是这样产生的。创业板靠市盈率赚一笔，今天下午我听说，和君创业马上要买壳上市了，三板上市就这么简单：一个壳两千万到两千五百万。一旦成为三板的壳企业，再去IPO私募融资就很容易了。这些企业买了三板第一件事就是收购创业板企业。举个例子，我不说名字，许多创业板股东就为了上市暴富，然后接着就移民，今天那两位是夫妇股东，他们的股份卖出后，价值15个亿。我问他们打算干什么去？说是出家当和尚，男的在和尚庙，女的在菩萨庙，不知道他们在想什么。这样你还上市，圈这么大一笔钱干什么？我对此特别不理解，谁来制约这一股独大的大股东？

对中国的上市公司治理来说，与西方不一样的地方在于：我国的职业经理人往往由大股东任命，事实是作为大股东的傀儡，因此不能仅仅简单地制约经理人，而是要能够把经理和大股东一肩挑起。中国上市公司治理的任务，应以保护中小股东，制约一股独大的大股东为主。经考察，400多家创业板上市公司，家、夫妻、兄弟，这样的家族大股东，上市之前平均持股50亿以上，上市后仍保持在40%以上。我们试图让这些公司设置独立董事、监事会制度，但是整个董事会都是由其家族控制的，甚至利用内幕信息进行高抛低吸，肆无忌惮地买卖股票，一块钱甚至五毛钱的股票能卖几十块钱。基于这样的现实，在治理机构上由他们去聘任独立董事，制约它本身，逻辑上是不能成立的。本来独立董事制度是用于制约大股东，可现状是独立董事恰由大股东直接聘任或由大股东控制下的董事会聘任。对此我向姚会长反复地呼吁：请无论如何要把独立董事工会成立起来，独立董事的“家”应该在上市公司协会，而不是再由大股东控制。如果他们的薪酬、资质都由协会来管，每个上市公司想要聘请独立董事都要经过上市公司协会推荐候选人，协会对独董有分类以及业绩表现的数据库，让上市公司从数据库中三选二，但是绝对不能再由他们聘任。薪酬制度也要由协会制定，而不应将独董的命运掌握在大股东手里。

刚才他们两位都谈到了一句话：就是中国股市的好坏，基石是上市公司。而中国的股价是建立在这样的上市公司制度之上，有着150多位家族企业的股票，在此基础上再衍生出“中证500”这样的产品来，如此构建的大厦怎能稳固？要解决这样的问题，就要从上市公司的治理上入手。

李东方：股市危机最根本就是上市公司危机，我最近在韩国的杂志投了两篇稿，一是《上市公司危机预防》，另一个是《上市公司危机处置》。要预防股市的危机，首先是上市公司问题，其次是券商。我现在又写了一篇总的文章《上市公司危机的法律规制》，提到一是预防，二是处置，三是上市公司退出市场，这就比较全面了，当然这仅仅是上市公司监管法的一部分。上市公司是公众公司，它所涉及的公众利益十分重大。如果一个上市公司出现问题，引发多米诺骨牌效应，就有可能导致全面的经济危机。我做独董的历史也有十年了，刚才赵老师说得比较客气，他说“独董不起作用”，在我看来，独董不仅是不起作用，而是起了反作用，为什么说起反作用？上市公司的董事会，理论上应该是“one chair，one vote”，但是在董事会里面是“one person，one vote”，可以通过股东持股来实现。持股多，股东可以派驻的董事就相应增多。但是因为现在的独董制度，一名股东仅需持有很少的股份就可以控制董事会。上市公司最重要的就是控制权。我以小小的股份就控制了控制权，所以这就有利于他独裁。

在中国，所有的上市公司都是一股独大：民企一股独大，国企改制过来的也是一股独大。从根本上说，独立董事制度并不适合中国的国情。独立董事要在什么情况下才适合呢？股权要高度分散。在我自己的书里面曾写到过这个问题，不妨读一下，这是我对独立董事制度的一点体会：笔者担任独立董事工作的一点体会是，股权越分散，独立董事制度越适宜；股权越集中，独立董事制度越难以发挥。在英美法国家，上市公司股权更为分散，少有像中国上市公司普遍存在的一股独大现象（国有企业改制的上市公司与民营企业均存在一股独大的问题，没有例外）。这也是为什么在英美发达国家独立董事制度相对好用的原因之一。在股权集中，一股独大的背景下，还会出现如下情况，在没有独立董事的情况下，是不同的股东根据资本的多寡安排不同比例的董事，进入董事会，代表自己的利益，一人一票；中小股东的利益一致时，可以共同投反对票对付大股东。现在董事会中有了受控于大股东的独立董事，其不仅不能起监督作用，反而为大股东代表在董事会中搞独裁提供了方便。这里分两种情况，一种情况是由于董事会人数有限，独立董事的名额排挤了其他更多股东代表进入董事会，从而有利于大股东的代表在董事会搞一言堂，另一种情况是现在董事会中有了一边倒向大股东的独立董事稀释了反对票的力度，从而使大股东的代表可以为所欲为，这就是我的深切体会。

我回应一下姚会长。刚才您说独立董事在目前的情况下怎么解决，我以为独立董事津贴应由协会来发放这一点十分正确，不仅是独立董事，还有会计师、律师，都是由自己所监督的对象付款，这样不利于他们的独立地位。国企的外部董事就是这样，国企的外部董事，津贴是由国资委付的（当然国资委也是先从公司收的钱），这样关系就理顺了。凡事要讲逻辑，市场是最讲逻辑的，目前的独董既拿人家钱又要监督人家，那监督作用就成了鬼话。这个改革不仅是独立董事的改革，整个证券市场的关系都要理顺，包括独立董事、律师、会计师等。中国的证券市场是人造市场，因此才会有这么多怪现象。我的书上有一个很深入的分析。人造市场是有好处的：效率高，举国办大事；它的坏处就是违反了市场的规律，自然生态的规律。现在已然如此，究竟如何治理呢？第一是培养司法文化，就是诚实信用。第二就是证券市场主体本位要转变。过去我们是为了国企募集资本，现在要服务于投资公众。第三就是证券市场功能定位的转变、司法体系的复归，包括我们的协会。在上次秋季论坛，我说过："中国人要强调正确的司法文化，使私权倒逼公权力进笼子，而不是由公权自己进笼子。"

姚峰：刚才李教授说的上市公司风险防控问题，从市场发展来看，确实有研究的必要。刚才纪鹏院长介绍我在证监会六个部门任过六个职务，其中一个职务叫证券风险处置办公室副主任。2004 年到 2008 年，我曾经是亲手参与处置、关停了 31 家证券公司。2008 年金融风暴，中国的证券公司全部平安渡过，没有一家遭遇金融风险，这就得益于我们处置风险早，及时把风险化解掉。那时候证券公司风险很大，挪用国债、保证金。如若不是我们当年处理及时，问题留待在金融风暴的时候再爆发，当时中国 106 家证券公司基本上就会全部被打入地狱。因为我们处理得早，第三方监管所有挪用保证金的钱全部归位，把风险全部隔绝，危机才得以度过。针对风险问题证监会出台了一个条例，就是《风险处置条例》，我也是主要起草人之一。证监会在重庆小范围开会，检讨证券公司所谓异常波动时，还回顾了这条功劳，就是当年处置完风险以后为他们立了很多不可逾越的红线，这也是遇到这次异常波动我国这些证券公司还能挺下来的一个重要原因。

所谓预则立不预则废，我们证监会的干部真是不容易。

刘继峰：刚才姚会长讲的内容真的是很丰富，东方教授所提到的内容也几乎都是爆炸式的，对于我这个门外汉来说进行系统的梳理可能根本达不到。但是对于几个数字我还是比较敏感的。一是姚会长提到的，在 1992 年到 1998 年有 200 多部法律法规出现，6 年的时间有这么多法律法规我觉得不可理解。我所疑问的是，200 多部法律法规现在还有效吗？为什么在那么短的 6 年时间里有 200 多部法律法规？我一直在研究自 1890 年到现在还有效的美国《谢尔曼法》，它中间不怎么变。我们1993年的《反不当竞争法》一直到现在也还有效。200多部法律法规，能在那么短时间高度集中地出现，现在的状态如何？我对此产生另外一种理解：证券市场针对上市公司的监管，是否在一定程度上有“头痛医头脚痛医脚”的毛病？当时是否应景式地出台一部法律，到现在又有很多被遗忘？是否这种立法的惯性一直延续到了现在？我们对它的研究是要跟踪这些法律呢，还是要跟踪这种规律？这就是我的一个疑问。

姚峰：我特别认同你的想法。你所说的“头痛医头脚痛医脚”，坦率地说，以我个人的评价（不代表官方的立场和官方的说法）确实如此。为什么？第一个原因是我国的资本市场本来就是从空白建立起来的，时间短、任务重；第二是它发展快。监管层只能是看到一个问题亟待处理，就立即起草一个法规，所以这才会出现6年200多部法规。确实是有点“头痛医头，脚痛医脚”。

刘继峰：再抛出一个幼稚的概念。今天核心是讲公司治理，其中又涉及公司结构的问题。我国的公司治理结构真是高度地复合，我粗浅地理解：英美等一些国家的公司结构相对比较简单，有董事会、股东大会，然后设置独立董事；而我国的公司有外部监事、外部董事，还有职工监事，似乎一个概念在我国被放大到多个。那么它们之间的制约关系到底怎么样？它们之间的职权到底如何划分？中国的资本市场总体来说发育相对比较迟缓，而且金融市场，应该是高度国际化的，是否我们为了同国际接轨，而使我国公司治理结构有了这种类似应景的色彩？我的疑问在于，我国公司有监事会为什么还要有独立董事？独立董事加入后是否会造成整个关系更趋复杂；如果梳理不好是否又会造成制度上以及人员上的损耗？这仅是我比较幼稚的理解。

姚峰：刚才纪鹏教授也说了，我国公司治理既有大陆法系也有英美法系的制度。我们证监会监管工作人员从一开始确实就是想防微杜渐，把能用的、好用的方法、制度都用上。所以就造成现在“土洋结合”的局面，包括刚才说的“头痛医头，脚痛医脚”就是这么产生的。当然这还是我个人的看法。

刘纪鹏：我特别希望东方、继峰等民商院的几位教授能够把金融证券这一块作为研究重点。今晚听完继峰、东方的发言以后，我想表达一下站在自身研究领域，以不同的视角，来看这个问题。继峰也强调了下一步要把经济法的重点更多地向资本金融进阶。我想这也正是我们在法大开设资本金融的目的，就是要给法大第一手的资料；请姚峰会长这样的金融界的名人、专家来给大家介绍，使我们在制定法律的时候对中国的国情，有更强的针对性。法律不应是高高在上的，它必须俯下身来解决实际问题，才是良法；法律不是照搬照抄的，在国际化当中也不是只有美国模式，我希望法律是包容的。英国的态度现在就有很大的转变，当然中国也要自觉地融入到国际的金融当中。要更多地借鉴，当然这个过程，可能需要根据不同国家的时空观来决定。我之所以请姚峰还有其他很多人，因为我们有同样的理念还有价值观，因为我们受的苦难都比较多，经历了很多，不论是完整的“文革”，还是整个的25年的股市。几位教授都当了十几年独立董事，我也当了20多年的独立董事，最初是从香港当起的，对香港有些了解，制度上的这种照抄，并不是从内地开始兴起的。在香港，某种意义上也存在着制度上的照抄。土耳其不是也要学中国的独立董事制度吗？我的观点是大家都要互相学习。我们的方向，应是金融与法务结合、与中国国情、国际规范相结合，理论与实际相结合。有此三点，我们的学生、我们的学科，一定会在中国未来的舞台上，发挥更大的作用。

武长海：我一直在思考一个问题，社会制度应该是四位一体，首先是信仰，第二是道德，第三是信用，第四是法律。法律是最终的。我们整个社会目前缺乏信用体系的建设。我觉得上市公司协会应该开始做这件事：上市公司信用体系建设，包括对中介机构、公司高管，如果有一个信用体系，对他们进行评估，他们即使想跑路也会进入黑名单，并从此不能从事这个职业，如此我们就有了信用的基础。我还要补充一点就是，上市公司协会目前有十个专业委员会，那我们有没有法律专业委员会？

举例来说，我们法大有400多位法学教授，是否可以由我们牵头成立法律专业委员会，这样我们可以通过协会掌握第一手资料，加强这方面的研究。

姚峰：说到诚信，其实我们协会十分重视。你所说的诚信建设我们一直在做，包括我刚刚介绍了上市公司的诚信体系建设、升降级的黑名单制度、评选制度——评选最受投资者尊重的上市公司——这个评选并非仅凭业绩、管理的优秀与否，而是来自投资者的评价；投资者中包括中小投资者、机构投资者，有不同的权重和比例。社会各方面全部参与进来投票、评选，对上市公司的诚信是个很大的约束。我们也希望建立起这个制度，按照中国的这一套逻辑，然后推行。

互动提问

提问：我的问题是今年股市波动中大股东减持的问题。去年一年，减持额是2500亿，今年6月份一个月达到了5000亿，而且大股东减持问题不是一个单独的问题，而是一系列问题。它涉及之前的高转送、大股东和私募配合炒作等问题。就减持问题，从上市公司协会还有监管转型的角度，请会长谈一谈监管的问题。

姚峰：确确实实，我刚才在介绍证监会工作的时候，说到了针对这次股市异常波动，证监会各个相关部门，在证监会党委组织下进行了复盘。所谓复盘，就是把整个异常波动以前和异常波动过程中，以及后来的结果，重新演示、演练一遍，然后各个部门从各自监管的角度，来分析在哪个环节做得不到位，总结为什么会出现这样的问题。

你刚刚说到的大股东减持，情况很复杂，不能一概而论。减持的情况里面有合规、也有不合规的；证监会对大股东的减持是有相关规定的，要具体问题具体分析，并非减持就是同中央唱“反调”；但是其中确实有很大一部分违规减持的现象。证监会已经立案调查了不少，同时给股民集体进行申诉的机会。

提问：刚才您在演讲中提到的保护小股东利益主要还是从政府角度来做，比如说独立董事制度。那么政府部门有没有考虑过，给小股东一些可以方便他们行使权力的制度化设计呢？

姚峰：证监会采取了很多措施。刚刚我说了，其实任何一个公司治理，通俗地说就是外部制衡的同时进行内部制约。对于外部制衡，我们协会现在成立了一个中小投资者保护中心。中心买不同的公司的股票，举例来说有的就买100股，目的是为了取得股东身份，小股东的身份，然后就可以参与股东大会，以进行维权活动。还有就是，在表决的时候，小股东的权重在整个股权结构中是非常稀释、非常少的，没有发言权。中心将现在的这些小股东串联起来，给小股东单独设立权重，使其在表决时，小股东的声音能够反映出来、能够得到重视。甚至是我们监管机关，比如地方监管局，小股东的意见不被重视时，监管局会找到上市公司并提醒：这些提的好的意见应该得到重视和承认。类似的这些手段，我们都在采取，以求使小股东可以发声。但是离真正做到使小股东得到充分保护，确实还需要一个过程。小股东们在整个资本市场中，目前来说还是弱势群体，这也是我们证监会为什么反复强调一句话“保护投资者利益”，然后再加上一句，“特别是中小投资者的合法权益”。

中国股市的黑暗与光明

——从徐翔、姚刚黑幕看法制金融

提　要

时间：2016 年 4 月 14 日

地点：中国政法大学蓟门桥校区科研楼二层学术报告厅

主持：刘纪鹏

主讲：金岩石　新华指数公司首席经济学家

点评：王涌、李肃、时建中、汤欣

互动提问

今日讲中国股市的光明与黑暗，是要让自己看到市场中的阴暗面和光明面。

我并没有徐翔和姚主席的黑幕，真正的黑幕是我们不知道他们错在哪里。中国股市还没有真正的法制，中国股市从一开始是为融资人建立的市场，而且是为特定的融资群体。股市是为国企脱困而建立的，投资人是为国企扶危救困的。但我认为市场中的投资人没有任何一个是为了扶贫参与投资，这是第一大黑幕。当我们将市场定性为国企脱困的市场，姚刚作为这个市场上的发行部主要负责人，陷入的就是一张黑幕，当年他是高考状元考入北大的。如果一个行业，能够让聪明人犯罪而不知其罪，能够让不聪明的人代表正义，这难道不是这个市场的黑暗吗？如果姚刚代表的是市场的发行体制，徐翔代表的是什么呢？如果在美国徐翔可能是索罗斯，一个高中生能够以五年的投资公开业绩超越巴菲特三十年之和，难道这种人不是天才吗？如果他不是天才，那么一个高中生如何能够在市场中创造出如此规模的业绩？这又是一个黑幕。我们再看美国，人们对于由穷至富的投资人，是发自内心地尊重，所以美国有伟大的投资家。但是回首中国，在中国股市中的成功者，四条路：蒸发了，自杀了，被抓了，出海了。这意味着市场在治理上有问题，所以当一个错误的制度没有法制的阳光，他会让好人变成坏人，比如姚刚；也会让坏人变成英雄，比如徐翔。徐翔是靠内幕交易获得巨额财富，但是他并没有拥有这些财富，那么徐翔后面的人在哪里？这样就能理解一个市场如果不能为多数人提供公平交易的场所，那就说明隐藏在背后的人在操纵这个市场。

市场还有一个特征是政策，很多人以为政策市是中国股市的不诚实，我感到这个市场恰恰是政策市才给我们获利的机会。按照两年上涨、股市指数新高作为牛市的标准，截至目前中国的股市经历了三次大牛市，2015年是第四次，中途夭折了。而三次大牛市，恰恰都对应着中国的制度变革。美国股市是国民经济的晴雨表，但中国不是，中国经济高速增长20多年，但是股市并没有和中国经济保持同步。它却忠实扮演一个角色，是制度变革的风向标，这样一个变革构成了中国股市的一个投资周期。恰恰验证了索罗斯的理论，市场在绝望中落笔，在欢乐中升腾，在疯狂中结束，周而复始。这就是股市中一个情绪周期，而投资人的情绪就是这个市场中的基本价值，我把它定义为交易价值。我们说市场不缺资金，只缺信心，其实信心加资金，就是交易价值的两大构成。每一个周期，我们都看到一个情绪性溢价的传递，由于市场是为融资人设立的，而投资人总想夺回这个市场的主导权，而每一次制度变革都会点燃投资人的希望，都会让股市的傻瓜分庄，都会让股市之外的聪明人入市。

如果说第一个大牛市是邓小平，从开始96点，到南方谈话后1584点，指数上涨16倍；第二个大牛市，是1999年朱镕基时代，宪法修正案把非公经济写入宪法，这才有了中国民营企业的合法身份，但依然不能入市只能合法经营，就构成了中国企业制度变革的一个转折点，市场应声点赞，牛市形成。第三个大牛市，是2005年到2007年，我和纪鹏在凤凰卫视流金岁月的探讨，股市已经不是仅仅为国企脱困的市场，因为股权分置的改革让这个市场脱离了为国企脱困的轨道而选择了第一全流通，第二多层次，中小板和创业板开盘。

于是到2012年中国股市的所有权结构发生了一个变化，那就是不仅民营企业上市公司的数量超过了国有控股企业，而且民营企业上市公司的总体估值水平是国有控股企业总体估值水平的3到5倍。到2013年年初，这个趋势由量变转化为质变，2013年3月中国股票市场发生了一个制度性的变革，民营控股的企业股权占比首次超过了国有控股企业的股权占比。就在人们都在讨论实体经济下滑、国进民退的同时，股票市场却上演一个国退民进，就在此时李克强总理直接批准新三板。于是新三板开盘，民营企业笑傲江湖，现在6000多家企业挂牌。在中国经济下滑的过程中有亮点：1. 新三板就是在中小创的基础上开出了一条新路，民营企业的证券化之路；2. 截至目前，已经备案的私募基金超过26000家，代表了另一个趋势，那就是散户机构化。一极是民营企业证券化，另一极是散户机构化，同时中国离岸人民币从占比0.74排名12位，三年之内上升到第3位，占外汇市场接近3%。所以国际货币基金组织特别提议将人民币纳入特别提款权，2016年10月1日，中国将成为全球五大货币之一，排在美元、欧元之后，排在日元、英镑之前。五大货币，这是一个新的版图，意味着中国经济的全球化。

2015年5月，中共中央国务院下发了《开创新经济体制的整体性构想》，中国要成为全球化市场中的中心化国家，在中国经济增长速度下滑的同时，中国经济转型走向了一个新的模式，新模式与旧模式的差别在哪里？2007年，我们把三驾马车变成了双轮驱动，即投资加消费，而消费拉不动，开始投资拉动，当投资在中国经济驱动中扮演独角戏的时候，中国的集体负债率急剧上升。截至今日，中国在所有发展中国家中国家负债率排名第一，中国的企业在所有的国家，包括发达国家在内，全球排第一。十年之间，我们在高增长的目标之下走进了一场次贷危机，形成了一个神模式："借新债还旧债，债债不还；拆东墙补西墙，墙墙不倒；横批，且行且珍惜。"当我们主动选择了一个中国特色的次贷危机，放量发行货币、放量发债，让中国经济自己陷入了次贷危机。美国是让没有偿债能力的人去买房，中国是让没有创新能力的政府和企业去投资，于是导致投资回报率递减，导致今天不得不提供给侧。

早在亚当·斯密时代，萨伊就已经讲过供给超过了需求，政府不用为需求不足而担心。当凯恩斯主义风行发达国家的时候，美国陷入了滞胀，里根指出，"政府不是解决问题的途径，因为政府就是问题本身"。靠骂政府上台现在该怎么办？第一件事把当年卡特总统经济顾问班子全解雇。拉佛找到里根，提出了拉弗曲线，"如果加税税率提高税收增长，税率再提高税收又增长；但是当税率达到它的临界点的时候税收会下降，当税率达到100%的时候税收归零"。于是里根采取了减税的政策。马丁·费尔德斯坦提出，当一个政府赤字高企还要发债，债券利率一定上涨，必然带动银行利率上涨，导致利润率下降，投资回报率下降。发债结果就是利率高企、投资下降、失业增加，因此里根采取了减债的政策。这就是里根经济学。所谓供给侧的核心是什么呢？就是不要去想政府做了什么，而要去想政府不该做什么。那么供给侧、减税、减债经过一段时间会刺激民间投资增长，会刺激民间自发地创造需求、创造就业。果然美国经济因此走出了滞胀。里根就被美国人票选为美国历史上第四个最伟大的总统。

三驾马车理论是把统计学的估值方法解读为经济增长理论，而经济学界公认的经济增长理论里面没有这个理论。那么经济增长理论讲的是什么呢？全球经济增长理论的共识是，经济增长的原始驱动力不是投资、出口、消费三驾马车，而是另外三驾马车：1. 劳动力供给的增长；2. 全要素生产率的提升；3. 著名的哈德定律告诉我们的制度性变革。如果制度的选择让一个国家的经济增长主要依赖于政府投资创造就业、提高劳动力的投入，这种增长叫外生性经济增长，最终会让一个国家走向停滞。如果一个国家的制度选择让经济增长更多依赖于全要素生产率，其中最重要的是企业家驱动创新，这叫内生性经济增长，最终会让一个国家走向繁荣。即制度的选择如果让投资的主导权在政府手里，那么这就是外生性经济增长，最终会让投资回报率归零；如果制度的选择让民间投资驱动创新，那么这种选择就是内生性经济增长，让一个国家的经济增长走向创新成长之路。透过经济增长模式的选择，我们能够看到资本市场与政府之间的权力转换。这种转换就把中国经济增长的投资主导权历史性地从政府手里转移到资本市场手中。正是从这个角度上说，2013 年是中国股市光明与黑暗的转折点。转折点就在于民间投资驱动，民营企业的证券化正在成为中国未来经济增长的发动机，而在这个过程中必然可以看到国企在资本市场中被淘汰。

制度变革推动了城市化，城市的两大特征：1. 财富货币化，用货币来衡量一切。2. 女性职业化。接下来女人的大腿和胸部变成了城市的一道风景，于是城市让生活更性感。女性职业化变成了产业创新的原始驱动力，让消费升级带动产业创新。财富的代表变了，走进农村看到的是土地和劳动，所以男人的“男”字就是“田”加“力”，男人的“男”字代表的是农业文明的财富密码，那时我们不断背诵着威廉·配第的名言：“土地是财富之母，劳动是财富之父。”而当我们离开了土地，走进城市和货币，离开了劳动，走进了金融，才能理解城市是女性的灵魂。女人+货币创造了城市。城市化作为一种文明，把我们带进了财富货币化的时代。

凯恩斯主义认为，在经济萧条的时候超额发行货币不会引发通货膨胀，却能够立竿见影创造就业、驱动增长。于是，政府就可以在危机时期通过发币发债来填补政府支出与税收增长之间的差额，现代政府的新模式是赤字财政、举债经营。于是政府变成了双重主体：作为服务型政府的经营准则是平衡预算、税收国家；而作为货币产业的垄断经营者政府变成了经营型政府，经营准则是赤字财政、负债国家。于是超额货币如影相随，评价政府的标准变了，即凯恩斯的适度通胀。但左手一张纸，纸币；右手一张纸，债券。纸多了发债，债多了发纸。每一次金融危机都是某一条债务链崩溃，而每一次应对金融危机的选择都无异于发更多的纸，发更多的债。经济的周期逐渐脱离了传统经济意义上的工业周期，变成了一个全球化的金融危机，周而复始，泡沫升腾、经济繁荣，泡沫破灭、经济萧条。所以每一次拯救危机，实际上是在期待着下一场危机以更汹涌的态势，卷土重来。

当把这样一种经营模式放到我们的生活中，每一个政府面对的挑战就是超额货币流向哪里。于是凯恩斯的教条被人忘记了，凯恩斯当年说的是萧条时超额发行纸币债券不会引发恶性通胀；但经济正常了，政府无法回收货币，而这句话没有人听。正是因为我们知道钱不值钱了，所以希望有更多的钱，所以政府就顺应了这种趋势，印更多的钱。这就是我们生活的社会环境。要学会在通货膨胀中生存，在资产泡沫中成长，在两极分化中发展。这不是我们的选择，我们没有别的选择。

美国人可以把自己的纸币债券直接发到中国的国库，就形成了一个全球化的财富再分配，形成了一个新的平衡。中国人出口，美国人进口；中国人生产，美国人消费；中国人当债权国，美国人当债务国；中国人干活，美国人发纸。而这种模式只有极少数国家能够选择，当我们既不愿意回收货币又不能够输出货币，在本土就只剩下两个选择：1. 让货币流向消费品市场，恶性通胀；2. 让货币流向投资品市场、奢侈品市场，泡沫升腾。当面对金融海啸的危机，两害相权，我们宁可选择在经济周期的波动中泡沫升腾。这就是货币政策背后的政治，在这样政治经济学环境中，可以创造一个巨大的财富管理市场，让超额货币通过金融智慧转变为货币化的虚拟财富。美国就是这样让债务高企、泡沫升腾，然后让某一个想法变成一个产业，化虚为实。产业创新让债务危机化为乌有，一场繁荣过后产业创新实现了，债务危机又在积累，积累的过程中又寻找另一个传奇，再造一个产业，然后让这个产业变成财富化虚为实，形成了一个激动产业创新的力量。

当前很多人担心中国的实体经济难以为继。实体即尸体，这就是熊彼特的理论，创造性毁灭。于是我们都会看到，每一代人都有每一代人的生活方式，于是一代人的偏好和价值观就构建了属于一代人的产业链。也就意味着当下一代人来了，前一代人退出市场的中心，我们就会看到前一代人的产业链会有一半变成尸体，而下一代人的产业在创新中成长。于是每一代人实体经济都会一分为三：实体、尸体、创新。只有投资人才能够追求没有利润的创新成长，而放弃没有创新的利润。于是投资人就变成了一只无形之手，主宰了实体经济本身的变革，而这样一个理论我把它称为产业创新的代际循环，每25年必然要经历一次。那么为什么投资人会选择没有利润的创新成长？因为企业行为中的创新有一个固定方向，在资源开发的路上指向了一个新的资源，称之为无限性资源。每一次我们都会看到人类社会通过创新摆脱对有限性资源的依赖，而转向无限性资源。每一次划时代创新都会带来一次财富的爆发性增长，会把我们带到一个新空间。

多数人的思维是达尔文思维，认为技术的进步是渐进式的。但技术创新并不是达尔文进化论的模型，而是在某一点上让创新的速度成火箭升空那样爆发性地成长，而这个点就叫技术起点。技术起点的同步来源于基础理论。通过一个以上企业家的实践把我们带到一个新的空间，再继续一次达尔文式的渐进，再引爆一次技术起点。每一次技术起点的爆发都是把我们带进一个新的空间，都要我们更远地离开对有限性资源的依赖。力学通过瓦特让我们走进了机械化的时代，物理学通过爱迪生让我们走进了电气化的时代，信息科学通过摩尔让我们走进了大数据时代。

新金融早已不是为实体经济服务的产业，为实体经济服务的金融业是货币银行学，但是证券金融创造实体经济。我们按照这个标准再放眼世界，辛勤劳动的国家无一例外都是穷国，富有国家无一例外都玩金融。所以全球化市场的价值观是无金融不富，而真正的强国无一例外都是金融业创造的实体经济。而今天金融业应该找回自我，即奖优罚劣、驱动创新。经济转型的中国，股票市场正在取代政府，而在股票市场中创新成长的民营企业正在取代没有创新能力的国有企业。

新金融颠覆主流经济学对金融业的误解，要让金融业从实体经济的附庸变成实体经济的主宰，驱动产品的创新。简而言之，为什么金融是创造实体经济：1. 金融创造信用，我相信没有人怀疑这样一个基本事实，信用资产是人类社会最大的无形资产，具有无限性、可再生性；2. 金融创造交易。任何资产的价值都取决于预期的和真实的交易，所以交易创造价值。当资本放下剥削，资本家就变成了投资人走进交易市场。因为投资人发现，原来暴利不是来源于剩余价值，暴利来源于创意、灵感、思想。创客就变成了新财富之源，投资人把钱投给创客，就变成了天使投资人。投资人发现比创客更加稀缺的是企业家。这样就能理解新实体经济是投资人成就了企业家，才有了企业家创造的传奇。

社会在两极分化的路上能和谐发展，社会也因此出现了一个新的财富领域，我把它简单概括为三个 2/3：20 世纪 70 年代以来，全球 2/3 以上的新增财富来自于投资；2/3 以上的新增富豪来自于白手起家的穷人；白手起家致富的人中 2/3 以上身后都有贵人相助。贵人就是投资人，这就是一个新的投资人时代。没有投资人的时代就不可能有大众创业、万众创新。

于是这个时代让我们改变了致富阶梯。每一个民族每一个国家冥冥之中都有一条主流致富阶梯。中国致富的两条主流阶梯：要想发财，第一条路，跪着把钱挣了；第二条路，站着把钱挣了。而现在可以选择第三条路：怎么挣钱呢？玩着把钱挣了。或者你玩几个企业，或者你玩几个企业家，因为人在玩的时候，才会主动承担风险。所以，股市真正的词汇就是“Game”——“游戏”。而和“Game”相关的行为金融学和博弈论共同使用的一个词，叫“Player”——“玩家”。每一个人在做他自己愿意做的事情时，才能真正地一不怕苦，二不怕死。当我们理解了人性的弱点，才能看到一切商业模式和社会制度，最终都来源于人性。而人性有四大特征：一贪，所以追求财富；二懒，所以希望创新；三怕，要甘守贫穷；四大，人类将因你而蒙受苦难，因为人性的自负就是一切罪恶制度的源头。而让人性致命的自负受到致命打击的，也是三大创新：第一，哥白尼让人类理解了地球不是宇宙的中心，这是对自负的第一次打击；第二，达尔文告诉人，你就是动物之一，让人性又受到了一次打击；第三，精神学家告诉人，你连自己的脑子都管不好，弗洛伊德让人性又受到了一次打击。我们不仅要感谢技术进步打开了财富无限增长的空间，我们还要感谢伟大的思想家，一次又一次地让致命的自负变成无耻的代码。

资本市场通过每一个人的自由选择改变着制度选择，而制度选择才是一个国家走向富强的真正力量。那么在这样的市场中，一个普通投资人如何获利呢？这个市场中存在着一个制度变革驱动的牛市基石，而这种机制存在的条件下，要理解中国股市的价值投资。一说到价值投资很多人本能地想到巴菲特。我曾经当面问过索罗斯，为什么我们不学巴菲特。索罗斯说因为我们的钱是借的。言外之意是巴菲特的钱是没有利息的长期资本，零利率的长期资本才成就了巴菲特，因为他经营的是一家保险公司。那么在中国如何坚持价值投资呢？最早提出价值投资的人，是格雷厄姆，投资要寻找内在价值，要建立安全边界。内在价值，当我们把公司准备推上市，投资人买的是预期，预期看的绝对不是现在的资产，看的是团队，这就形成了内在价值之上的经营价值，即团队价值。当一个有经营价值的公司进入市场，就会由于货币而产生流动性溢价，而当流动性溢价推高股价的时候，就会引发情绪性溢价，使股价再创新高。当我们理解股票市场的价值是一个价值链，就能看到以前两种价值为主导，这是经营价值驱动。以美国为代表，长期上涨，牛长熊短；以流动性溢价和情绪性溢价为主导，这就是交易价值驱动，这样的市场长期震荡，牛短熊长。一个有内在价值的公司上市了，加上预期溢价和良好经营，可以翻20倍；加上流动性溢价，可以翻40倍；加上情绪性溢价，再翻倍都是有可能的，可能翻80倍。所以一旦情绪从乐观转为悲观，所以股价掉一半很正常。要坚持在这个市场中进行价值投资，“会买的是孙子，会卖的是爸爸，会空仓的才是爷爷”。

中国2015年的股市是正常的，我写了一首诗：“千古跌停，千古涨停，牛熊博弈真精彩；万人欢喜，万人哭泣，悲喜交集好文章。股市中，法无定法，方知非法法也；人世间，了犹未了，何妨不了了之。”

2013年，三个人同时获得诺贝尔经济学奖，而三个人代表的理论各不相同。1. 尤金·法马的有效市场理论，股票也和商品价值一样，价格围绕价值波动，这就是有效市场。结论只有一个：如果有效市场是这样的走势，那么投资就只能在无效市场中发现机会。那么中国和美国相比，中国的市场还是美国的市场更有效？当然是美国的市场。那么投资机会应该在中国更好，是吗？对第一个理论打一个问号。2. 拉尔斯·皮特·汉森的风险溢价理论，由于商品风险不高，所以价格围绕价值波动；但股市中，人的情绪产生了风险价值，价格在价值线之上波动，这就是风险溢价理论。如果相信这个理论，就不要买股票，而是买股权。在股权开始交易之前，获得交易前的价值与交易后的价值之间的风险套利，这就是股权投资理论的依据。3. 席勒的行为金融学理论，股价暴涨、暴跌证明价值就没用，这个市场就是人的情绪在波动因素作用下而产生的一种行为，所以暴涨和暴跌都来源于人性的本能缺陷。即人们对风险财富的渴望和投资风险的恐惧，都来源于人性本身。而这样的理论就支持了金融资产价格在流动中暴涨、暴跌，没有所谓的价值。这也是索罗斯的理论，所以他永远不相信长期投资。所以他的理论就是易错性、反射性的。反射性就是告诉大家，你看到的事实都是别人的反射，不可能是真实。每一个人解读信息都是带着自己的偏见，所以信息在流动中必然产生谬误。信息具有谬误，资本市场和普通商品市场最大的差别就在这里。市场经常是错的。所以要在错误的市场中去参与交易，永远没有确定性。

当我们理解市场的本性，都会呼吁让市场走向成熟，会让大家本能地认为要加强监管。比如现在 P2P 骗钱跑路了，都会说是监管不到位。徐翔也是监管不到位吗？这时才会看到，就是监管到位了，把人抓走了，都不知怎么问罪。法制金融已经迫在眉睫。我们需要唤醒法治的阳光，来照亮中国股市。习近平在 2015 年 11 月 10 日的讲话中非常明确，中国金融市场的监管体制、监管框架存在与金融业发展不相适应的制度性矛盾，监管框架的改革要坚持两个原则，即市场化和现代化，一个目标就是防范系统性风险。当我们把市场化放一边，考察现代化，把二十个国家的金融监管体制做一个简单的比较，所有这些国家都是一行一会，或者一行一委，或者一行一局。而中国的一行三会是特色。证监会有两个部门是特色。我们的监管方式是把监管者变成总公司，控制着机构，控制着发行。左手控制机构，机构部；右手控制发行，发行部。

制度的选择就是这样让中国的股市透过反腐风暴，看到了变革的方向。尽管现在证券法被垄断了，注册制也被垄断了，但是我们相信，注册制和机构备案制作为全球主流国家的监管模式，最终一定会走进中国。从这个角度，新三板目前实行的就是注册制和备案制，这让新三板在中国股市扮演了一个非常重要的角色，新三板意外地变成了中国金融市场改革的试验田。在主板推不动的注册制，新三板天生就有。在金融界推不动的备案制，在中国证券业基金会完成了。2017 年 5 月 20 日，也就是新三板分层制实施一周年，有 80%的概率会看到新三板的创新层更名为首都证券交易所。新三板制度会加速民营企业的证券化，会加速国民经济的创新成长。

在新三板异军突起的过程中要看到中国股市的三大趋势：第一，散户机构化；第二，决策数据化；第三，基金阳光化。我可以很坦诚地说，如果民营企业不敢上新三板，只有一个原因：你不干净，不要寻找其他理由。有人说新三板融不到资，谁让你来融资的？你以为市场就是给融资人准备的吗？如果一个企业不融资就活不了，就不应该上市坑人。三种企业不能上新三板：1. 缴税就活不了的企业别上，靠逃税活着，往那一挂，又缴税又交费，三个月就死了；2. 不融资就活不下去的别上，因为这个市场是为投资人设立的，是投资人选择你，不是你来融资的；3. 不创造价值的企业不能上，投资人很聪明，一个企业可以没有利润，但一定要创造价值。有利润的企业不创造价值，也不该活；有利润又能创造价值的企业，一定能在这个市场中成为投资人的宠儿。所以，新三板在未来的三到五年将是获取暴利的市场。如果能在这个市场中，让自己的公司上市并分享制度红利，或者参与优秀企业的并购重组，或者成为这个市场中的投资人，在未来三年，利润肯定能增加一到两个零。我现在是平均三个月在这个市场里找一家企业，大家一块，基本上两年三到五倍的收益，这就是这个市场给我们的财富机会。

民营企业的证券化，民间投资的机构化，双向驱动，正在让中国经济走向证券化驱动的轨道。城市化发展到了一定阶段，必然会走向证券化。2013 年我就讲过，楼市投资的黄金时代结束了，未来可以投资的城市会越来越少，投资的利率在楼市中是中心，即金融中心、中心城市、中心城市的城市中心。所以楼市将掀起一场天价与鬼城齐飞，癫狂与落寞同在，越来越少的城市，越来越有限的空间。楼市投资的黄金时代结束了，取而代之的将是证券化时代，是两种不同的财富经营模式。于是我们就看到了一个新的投资产业：富豪投股权，中产玩股票，穷人炒期货，越炒越穷，越穷越炒。财富的增长会和证券化率成正比。这就是土豪时代的终结，富豪阶层的崛起。

家庭财富存在一个财富偏好升级的顺序：第一代财富，主要来自于不动产偏好，但不动产缺乏流动性；第二代财富，是股本黄金收藏，用流动性来补偿不动产流动性不足的缺陷；第三代财富，是收益率偏好。当人们把收益率偏好作为家庭财富的支柱时，多层次资本市场形成。人性中一种永恒的偏好，叫波动性偏好，不动产偏好、流动性偏好、收益率偏好，最后到波动性偏好。由于中国的文化和人天生的劣根性，人们看到了风险便掉头而去，只有少数人才能推开这扇门，走进风险财富的市场。当通过这扇门才会看到，在门后又有两个字，叫“财富”，这就是“风险财富”之门，风险财富已经上升为主流财富。劳动不致富，富贵险中求，每个人都在选择着自己的人生，而选择之中，今天的中国已经打开了风险财富的大门，让所有人都公平进入这个市场，这就是中国股市有阳光。

点　评

刘纪鹏：如何评价岩石的演讲，留给各位点评人和在座各位的提问。但是在这里我不得不做两分钟的学术解读，他的整个演讲在谈新金融，新金融谈到的是资本金融，如果说我们国家30年的改革开放之前，计划经济体制下我们是财政金融，那会儿的银行就是财政部的出纳。那么90年代以后，我们在中国出现了货币金融，也就是说银行出现了，成为企业了，可以贷款了，那么今天呢，我们中国恰恰最需要的是资本金融。那么财政金融过去是以人民大学为代表的，货币金融是以北京大学为代表的，但是资本金融这个题目始终没有人敢触及。货币金融就是以商业银行为核心，以货币市场为基础，以债权为法律形式的一种建资融资模式；而资本金融则是以投资银行为龙头，以资本市场为基础，它探讨的是一种以股权作为法律形式的直接融资，它才是一种共益系统，投资人有权决定自己的命运，而不是像货币金融，几个聪明的猴王决定猴群的融资投资模式。所以今天资本金融该破题了，这个题目在世界在中国始终被投资银行家作为牟取暴利的手段所掩盖，然而政法大学的资本金融研究院在去年6月18日成立了，而且我们写出了世界上第一本资本金融学。这就是新金融的一道曙光，破门之作，那么新金融的后续呢？还需要法制金融，也需要金融交易学。

今天岩石把这一揽子计划跟大家沟通了，今天的讲座，我想我不敢说在世界，至少在中国范围内是破题之作。所以下一本书就是要写出金融交易学。传统的经济学用它的理论统治资本市场的时代必须结束，因为它怎么看这个市场都有问题。所以中国资本市场曙光到来的前提是出现中国自己的金融交易学。新金融的再一个破题之作就是法制金融学，金融如此神秘、如此虚拟，要么是天使、要么是恶魔，给人带来的要么是天堂、要么是地狱，所以金融呼唤法制。法制金融学能不能在中国政法大学也同时诞生，成为新金融的一个重要理论支点，我正式邀请时建中副校长、王涌所长一起和我们共同为中国新金融——法制金融学的诞生而努力。

王涌：我跟大家一样，对中国目前的金融状况有着深深地忧虑。但是金岩石老师今天指出了一条路，那么这条路就是刚才刘纪鹏老师总结的新金融。我们对金融的理解没有像今天晚上听到金岩石老师的演讲之后这么深刻，他说了新金融功能至少包含三项：

第一，把多余滥发的货币引向一个金融体系，金融越发达这个多余滥发的货币就会找到一个蓄水池，这也是中国政府特别头疼的问题。在过去的十年，货币滥发是到了一个相当严重的程度，特别是跟我们的投资机制有关系，我们是一个投资驱动经济发展。

第二，新金融是成为新技术发展的一个平台和驱动力。技术的发展一直是现代社会、国家发展最强有力的一个武器。在某种程度上我认为，一个国家如果它的制度能够发展新技术、培植新技术，在一定程度上它的制度是优越的。所以今天谈到新金融，实际上它给我们寻找了一个社会制度如何发现新技术、推动新技术的途径。

第三，新金融实际上是使得我们国有经济的成分逐渐转向民营企业，因为金融是一个自由、平等、竞争的产物，所以说从国有到民营，但是金老师好像非常乐观。他认为，从2003年我们国家这个股票市场就已经发生了转轨，就已经从国有占主导地位逐渐地走向民营占主导地位的一个股票市场。其实我表示怀疑，从数量上现在民营企业在中国的股票市场已经超过了国有企业，但是据统计国有资本控制的比例远远超过民营企业。所以民企的数量超过国企，这个不能成为中国的股票市场中资本的占有比例从国企转向民企的依据。并没有那么乐观，而且转向民营企业还有很多障碍，比如我们的政治制度是否允许？国有企业的垄断程度很高，有没有可能转向彻底的私有经济？如果不能转向的话，我们依然陷入像金老师刚才说的，投资低下导致整个社会财富缩水、货币泛滥，这样一种循环往复的悲剧和宿命，依然还是让人感到非常担忧。

实际上三板市场代表着中国新金融发展的一个方向，因为金融真正成为能够拉动中国经济发展的新金融，它在法制上要符合几个条件：注册制、多层次的资本市场、强有力的信息披露制度。新三板市场如果成功的话，是一个真正的注册制，而且我一直预测如果在主板市场上采用注册制的话，开始会引来混乱，甚至会欺诈丛生。但是新三板经过一段时间的发展是要分层的，会导致有大量的上市企业最后在很短的时间内，优秀的企业脱颖而出。如果这个市场能够成为一个成功的经验的话，就是一个可复制的经验。如果能成立首都交易所，在今后五年之内，可以在东北、西北、华南、西南复制同样的首都证券交易所，中国真正的多层次资本市场就形成了。在此情况下，再将主板市场推向多层次制，推向注册制，中国就成为一个以上海、深圳以及各区域新三板的交易所为一个基本结构的中国多层次资本市场，同时又采用注册制。但是我一直主张技术是可以压倒政治的，在新三板这样一种技术的产物，如果获得成功的话，是经济发展的一个喜事。

当然还需要法制。法制除了刚才所说的注册制，另外还有一个重要的就是在追究市场责任的时候应该有一个非常明确的法制标准。法制金融完全没有建立起来，证券法也在修改当中，但是我们在对市场进行查处的时候，缺乏一个统一的、明确的标准。这是法律人的悲哀。比如市场操纵行为，其实证监会前段时间也在讨论这个问题，他们查处了上百起市场操纵行为的案例，但是不知道怎么处罚，无法分清所谓的恶意操纵和投机行为之间的差异。国外的相关理论也是非常复杂的，它区分操纵者有没有主观恶意，要区分操纵者是 informed 还是 uninformed 两种。如果是 informed 的话，操纵行为实际上是对市场限制信息进行消化的一种操纵行为。比如说有一种操纵行为是 2008 年发生的，当时汶川大地震要重建，所以有很多水泥板块上市。水泥板块上市就是有很多人在操纵，但是他操纵有一个市场潜在的信息，informed 的信息作为支撑。我们的市场操纵行为主要是由中纪委来主办的，中纪委来主办这个市场操纵行为，提出的法律标准就是恶意操纵。这个恶意操纵从一个法律问题变成了一个政治问题，这也就是徐翔和姚刚为什么锒铛入狱的主要原因。没有法制标准，没有人可以预期法律后果，当一个市场没有可预期性的时候，这个市场是非常危险的。这个市场就成为政治滥用权力的一个平台，这也可能是金老师今后抱着乐观态度期待的一个新金融失败的根本原因。

李肃：金岩石讲的是中国股市的光明和黑暗，所以这次我就想先从黑暗的角度去讲，然后再从困惑的角度讲，最后再从光明的角度讲。

六次中国股市的牛市，其疯狂的程度和对象都不一样。第一轮是1992年的牛市，叫短缺性牛市；第二轮是1994年，从616点到了1429点，叫政策牛市；第三轮是1997年，从512点到1510点，叫资金性的牛市；第四轮是2000年，从1042点到2245点，叫概念性股市，这个时期的并购、重组、内部消息、操纵等等的黑幕非常多；第五轮是2007年，从998点到6124点，各种各样坐庄的来炒；第六次是2015年，叫国家性牛市。中国股市这六次疯狂从交易性的问题到消息披露性问题，到操纵性的问题，以及国家如何规范参与问题，都需要法制化的解决。

中国股市走向光明的路径有三派：技术派、体制派、政策派。技术派认为要以法制控制投机和炒作。体制派呼吁彻底放开，市场去解决，现在市场解决关于注册制问题碰到的问题是政治问题，要突破政治障碍，还得在主板里把注册制推出来。注册制怎么推，把所有亏损的都踢出去，踢出去让它搞注册制，好公司咱先给拉回来。而政策派认为政策问题现在越来越突出。黑暗转到光明的最后尺度是技术上咱们先把法律弄好，体制上要让它优化起来，然后政策上咱们真的敢去托市，有一套规则去托市。从宏观上看，我认为中国股市一定是光明的，政法大学怎么通过法律、法治把技术的基础打好，我们就拭目以待了。

金岩石：股市背后是宗教，美国股市的终极信仰是基督教文明，而全球基督教的信徒是20亿人，伊斯兰教是13亿人，伊斯兰人不玩股市。中国的文化或多或少是佛教文化，而佛教文化也不玩股市，股市代表的金融文明源于美国，而且决定了美国经济的盛衰。我比较反对把金融问题国际化，咱们今天人民币能够出海在很大程度上是因为我们手中有美元，并不是因为今天我们手中人民币的信誉能直接出海，当年就是因为美国人手里拿着黄金才能让全世界接受美元为国际货币，今天我们能让人民币进入全球五大货币，是因为手中有三万多亿美元资产，而且具有充足的流动性，这就叫借船出海。所以基本上我认为中国未来股市改革的目标还是以美国为参照，逐渐地规范化、法制化，至少到目前为止，美国股市的法制化程度要高于其他可比较的国家。

时建中：对于金教授的演讲，我个人认为股市从黑暗走向光明，可能要解决三个问题。第一，股市的最基本定位是什么？如果定位于是为国企脱困的，定位于为僵尸企业服务的，肯定是不合适的。第二，如果有了明确的定位，下面就应该有一个非常好的制度设计，也就是一个法制化的问题。第三个问题还要解决一方面在制度里面的问题，另一方面必须把人性的弱点控制在一定范围内，不能让人性的弱点无限地放大。每个人都有弱点，所以要承认人性的弱点，怎么去克服，可能这是三个重要的问题。

汤欣：金教授在宏观经济、微观经济和金融学方面有若干精彩的言论，值得学习。讲到今天关于法治市场、法治观念，我跟金教授有共同的认识和信仰。因为市场如果没有法治在其中作为支撑，这样的市场是不可能走得出黑暗的。我有一个小小的疑问，跟几位教授探讨一下，大家对注册制都抱着非常向往的姿态。实际上我也是这样，注册制是我们在资本市场上解决发行体制的一个关键性棋子。当然要看市场的深度、广度、投资者保护，是不是能为投资者创造价值，是不是能够发现企业的价值。但还不能讲说新三板是一个“红区”或者“解放区”，A股市场是一个向下发展的“白区”。在A股市场上是没有投资者入门要求的，对于A股市场面临着保护小散的压力，甚至于政治方面的压力；但是新三板有明确的入门资格，从政策来看，没有对散户的保护的压力，所以能够引入一些看起来比较前沿的制度，包括注册制度。

金岩石：如果我们看主板和中小创，先把新三板拿开，民营经济是在三个指标上超过了国有控股企业：第一，事实占比原来是国企清一色，到了中小板民企70%，国企30%，创业板是民企97%，国企3%。即上市公司数量净增10家，7到8家是民营，2到3家是国企。第二，从净值上，由于国企的估值低，所以它平均市净率才一点几，尤其是银行板块，平均市净率是0.7到0.8之间吧，最低的有0.6，所以王涌教授刚才说的民营资产占80%，实际上讲的是净资本。第三，从估值上，主板国企平均市盈率12到13倍，中小板平均市盈率50到60倍，创业板97%的民营企业平均市盈率一百倍以上。从估值角度，这个市场是偏向于民营化。从利润占比，主板中小创加在一起，不包括新三板，一桶金两桶油，就是16个国有控股银行加中石油、中石化，占到去年、前年利润的一半以上。也就是说全市场接近四千家的上市公司中18家利润过半，其他利润不到一半，那么从2015年由于银行的利润大幅度缩水，这个局面相对改变。到今天我们可以看到优秀的民营企业正在崛起。

我们如何去看新三板中的民营企业，其实新三板本身不是红区，新三板引进的一个机制是当年纳斯达克的一个机制。我想让大家知道，因为我在这个市场干了12年，纳斯达克从1971年开盘到今天为止，死掉的企业是1.9亿家，这个市场真的是血流成河。尤其是2000年半年之内股市从5100点一路下滑到1600点，我们从500点又杀进去，不到一年的时间，80%的股票跌幅超过80%，37%的股票一次性退市，从而引发纳斯达克全面停盘。现在的纳斯达克已经不是当年的纳斯达克，英特尔、微软、谷歌、Facebook都是纳斯达克公司。纳斯达克是一个天然的洗牌市场，红军白军在同一个锅里灌，但是好公司真的能成为未来的明星。在这个市场上我们可以看到1995年全球第一大市场公司英特尔，2005年全球第一大市值公司苹果，今年全球第一大市值公司谷歌，这三个都是纳斯达克公司，这个市场的优点是高淘汰率。法治金融非常重要，绝对不仅仅是注册制，对一个市场更重要的是退市机制。咱们现在是上市难，退市更难，流水不腐、户枢不蠹，如果一个市场只上不退，那就跟人只吃不拉一样，一样会憋死。

所以法制化就是法治金融在股市中一定是分三个层次来规范这个市场：1. 入市规则，一定要把黑幕都打掉，否则这个市场把一个公司排在前面就决定这个公司能融多少资，这个市场能公平么？况且这个市场如果姚刚没参与，他能在那干那么久吗？贪腐家族都瞄准了这个市场，所以一定要把门口能够法律化。2. 交易过程中的法制化，政府机构出来救市，就相当于踢输了裁判上场说再加俩球，这不是规则，救市机制本身就是违法的。香港救市是把财政的钱给一个金融机构，成立一个公司，然后这个公司直接进去，公司公开交易信息，最后赚的钱全香港公民分，这就是香港。3. 退市机制，一视同仁，美国是程序性退市，一共一百三十多个指标，碰到三个直接就退，退了之后有三个月的时间重新申诉，可以重新上市。电脑一摁，公司就没了，网易当年就是这么退的。

互动提问

提问：金老师您好，我想请问您怎样看待大众创业、万众创新？

金岩石：股权投资产业是20世纪60年代才真正获得了华尔街的承认，而大家公认的风投之父是哈佛大学商学院的教授叫多里奥特。“创客”这个词，英文叫“maker”，最早也是出现在大学里，是麻省理工一帮不爱学习的孩子，就在麻省理工出现一个maker's lab——创客实验室，后来几个人成为亿万富翁，这个产业就是从大学诞生的。

现在说大众创业就是万众创业。大学生一毕业找不到工作就跟老爸说要创业。在座的年纪大的人好好想一想，花那么多钱好不容易把孩子送出去了，他又回来了，这回要的钱比学费多得多。这就叫坑爹。美国专门有一个创业率的统计，统计大学生毕业三年后的创业率，通常大三的学生出去创业三年，正好把大一的学生招进来打工，美国有很多这样的公司，就是校友公司。那么结果就是这样的创业成功率很高，如果大学一毕业没有天赋就要创业，说老实话，就业都不会，创啥业啊？创业成功的人有多少呢？我们专门调查了2013年在淘宝上卖化妆品的店有28万多家，数据显示销售额在一百万以上的2000余家，不到1%；但销售额在一千万以上才算真正创业成功，是123家，万分之四的成功率。原则上大学毕业三年后创业比较靠谱，如果你的孩子回来说要创业，那坚决支持，但先给找一个投资人，可以跟投。

张捷：请您讲一讲国外的有罪推定是怎么执行的，对于中国有什么借鉴意义。

金岩石：我不仅在美国华尔街工作，而且我还是一个创业者，创立了一个证券公司，后来又借壳上市纳斯达克。公司后来被查退市了，1996年借壳，1997年上市，1999年就被查了。查的过程中就发现我们四个合伙人一人一架飞机，但没买保险，就把我们关押起来了。美国的证券公司不需要多少钱，美国对行业是完全开放，就是真的备案制。但是一旦调查的时候，是有罪推定，就是进门说我是谁、给名片、所有档案都放这，然后出去。公司的人叫你来你就来，不叫你来你就别来，就在这现场查，查完之后他就复印带走，不做任何沟通。根据拿走的材料就给下罚单，罚的是很严重。我辞职回到中国，按照规定，在美国注册的人员两年之内要和组织保持联系，而我那时候把房子卖了，信被退回了，连退三次，电脑里的显示违规，说明你在离职后两年内没有就家庭住址变更进行报备，那么在操作过程当中没人管你，但是有一条死的规定，24小时电报48小时解决。导致我申诉了三年，这才在美国金融监管的网站上给我登了一个澄清的公告。任何一天当公司低于净资产，必须24小时之内主动发电报给监管机构，以发电报的时间为准，48小时之内如果没有补发电报，那么再下单下不出去了，全电子监管，这就是24小时电报48小时解决。如果你24小时没有打电报，只要查到，立刻终身记录，这就是一个自我监管程序。包括美国的报税，都是自己去报，没人去查，但是抽查到，就必须如实报，有造假、诈欺，罪加一等。张五常先生在美国税务局挂了黑名单的，进了美国就查他，欠税5亿。这就是美国的一个自我申报制制度：第一，相信你是好人，否则不会进这行，因为这行一旦发现你是坏人，罚得很严；第二，一旦查你，那你首先就是坏人。绝对不会发生咱们这样的抓进去了，又放出来了。

经济创新思维背后的国企转型之路

提 要

时间：2015年12月16日

地点：中国政法大学蓟门桥校区科研楼二层学术报告厅

主持：刘纪鹏

主讲：赖小民　全国人大代表，中国华融资产管理中心党委书记、董事长，中国政法大学兼职教授

点评：时建中、王光进、杨帆

互动提问

多年来，国企改革受到党中央国务院高度重视，但是很多问题都没有解决，这是从宏观的角度讲；从细节来谈，则是华融实践成效明显、变化巨大。实践证明只要改革创新到位，一定可以搞好国有企业发展。

最近中央出现深化国企改革的指导意见，由于此次改革涉及利益宽广，改革的难度艰巨是前所未有的，因此总书记亲自在抓。总书记的理念是把国企做大、做强、做优，而且明确提出三大目标：增强国有经济的活力、放大国有资本功能、实现国企保值增值，实现国企发展现代化、市场

化、国际化的需要。最近十八届五中全会最重要的主题是：创新发展、协调发展、开放发展、绿色发展、共享发展，这五大理念是指导当前深化市场经济改革的纲领性文件，也是指导当前国企改革的重大指导思想。国企改革指导意见特别是“十三五”规划蓝图，既是顶层设计，又很接地气，我作为管理者感同身受。

今天讲两个观点：一是中国华融的故事；二是从华融实践，看中国国企改革的基本经验和现实启示。

第一，中国华融的故事。中国华融是国企的缩影，是国企改革发展的重要组成部分。资产管理公司是我国金融体系的新生事物，也是金融创新的重点、中国金融体制改革的产物。经济全球化把中国纳入其中，世界经济发展你中有我我中有你，中国华融就在全球经济发展中应运而生。

我们遇到过两场金融危机，一场是 1997 年的金融危机，使得亚太地区的金融秩序、金融格局遭到破坏，亚太金融发展稳定遭受重创。当时资本项目下的人民币没有放开，所以对我国大陆影响不大，但是给我们一个重要的警醒，就是重整金融体系。当时工、农、中、建、交五大国有银行严重资不抵债，我们还没有巴塞尔协议里面“银行资本充足率”的概念，过去没有资本金的概念，银行存活得还很好，存款还大量增加，老百姓还相信银行，一个是相信党，另一个是国家银行的品牌效应。但实际上，那个时候银行是严重亏损的，不良贷款率平均为 32.5%，大银行不良贷款比例都将近 1/5，世行专家给中国的银行业定性为技术性破产。这场危机使得中国政府高度重视金融。当时的朱镕基总理借鉴国际经验，剥离不良资产 1.39 万亿，组建华融、东方、长城、信达四大资产管理公司，专门处置不良资产，接着发行 2700 亿的特别国债，对四大银行注资，又增加 600 亿美元的外资储备，使中国银行不良资产的包袱一下子卸了下来。华融在此期间应运而生，前后处理工商银行不良贷款 6800 亿。

这场危机的十年后，爆发了 2007 年世界性的金融危机，这场危机的广度、深度和影响都远远大于 1997 年。实际上，这场危机的影响还远未结束，中国经济的发展连续 6 年 GDP 下降，已经跌破 7%了。应该说这场危机，跟经济不景气相关。这场危机仍然是美国惹的祸，货币也是信贷危机。前后十年，两次大的危机：一个是区域性的亚太危机，一个是全球性的次贷危机。这两次危机都有一个共同点：金融惹的祸。金融是经济的核心，谁把握了金融的大权，谁就能主宰，甚至从某种程度上，能够控制整个世界。我们现在经济上算强国了，GDP 达到 10 万亿美金，全球第二大经济体，但却是金融弱国。我们现在金融不强，没有什么话语权，话语权还在美国欧洲。所以，下一步就要进行国企改革、金融改革，任何改革都要以把金融做大、做强为目标。多年来深刻的发展变化给我们带来的启示：国有企业是共和国的长子。国有经济，金融的这盘棋活了，全盘皆活。所以我想，下一步的金融改革，国企改革将会向众生推进。

我们简单回顾一下这十年，世界经济全球化、金融国际化，既有地区金融的发展，也有全球金融发展，世界金融已经连为一体，我们不能独善其身。所以 2008 年美国金融危机，我们拿了 3.4 万亿的公共资金。工商银行的盈利就是 3000 多亿，是全球三大最赚钱的公司之一。到今天为止，在这一场危机中，2008 年的全球金融海啸，全球金融业都受到了冲击，但是唯独中国金融业稳定。我在人民银行营业厅当过办公室主任、中国银监会首席发言人，我向全球媒体记者发布，在全球金融比较萧条、问题比较严重的情况下，中国这边风景独好。我记得 2008 年中国金融业不良贷款率是 1.5%以下，资本充足率在 4%左右。而且整个银行业都是一片飘红，都有利润。

中国华融就是在这一改革下应运而生的，华融拿了 100 亿资本金，工商银行 6800 亿不良贷款划拨给我们，十年处置完毕。政策性的任务变成三个硬性指标：其一，性质是政策性的；其二，业务就干一件事，不良资产处置；其三，期限十年。当时，国务院市场管理条例就是这三点。过去华融经过两位总裁，杨凯生同志和丁仲篪同志，都干得不错，圆满完成了6800亿的不良资产处置任务。华融在支持国有企业的改革发展、支持国有企业的脱轨、防范化解系统性风险方面发挥了重要作用，并起到了安全网和稳定器的作用，也为今天应对金融危机，做了一个重要的铺垫。华融提供了许多有益的尝试，比如华融东方长城信达在处置不良贷款过程当中，成效明显，做了幕后英雄。没有这四大资产管理公司处理1.4万亿不良贷款，哪有工、农、中、建、交行的圆满上市，哪有这么多利润，这么好的银行业发展。

而且处理1.4万亿的不良贷款，没有处理一个银行的行长，这是由于过去的不良贷款很多是国家政策造成的，体现了信贷资产财政化倾向。比如本来应该财政拿钱发工资的，拿不出钱，就用银行贷款填补，叫作安定团结贷款。工人工资发不出来，过年吃不上饺子，叫包饺子贷款。农民脸朝黄土背朝天，一年耕种丰收要交粮换钱，政府拿不出钱只能打白条。有一次陪总理出差（当时我的职位是个处长），看到农民脸朝黄土背朝天辛辛苦苦干了一年，交粮给了政府，政府居然没有钱。这就说不过去了。但是过去就是这样，财政没有钱。本来粮食储备应该是国家拿钱，但那时候财政收入是一年5000万，增加4000万的税收，全国动员了多少力量。现在的财政收入是4万亿了，和5000万相比是巨大的进步。

所以为什么小平同志说改革开放35年，国强民富，我们要用数据说话。1978年，财政收入才1000亿，而现在是14万亿，居民储蓄存款1978年是230个亿，现在是110万亿，数据是很有说服力的。金融财政取得重大的成果，资产管理公司也是在金融行业当中产生的，所以那十年我们就干了这么几件事，把不良贷款处理完毕。

我的同行信达的老总也在这里，信达一直是中国资产管理公司的排头兵。前十年信达引领中国资产管理公司处置不良贷款，华融、东方等三家加起来不如老大哥信达。他们的根雕艺术和我们的理念还是有很大的差异。说好听的是不良资产管理公司，说难听就是废品收购站，因为银行创造的不良贷款就是废品，所以我们就像一个废品收购站一样，收购过来然后变卖，价值最大化把它卖出去，实现再次挖掘它的价值。信达前十年干得很好，它叫根雕艺术。把烂资产精雕细琢，这是它的理念。当时华融有一个冰棍理念，意思是放在手上会化，所以就要处理得很快，而信达很多都藏下来了。所以，当时我来了就是忧心忡忡，因为我们各个省都严重亏损，要在迷茫当中取得转型，在困难当中求发展，在夹缝当中求生存，唯有改革创新转型。当时我给大家定了一个五年三步走发展战略：第一步推行大客部战略，彻底走一个市场化路子；第二步走一个市场化、多元化、综合化、国际化的转型思路；第三步，学国有银行，改制引战上市，实现中国华融跨越式发展，这叫五年三步走发展战略。然后，提出四大转型目标：其一，由政策性的金融机构彻底向市场化转型；其二，由单一的做不良资产处置向银行、证券、信托、租赁、期货、基金，搞金融控股集团，向综合金融转型；其三，由非公众上市公司向公众上市公司转型；第四，由国内业务为主，到国内国际并重，向国际化转型，四大转型目标很清楚。过去我们搞废品收购站，处理不良资产，今天我要赋予它新的内容，两句话，即“专业的金融资产管理者，优秀的综合金融服务商”。所以，五年三步走计划的确定，四大转型目标的明确，两句话的定位，非常清晰。当时到华融，就是要推进“创新+稳健”实现公司的转型发展。

实际上，大家那个时候很迷茫，不知道干什么。而且国务院已经说了，十年大限，关门了，哪来回哪去。所以，我来华融第一件事就碰到这个问题。我给财政部写了个文件，财政部报国务院，同意取消十年大限。后来，这个文件保障了华融超越信达、长城和东方。我的第一件事就是解决了十年大限、可持续发展、长期经营这么一个重要的法律问题。16 年国家财政没有增加资本金，所以我们当时需要自己养活自己。我们提出“创新+稳健”的方针，包括八大创新：思想观念的创新、体制机制的创新、发展模式的创新、业务平台的创新、产品服务的创新、管理方式的创新、队伍建设的创新、企业文化的创新，并在中国华融一以贯之。所以今天总书记十八届五中全会第一个就提出创新理念，我感同身受。创新是一个民族的灵魂，也是一个企业不懈的动力，更是一个企业发展可持续的生生不息的内生动力。华融这几年的发展就是创新。

创新要往前走，稳健要搂得住，所以在八大创新的基础上提出了八大稳健，正确处理八大关系，即正确处理好速度与质量的关系、正确处理好风险与效益的关系、正确处理好创新与合规的关系、正确处理好总量与机构的关系、正确处理好集权与分权的关系、正确处理好条条与块块的关系、正确处理好当前与长远的关系、正确处理好发展成果与员工共享的关系，八大创新加八大稳健，共同推动中国华融改革发展。所以，我们成功地做了第一单重组业务，拓宽了资产管理公司的业务范围。过去，我们只做不良资产处置，我提出要把资产管理公司办成真正的资产管理公司，不仅做不良，还要做优良，做财富管理。资产管理市场是非常大的，当前所谓“大资管时代”的到来，就印证了我 2009 年提出的这一想法。据中国银监会统计，现在不良贷款余额 1. 1 万亿，比例 1. 58%，里面的关注类有 2. 82 万亿，企业应收账款有 10. 82 万亿，这么庞大的市场是资产管理公司未来的发展方向，也是资产管理公司必须要转型、要扩大业务范围的重要的标准。所以在 2010 年，中国华融做了第一单重组类的贷款，当时大家就不太敢做，因为法律上没有许可。后来我们创新了，现在做了 2000 多亿，重组类贷款已经成为资产管理公司主营的业务了，而且我们跟信达虽说控制了中国 75%—80%的不良贷款市场，顶多加起来也就一两千亿，跟整个中国 1. 1 万亿的市场相比差得很远，所以说这方面的市场潜力很大。

这几年，资产管理公司创造了一个模式，就是三个业务板块：第一块是不良资产，占比 55%左右；第二块叫综合金融服务，占 35%；第三块是投资与资产管理，包括财富管理，占 10%左右，且刚刚起步。这三个板块，在中国华融资产管理公司均衡发展，所以在经济增长的时候，我们赚钱；经济下行的时候，我们也赚钱。今天中国华融有资产管理、华融证券、华融湘江银行、华融期货、华融国际性的投资公司、华融金融租赁、华融财富管理中心、华融地产、华融渝富股权投资基金，这等于金融五大板块都有涉及。

经营管理华融这几年，总结出来的规律就是听党的话、跟政府走、按市场规律办事，这就是我独特的经营理念。党在国有企业的领导是一定的，因为国有企业的特色跟西方不一样，就两点：其一，坚持中国特色社会主义；其二，坚持中国共产党的领导。我们国家的政府跟西方有区别，也有相同点，相同点就是大家都为人民服务、都制定公共政策、都制定法律法规。但是西方基本上就搞公共服务，而我们政府调控经济，掌握资源。第三个规律是按市场规律办事。怎么坚守发展底线，潜心市场发展，是企业必须考虑的。所以，全国 30 多个省，我们和 24 个省签订了华融战略协议，华融是目前所有国有企业和政府签战略最多的。十八届三中全会习近平总书记提出一个理论，让市场经济在资源配置中发挥决定性作用，更好地发挥市场作用。由过去基础性作用到决定性作用，这是三中全会的一个理论创新。我说听党的话，跟政府走，按市场规律办事，就是正确处理好党在企业中的作用和地位问题、政府与企业的关系、企业和市场的关系，这就是我理解的政治经济学。

作为一个国有企业工作者，当不能改变现状时，我们一定要积极迎合它，而且要通过更好的方式去完善它。我现在和 20 多个省签订了战略协议，我给省政府的定义，就是政府既是企业的一把手、掌门人，又是市场的营销方，它能够扶持你、支持你，把作用最大地发挥出来。

华融这几年的发展引进了很多人才。我 2009 年来的时候，华融员工平均年龄 49. 9 岁，到现在，我引进了 2600 多人，平均年龄从 49. 9 岁降低到现在的 36. 6 岁。2009 年当时来了一批年轻干部，已经成为中国华融改革创新转型的主力军。而且我要求大家对年轻干部加大培养，多压担子、多戴帽子、多给位子、多抬轿子、多指路子，尽快让他们五子登科。现在这个战略很有效果。人才是什么？大的有中央标准，四有新人都很对，我用大白话来说，想干事，不管在哪里，一定要想干事；能干事，需要精力、本领、技巧；还要会干事，情商智商要双修；再一个就是干成事，不要做无谓劳动，要追求效果、成果、目的；最后就是不出事。当前反腐倡廉力度大，要能“hold 住”。达到这些指标，是干部用人的重要方面。

这些年信达做得很好，前十年信达在引领资产管理公司转型发展，后五年我们在学他、赶他、超他。我刚来的时候就提出一个口号：远学工行，近学信达。工行是我们的母体，我们来自工行，学习工行，只能远远地学习；近学信达，信达和我们同质、同类、同根，同时代产生，起点一样，干的活是一样的。2009 年，我们远不如信达，通过这几年发展和拼搏，学他、赶他、超他，现在总资产超过他了，净利润超过他了，总市值超过他了，ROE 超过他了，所有指标绝大部分都超过他了。今天华融成为资产管理公司中规模最大、利润最多、牌照最全、ROE 回报最高、总市值最大的，现在在中国资产管理公司暂时领先。所以华融的故事证明我们走了一条转型的路程，五年三步走发展战略完美收官。

特别是这次上市，有几个节点：1997 年 9 月到 2006 年，主要干不良资产处置，就干一件事，6800 个亿；2006 年到 2011 年商业化转型，即初次转型；2012 年 9 月 25 日标志着中国华融资产管理公司股份制改革正式成功，财政部以 258 亿的资本金引进中国人寿，改造中国华融，我由总裁变成董事长，财政部几乎 100%参股，给了中国人寿 5%，标志着中国华融全面完成了股份制改制；2014 年 8 月 28 日，成功引进了包括高盛、马来西亚国库主权基金、中信、中粮等 8 家，1+8 的主权结构，财政部保持 77.49%，引进了 22.51%的股权，这些股权卖了 145.5 亿，一下子进账 140 多亿。过去华融是个烂资产，现在股权稍微改造，抛出去就卖了 140 多亿，远远高于国家16年前扔的100个亿资本金，所以我们给国家赚了五个中国华融出来。这一次引战非常成功。由于华融的业绩好，吸引了全球顶级的商业银行、顶级投行、顶级的基金管理公司，高盛、摩根士丹利、JP摩根、花旗、汇丰、美林，所有的大金融财团机构都聚焦华融的改资引战。当时我从86家减到50多家、30多家、17家，最后报到国务院批准7家，所以现在的股权结构干干净净。

美国前财政部长盖特纳先生当了8年财政部长以后，退到美国最大的一个基金当CEO，上任不到10天，研究了中国华融，研究了我的情况，做出了一个重要决策：要借助中国华融的平台，打进中国市场。后来，他来中国和我谈了三次，我们觉得他这个品牌好，而且符合我们引进战略投资者的四大目标：其一引资，增加资本；其二引制，就是体制、机制，现代企业治理结构；其三引智，引进文化、先进的理念，包括风险管控和人才；其四引资，引进资源，增加互补性。所以按照这四大引战的标准和条件，完全符合。因此我给了它6.3%，仅次于财政部。盖特纳现在是董事长特别顾问，盖特纳的品牌很好，美国的前财政部长现在当华融的特别顾问，无形资产一定是错不了的，他来了我们也是让他赚钱的，包括这次上市也让他们赚钱了。我们实现了给国家回报、给股东回报、给社会回报、给员工回报、给投资者回报，五个目的。还有一个时间节点，2015年10月31日，中国华融成功在香港上市。这次上市对于华融具有里程碑式的重大意义，也是中国华融改革转型、五年三步走的发展战略完美收官的重要标志，更是我们市场化、多元化、国际化、综合化的新的征程开始。现在华融已经是一个国际性的机构了，有一群老外在这里当了股东，有众多的国际投资者，所以我们跟信达都是上市公司，在国际资本市场已经有中国资产管理公司的印象和地位了。这点信达走在了前面，非常感谢它让资本市场了解了资产管理公司。现在市场估值，一是证券最高，二是保险，三是资产管理公司，四是银行，五是实体企业。银行现在的估值一直是很低的，像工商银行，市场给它的估值一直在净资产之下。华融当时发行股票，我定了三个原则：其一要在净资产之上发，确保国有资产保值、增值；其二，高于同业；其三，要给投资者留出一些空间。

未来五年，我的大致判断就是机遇和挑战并存，商机和陷阱同在，总的还是充满信心。未来中国华融的故事还会延续，过去确定的五年三步走，我定下五年三翻番的战略，五年三步走的战略成效显著、变化巨大、完美收官，最近党委董事会定下来的五年三翻番战略振奋人心，任重道远。三翻番的总资产、利润、净资产都要翻番，主业、国际化业务要翻番，市值要翻番，要回归A股，而且要加大国际化，加快十大转型。总书记提出的这个转型，我们企业也感同身受。中国华融十大转型，下一步要创建一流资产管理公司。什么叫一流资产管理公司呢？治理科学、管控有序、主业突出、业绩优良、综合经营，标志是十大转型：第一由传统业务向创新业务转型；第二由单一的不良资产处置向多元化的业务转型；第三由量的扩张向质的扩张转型；第四由重资产向轻资产转型；再一个是由被动管理向主动管理转型；还有从单一的客户向高端的客户转型，等等。我们提出了十大转型，最终是由追求利润最大化向价值最大化转型。

2012年2月8日财政部转发国务院文批准9月25日改制，第二年2月28日引战，第三年10月30日上市。这一系列改革凝聚国务院对资产管理公司的支持关心，特别是财政部、人民银行、银监会指导。财政部是我们大股东，是上级党委，给了我们很多机会。创新往往突破现有制度法规，我们经常突破现有制度法规，监管部门给了我们宽松的环境。过去资产管理公司搞不良贷款只能是银行的，叫金融债权。后来我们突破了，搞非金融债权。国有企业过去是不让资产管理公司碰的。当时我在银监会也总宣传这个观点，说国有企业有这么多不良贷款，国有资产管理公司不去做谁做？往往理论是在实践当中突破，创新带来事业繁荣。所以，我现在越来越理解总书记把创新放在五大发展理念的第一位。创新、创新、再创新，贯彻在全党和一切工作当中，让整个社会创新成风。这次五中全会把创新放在非常重要的地位，作为一个企业工作者感同身受。大家越来越感到，资产管理公司成为金融重要组成部分，它在支持金融发展，化解金融风险，特别是促进金融结构调整，加大问题企业这些方面功不可没。未来资产管理公司的市场还很大。

第二，谈一谈中国华融基本经验和启示，启示之一就是坚持听党的话，跟政府走，按市场规律办事。正确处理好企业与市场与政府的关系。第二个启示就是创新加稳健。这是中国华融实现五年三步走发展战略和转型目标的重要手段和路径。创新加稳健适用所有的企业。我们探索什么样的治理结构呢？到位的党委会、健康的董事会、负责的经营层、有效的监事会、规范的股东大会，五位一体的治理结构。中国特色的党委会必须到位，这是和西方重大的差距；董事会要健康，战略委员会、审计委员会等一定都要建立起来；经营层要负责任，特别是在贯彻党委会和董事会的各方面要加强执行力，认真负责敢于担当；监事会要有效，股东会要规范。各个国家治理结构不一样，没有最好的治理结构，只有最合适的治理结构。这次国有企业改革探索，建立科学有效的公司治理结构，这一问题大家都在探索。

还有一点是“防化”，防范加化解，这也是我的经验。搞企业一定有风险，比如怎么样防止增量的风险，化小存量的风险。金融机构天天与风险打交道。近几年因为经济形势相对差一些，不良贷款连续多个季度反弹，不良率大幅上涨。我们现在面临“一增一降、一紧一窄、一粘一冒泡”这样的现象。“一增”指不良贷款大幅度增加。从银监会官方公布的数据，包括实践中的感觉，那都是有差距的，即使银监会官方公布的数据，我们的不良贷款比例1.59%，余额1.1万亿，关注类的还有2.8万亿。企业应收贷款，过去叫三角债，现在叫应收账款，有11万亿。“一降”是指存款下降，经济下行，经济增长下降。“一紧”是大家都觉得紧，包括各个方面要求也严。“一窄”是说盈利空间越来越窄，银行的存款利息大幅下调，现在利率基本放开了，过去赚五个点，现在一二个点就不错了。

“一冒泡”，各种积累的风险在冒泡，无论政治风险、经济风险，还是我们的项目风险。现在风险正在大踏步向我们走来。所以一方面资产管理公司面对业务发展更宽广的天地，不良贷款多；另一方面业务的难度大，赚钱难度大。未来三五年经济都会比较困难，可能在6.5%—7%之间，这种状况下如何防止风险是很重要的命题。中央提出要防止系统性的、区域性的金融风险。所以华融坚持防范金融风险底线、业务风险底线、个人收入底线、用人制度底线、行为规范底线。防止风险的过程当中要坚持底线思维。

现在还面临一个问题，我叫它政治风险。现在中央反腐力度加大，抓到一个高级官员，这个官员背后的民营企业被抓，这个企业跟我们又有业务关系，所以必须把握好自己的行为。怎么做好风险的增量阻击战，存量的歼灭战？现在几大资产管理公司的风险在显现，因为我们的客户、交易对手出现风险了。

还有一个是用人，我觉得万事皆靠人，这几年华融的发展转型就是一个好的团队、好的思想、好的理念，还有一个好的执行团队。所以华融现在9000多名员工，全国30多个省分公司，十几个子公司，做了很多加法。在当今世界新常态、寻找新动力、实现新发展过程当中，怎么培养一个高素质的高管团队，高素质的员工队伍，是华融，也是每一个企业面临的现实问题。我相信华融，包括中国所有国有企业，按照党中央国务院制定的《国有企业改革发展指导意见》，按照十八届五中全会，“十三五”规划的蓝图，结合自己的实际，一定会在改革、创新、转型当中，做强主业，做大利润，做响品牌，不断推进中国国有企业核心竞争力和国际影响力，努力打造一支有尊严、有价值、有内涵、有实力、有责任的现代“五有”企业。特别是中国华融，打造成治理科学、控制有序、主业突出、业绩优良、综合经营的一流资产管理公司，是指日可待的。

点 评

时建中：华融毫无疑问是一个成功的企业，这很大程度上是因为有赖总这样一位金融专家。赖总长期在金融监管机构工作，有独特思维。同时，赖总在演讲中透露出他有丰沛的政府资源，将一家主要管理不良资产的公司，办成了一家真正的资产管理公司，不仅管理着不良资产，还管理优良资产，管理财富。从赖总的介绍当中，收获了许多经验，但也给我们留下一点思考，华融之所以成功，是因为华融是一家国有背景的企业，这个理解可能有点问题。我认为华融的成功是赖总的成功，赖总的成功又造就了华融。如果承认这点的话，那他与企业的所有制属性的关系在什么地方呢？如果再去总结赖总或者华融的经验，我个人觉得非常具有个性化，有强烈的赖氏风格，有浓郁的华融特色。

对于赖总刚才介绍的许多具体做法，包括企业内部管理的微观理念，可以从制度层面加以提炼。我提一点建议，我们要把赖总的经验和华融的经验提升到制度层面。赖总刚才的演讲中反复讲到一句话："听党的话，跟政府走，遵循市场规律。"非常对，因为在中国要把企业做成功，所有企业都要遵循市场规律，不仅是国有企业，中国的民营企业也要听党的话，跟政府走，当然更要遵循市场规律。从这个角度来讲，这个经验不专属于国有企业。

华融是一个金融企业。金融企业最大的特点是属于管制型企业，也就是说，它不是一个自由进入的企业。假设华融不是一个管制型的金融企业，而是在一个自由竞争的市场——既没有进入的门槛也没有制度的管制、进入的成本也比较低，华融能否抓住这样一个金融市场的机会？

今天讲座的主题是国有企业转型和创新发展，赖总所经营的企业的个案和今天的主题相关，其实我最近也在思考一个问题，特别是《国务院关于深化国有企业改革的重大意见》出来之后，在我个人看来，这个《意见》有很多亮点，其中有两个非常好的亮点，第一就是关于国企的分类，第二个就是关于国有企业的定位。但是，我一直对于国有企业的分类方法、标准有无法思考通的地方，现在国有企业分为两大类，一类是商业类，一类是公益类。而商业类的又分为两种，一种是在竞争充分领域的国有企业，还有一类是关于国家安全的。在竞争充分领域当中的国有企业怎么实现“增强国有经济活力，扩大国有资本的功能，实现国有资产的保值增值”？我觉得还不太彻底，不太彻底的原因还是在于没有根本解决国有企业的定位问题，就在中国目前为何要有国有企业？为什么必须要有国有企业？

我觉得这是必须思考的问题，因为只有解决国有企业的定位问题才可以处理好几组关系：第一，是国有资本、国有资产和国有企业的关系。社会主义国家是实行公有制的国家，公有制国家必须有国有资产，如果说一个国家没有国有资产，说它是公有制、实行社会主义肯定是违背常识的。但是，经营性国有资产，是国有资产的重要组成部分，而经营性的国有资产是源于国有资本的，没有国有资本也不可能有经营性的国有资产，但是国有资本的实现形式是否必须要采取国有企业的这样一种企业形态，尤其是在竞争性充分的领域？在竞争充分的领域意味着所有的企业都是一律平等的，进入是平等的，优惠是平等的，或者说是不受歧视的，经营成本也是一样。那么国有企业的优势在哪儿？如果没有对国有企业的特殊政策，国有企业的三个功能——增强国有经济活力、扩大国有资本的功能、实现国有资产的保值增值，怎么实现？我认为只有处理好国有企业的定位问题，才能够更好地解决国有资产的监管、国有资本的监管和国有企业监管的关系。

第二，与非国有企业相比，如何处理好国有企业内部的治理机制、市场规则和政府监管的关系？对于所有企业来讲，都面临着这三组关系。对于国有企业是否真的有存在的必要，它应该有特殊的治理因素，而特殊又不能与市场规律相违背，那么怎么体现它的特殊性与一般规则的偶合或者衔接？这都是我们需要思考的问题。比如，赖总除了董事长这个身份外，还是党委书记，而且刚才讲到党委书记的一些职责。所以这就涉及一个国有企业的治理机构，党委系统是国有企业必须要有的，对于外资企业可以没有，对于民营企业是可以有。假设同样有一个非常优秀的同志担任党委书记，而刚好和赖总的意见不一致，那么如何实现企业的战略？当然企业有一套运行机制，但是毫无疑问，这个成本会高。

赖小民：我对他刚才提到的体制机制当中党委书记和董事长的分设问题进行回应，就像地方省委书记跟省长一样，关于这个问题和现象不仅资产管理公司，很多国有企业都存在。现在四大资产管理公司，华融跟信达是党委书记、董事长、法人代表一肩挑，但是中国长城和中国东方是党委书记跟总裁分设的，我觉得这个情况难以避免，无论从加强党的工作、加强行政工作，还是从安排干部这个角度，上级党委这样安排是有他的道理的，是难以绕过去的现实。但是党委书记跟董事长意见不一致了，那就很难办了，企业也很难办，不光磨合的成本，效益都会大打折扣，国有企业的改革就会遇到很多人为阻力。所以解决这个问题的方法，第一，肯定这一现实；第二，明确责任人，特别是谁是一把手，关键要定位清楚。

刘纪鹏：马凯副总理是主管金融的，他在22号文件里已经做了明确的规定，党委书记要兼董事长，这是22号文的明确规定。

王光进：什么样的机制能把赖董事长这样的人才发现，在这里看到了国有企业的希望。国有企业可以搞得好，不仅新加坡淡马锡能搞好，中国的国有企业也能搞好，关键在人，要把人选对了。

那为什么有的体制搞不好呢？就像刚才讲的广东，原来没搞好，问题在哪，还是在体制。时建中副校长是从宏观角度做的假设，我也假设一下，它有没有普遍性，有没有可复制性，可推广性。在党中央以市场的机制来配置资源的情况下，它仍然能实施吗？如果那些资源不掌握在政府的手里，正副手还能成功吗？我要说的是一个微观的角度。从我的视角看，转型成功就是借助了资本市场。以往在20世纪80年代的改革是商品市场，在没有资本市场之前，只能先找市场，谁在市场上存活下来，谁就是王。但是今天有资本市场，赖董毕竟是搞金融的，很快就抓住了机会，通过资本市场的平台跨越式地起飞。它自身的机制转换在哪，股份制，上市公司。我做了独董以后发现，高管基本就是自己选自己，就像刚才讲的，都是形式。我看到有时候董事会没有发言，表决都是一致通过，那体制又体现在哪呢？赖董今天讲的主要是一个创新的理念，团队创新的动力来自哪里？这也是一个激励机制的问题。对没有创新动力的，约束机制又从何而来？

赖小民：我在全球路演时候，只带了二十几个投资者的23亿订单，一般上市公司要拿到100家投资者五倍的认购倍数，我的三个团队，兵分三路，靠我们五天的路演，成功实现了162个投资者上百亿美元的订单，大部分靠我们的演说。第一场路演300多人，50分钟，当场很多人下订单，媒体说这是国有企业在香港上市中第一个董事长没用稿子的，满脑子数据，从我的身上，他们看到了企业希望。人干事业，不同的人看到不同方面，西方看你的人，人治是阶段性的，法治是持续性的。但是往往人治和法治很难分开。我这三十多年，从货币政策、金融监管、金融服务，现在搞金融企业，自己觉得，一把手的作用还是蛮大的。我一直都在强调法治华融，但是人治也有不可忽视的作用。

杨帆：宏观的东西我就不说了。我们就说人才，企业改革，我觉得实践第一，实际上就是人第一、企业家第一，企业家后面是核心技术团队。我们的观点是供给学派，新的供给，新的管理。人、技术，对微观来说，就没有饱和，民营企业还是国有企业都一样，我特别反感的就是说制度的，我认为就是人，是人的性格和命运的关系。我在商学院讲的就是经济，我发现企业家个性都是很强势的人，变化的是政策环境，实际上本人没有变化。资管公司未来是要快速发展的，需要大量人才，政法大学把重点放在金融上一点错没有。赖总作为一个国有企业的领导者，他的成功能否说明国有企业一定能搞好？就像民营企业家说他自己成功了，这个模式就成功了，这都无法完全盖棺定论。

互动提问

提问：《维也纳领事保护关系公约》的对象是派遣国及国民，国民包括个人、法人和其他组织，假设有一天华融把业务扩展到国外，我有三个问题。第一，根据华融的发展进程，华融的业务什么时候能发展到国外，而不仅仅是香港地区。第二，赖总强调的原则是听党的话、跟政府走、遵循市场规律，假设华融扩展到国外，赖总如何依据这个原则运用国际法。第三，根据2014年10月6日商务部令《境外管理办法》，企业对外投资必须向中国使领馆报道，我认为这是一个广义的领事保护，假设华融有一天把业务扩展到国外，华融在什么方面必须得到领事的保护。

赖小民：新的五年三翻番计划，下一步要尽快加大华融的国际化进程，这是走出去战略。华融三年前是在香港地区做，做得还不错。未来三到五年，向国外发展，第一要设机构，第二要做业务。如果我在国外，我会强调国际标准，国际规则。听党的话、跟政府走、遵循市场规律，我在内地强调的多一点，香港地区市场化发展程度极高，法制健全。在国外，我会更加强调国际标准。出去之后，要是寻求外交领事的保护，到时候会找你的。

提问：金融管理公司混业经营是不是它特别有优势的地方？

赖小民：对，你说的混业经营，或者说是金融控股，是这几年最大的成功，监管部门最大的创新，也是我们与工农中建传统银行最大的区别。因为，我总觉得中国缺少大的金融控股集团，2009年我们成立了华融湘江银行，保险、货币、证券三大领域，按照巴塞尔协议的规定，有两大板块就可以被称为金融控股和金融综合服务。所以，按照这个，华融已经毫无疑问地成为金融控股集团。

国有银行在制度上有限制，比如工农建交不能做证券，法律上规定不能做投行，也不能做投资。所以，资产管理公司，就钻了政策的空子，打了一个时间差。过去监管部门在资产管理公司是根据《国务院资产管理公司条例》，但实际上它是远远不能适应当前的。金融资产管理公司的转型就是要成为专业的资产管理者，综合的金融服务商，而综合的金融服务商就是金融控股集团。下一步，我还要谋求中国资产管理公司更名为中国金融集团，做大几个，这也是中国金融改革的方向。

提问：您知道90年代商业银行基本处在困难的边缘，但是当时没有一家银行破产。《存款保险条例》颁布以后，大银行大而不倒，但是小银行的破产成为可能，条例的出台会给中小银行带来多大挑战，中小银行如何应对？华融在转型，您本人也在转型，从监管机构的高管向银行老总转型，这两个岗位对您而言有什么不同，您更喜欢哪个？

赖小民：第一个问题，存款保险制度的出台，一个最大的好处就是解决了银行的退出问题，过去没有，过去不管大小银行，国家包了。包括老百姓的存款，银行倒了，存款百分之百给你。现在不一样了，存款保险制度出来了，其一，银行有可能破产；其二，是告诉存款人，存款会因银行的倒闭受损失，给大家增加了风险意识。

第二个问题，2009年到华融以后，面临两个转型，一个是企业转型，一个是我个人转型。过去我不是企业家，是政府官员，到了华融以后，我很适应，18年的央行经历，6年多的银监会监管经历，宏观的视野给我做企业提供了很好的基础，使得我做企业能够从宏观着眼、从微观着手，把面上的工作和点上的工作结合起来，跟其他企业的领导人相比，我最大的优势是在国家机关多年来培养的宏观把握。政策的把握、职业的操守、风险的管控意识，这使我想问题比其他单纯的企业管理者就市场谈市场、就企业谈企业的观念，有很大的优势。再加上，我对企业的感悟还是比较好的，很快就能适应这个市场，对我来说，这个转型没有过渡期，马上就过来了。我觉得当官员是一个慢活，当企业家有成就感、自豪感。我过去当了26年的官员，那个时候大家按部就班，干了很多事但不是我的事，那是其他领导、全体官员共同的事。到了华融，很多事可以算成我干的事，立竿见影的东西比较多。从这个角度，我还是喜欢干一些看得见、摸得着的事。

论我国文化产业的改革方向

——兼论艺术和资本结合

提　要

时间：2016 年 5 月 25 日

地点：中国政法大学刘皇发报告厅

主持：刘纪鹏

主讲：姜昆　全国政协委员、中国曲艺家协会主席、中国文学艺术基金会理事长

点评：李德顺、冯世勇

互动提问

实际上我知道大家为什么愿意来，来还是愿意听听相声。前几次来都让我站着说话，今天让我坐着说话，底气都不足。我刚才和黄校长讲，他说让我去吃碗面条。相声演员讲究饱吹饿唱：饱吹，是指搞器乐的，肚子得有气儿，它才能用上劲儿；但是说话，用脑子，要靠表演的，这时候就不能吃多了，吃多了就大脑反应迟钝，想不起来要说什么，老忘词，所以不能让胃里的血液占据大脑的血液，所以必须饿着肚子给大家讲。

一、姜昆与互联网、中国文学艺术基金会的故事

今天我觉得纪鹏给了一个很难的题。1985年，我做中国广播说唱团团长，到1995年做了10年团长，然后我做了3年的网络公司的老总，大家都知道有一个“昆朋网城”。是让姜昆的朋友在一起的一个网络，解决我分身乏术的问题，因为当时我演出太多了，四处都找我，世界各地的华人恨不得搞什么活动都叫我去。但当互联网出现的时候，突然感觉到有一个虚拟的空间，这个虚拟的空间可以把我们的音像、资料保存在那里，把我心中艺术大厦的资料库建立起来，还可以利用网络的力量把声音和图像传播得更广泛。一场剧场演出，最高的2000人到3000人，但是网络一下就是上万人，甚至不分时间和地点。那时我想那个空间非常好，就做了一个“昆朋网城”。后来又在中国艺术研究院做了3年的研究所所长；然后又把我调到了中国文联，给中国曲艺家协会做了6年的党组书记。

到60岁退休的时候，因为是政协委员没让退休，把我放到了中国文学艺术基金会的单位，去当副理事长兼秘书长。中国文学艺术基金会成立了20年，夏衍、杨汉生、茅盾都在那里。基金会的成立目的是推动文化艺术创作、人才培养，但彼时经济不行，实际上没搞起来。我把中国文学艺术基金会叫“六没”单位：没地儿、没人、没钱、没事儿、没影响，第六个“没”记不清了。后来给了我们一个刚刚搬空的部长楼：方方正正的院子，中间一棵大树，三层小楼，楼上有个部长桌，我进去一看，这一方块，中间一木字，这是一“困”字啊。而且是在一个很偏僻的地方，做NGO的公益基金要面向大众，让大家知道你干什么。于是我就选了个寸土寸金的地方，在CBD那租了一层。就像一个人没钱但是他有身好衣裳，别人就能够另眼看待。我在那做了六年的工作，现在我们每年的基金构成是：国家给一亿两千万作为文学创作方面的奖励基金，在社会募资几千万，国家对社会募资还有一个配套。这样一年有两三个亿的资金运作，使中国文学艺术基金会开始逐渐有点影响。从此开始接触了一点金融。

二、互联网时代的文化困惑

长期从事文化艺术创作和人才培养，有些尴尬的地方，尤其是有些困惑的地方，跟同学们交流一下。移动互联网技术产生后，给文化艺术一个特别大的空间，就像一个很大的鱼缸，可以自由自在地游，网络上比我们在主流媒体上自由多了。但是毕竟这鱼游的话还得有一个池子，有没有这个鱼缸？网络是不是无边无沿、没底线的？这鱼缸应该是法律。鱼只有在鱼缸里才能尽情遨游，去展现各种各样的姿势。

在移动互联网风行的时候，我们这一代人跟融入于网络的年轻人已经开始有很大的距离了。有的时候话都听不懂了，那些语言可能很快地产生了，但是迅速地被遗忘了，这就是这个时代的特点。不像过去有很多东西很均匀，现在产生的语言很新鲜，评价标准也不一致，像《泰囧》居然把《少年派的奇幻漂流》给挤走了。

对于我来讲尽管是一种困惑，但是能改变这现象么？能改变现在的电影投资么？现在讲究的是客户端服务，就服务直接对客户，每一个人的要求或喜好全都反映在服务范围内。所以在创作上以商业为主，它要直接对着客户端。现在有专门写喜剧的书：前三分钟胡说，第四分钟得乐，第七分钟的时候得出点子不挨边儿，第八分钟回来得打架，第九分钟哭，居然把它弄成一个格式化的东西。非常严格地分析观众的欣赏心理，得出一个在市场上必须能够得到效果，能让引进来赚钱的结构。电影是应该走这条路，因为电影从诞生那一天，就跟产业是紧紧地联系在一起的，比如八一电影制片厂叫车间，本身就是一个制作单位，跟那个产业是紧紧联系在一起的。

三、必须区分文化产业与文化事业以及与资本的结合

文化产业跟文化事业应该有着严格的区分。一旦这个界限不明显了，所有的问题都出来了。在西方有专门收费的电台，public channel 的公共频

道是免费的。公共频道有收费的广告和唱歌节目，而收费的频道是没有广告的。如此，事业的和产业的严格分开了，避免了很多弊病。

中央电视台如果能够把事业和产业这两条线分开，有一套完整的法律规则，很多的腐败现象就消失了。比如，过去很长时间剧场是空的，为什么呢？因为老百姓可以免费看很多节目，凭什么到剧场去看？所以如果产业和事业没分开谈资本和市场，就是空谈。习主席在座谈会上就围绕这个问题讲话，他说，一个作品，艺术上要是好的话，思想艺术性较强，市场也应该是好的，大概应该是统一的。之所以不统一就说明我们没有做好。

互联网现在整个形成的这套经济模式，跟我们脑子里所想象的，已经完全不一样了。现在完全是两个世界了，但是将来这个世界是谁的？将来世界是年轻人的世界。面对今天“互联网+”时代，需要有一个共识：如何能让市场经济跟我们现在对文化艺术、对人的培养，结合更紧密，不要把它看成一个纯市场的东西。文化通过艺术这种方式，是一个春风化雨、点滴入土的方式进入人的灵魂中。文化艺术工作者是人类灵魂的工程师，但现在网上的内容，就有不谐和弦同时存在，起推手作用的是谁呢？就是资本市场。包括 papi 酱、“奇葩说”两季广告几千万，风险投资上亿，迅速成为网富。所以现在很多年轻人都想当网富。

2015 年，三大巨头 BAT 的财务数据报告：腾讯的总收入为人民币 1028.63 亿元，同比增长 30%，净利润 288.8 亿元，同比增长 21%。WeChat 就是英文版的微信，整个活跃账户达到了 6.97 亿，同比增长 93%。百度 2015 年第四季度的盈利收入是 186.99 亿元人民币，同比增长 33.1%，其中移动营业收入占比持续上升达到了 56%，2015 年全年总盈利收入为 663.82 亿元人民币，同比增长 30.3%。阿里巴巴集团第四季度公司收入 345.43 亿元人民币，同比增长 32%，经过调整非美国会计准则下的利润达 191.11 亿元人民币，同比增长 27%，零售平台交易额达 9640 亿元人民币，移动交易额占 68%。在整个国民经济停滞不前的情况下，移动互联网经济一直是在稳步上升，互联网被当成了经济的重点。

互联网的影响简直是太大了，从事文化艺术真是治疗人的灵魂的话，必须要重视这块阵地，而且要想象如何跟这块阵地的人结合起来。这块阵地的主要推手是资本市场。没有资本市场，就没有一夜暴富。比如微店迅速地在非理性消费上取得了成功。什么是非理性消费？每个人的阅读时间大部分都沉浸在手机上的时候，实际上它有很多事情是习惯性的、非理性的，成了生活的必需品。现在大家可以想象，如果一个人手机丢了，得多么痛苦。

我遇到一件让我很心疼的事，刚才看到咱们的图书馆是启功先生题的字。启功先生是中国的大书法家，其学问、文学艺术水平、书法造诣是有口皆碑，但为了给这样一位文化伟人树碑立传，写了个电影叫《启功》，结果70多岁的丁荫楠导演跑了整整两年，居然一分钱都没跑下来。我跟着他跑了三个月，去了五个单位，都答应给钱，但是都不给钱。没办法了，我们中国文学艺术基金会，首先拿出300万；然后找到书法家协会，理事每人写一幅作品义卖，共同地为我们的文化人树碑立传，这是我们民族又一个丰碑，沈鹏老师、欧阳中石老师、韩美林写了一个丈二四的“功德天挺”。最后卖了2000万元，让一个企业家全部收走了。这个戏拍出来，因为是文化片，不能进院线，两天就给轰出来了。这是一种文化的尴尬。

我们每年6月要去法国，参加在法国举行的中国曲艺艺术节，请的都是法国观众，来听中国的文化艺术。他们听得懂吗？甭说他们，中国人都听不懂粤曲。但是三个小时，法国人就那么坐着，该鼓掌鼓掌，该乐乐。听评弹、讲故事的时候，地上掉根针都听得见。在一个尊重文化、崇尚艺术的国度里，整体的人文素质都很高，是一种民族文化素质精神的体现。这不是一天两天可以变化得来的，是长时间文化艺术的熏陶、环境的浸润。我们民族缺乏这种文化素质。要经历很长的时间，才能把民族的文化素质提高，这条路应该跟经济发展的道路同步。

点　评

刘纪鹏：今天姜昆老师谈文化产业的改革，虽然敏感的话题没有尖端地涉入，譬如说，是事业还是产业，是娱乐还是喉舌？但是每一个搞文化的人，特别是在今天向产业导向、向娱乐发展过程中成为消费热点的时候，都面临这样一个选择。

李德顺：今天的话题是关于文化体制改革，文化产业发展的。这正好也是我来法大之前在中国社会科学院兼任文化研究中心主任时，曾经观察和思考过的问题。姜昆老师对目前的文化体制改革的观点，对文化事业和文化产业状况的描述，都非常重要和有启发意义。2003年，“十五大”正式把全国的文化体制改革提上日程。当时主持这个工作的中央常委李长春，给我们写过信说：美国的历史文化很短，但是它现在的文化能够改变世界；而我们中国有五千年的文化历史，为什么我们在世界上现在没有什么文化影响？能不能给说说这个问题。经过研究之后，我们给李长春做了一个回答，概括就是六个字“开放、市场、创新”。

文化体制改革开始以后，从理论上讲，首先要弄明白几个基本概念，文化事业和文化产业究竟怎么界定？因为中国的文化体制改革和美国不一样。美国原来只有文化产业，没有什么文化部；文化产业发展到一定程度，从产业里面向外挑，挑出一些应该由国家、社会承担的东西，相当于我们的文化事业。而中国长期以来只有文化事业，没有文化产业。现在要划清这个界线，哪些文化部门应该进入市场，成为产业；哪些留在体制内成为事业。产业和事业的区别是：产业的特点就是自己挣钱自己花，自负盈亏；事业就是要由国家、社会来干预，政府财政支持，不能以营利为目的，必须是无偿投入，为全社会服务。难点在于两者老分不清。那时互联网还没有现在这么发达，还没有进入理论研究。当时还是以传统的文化形式，比如新闻出版、广播电视，就发现了这个问题。

文化体制改革有四个难点：第一，意识形态难点。怕走向市场之后，失去控制。第二，精英文化难点，认为走向市场以后会导致低俗化。第三，计划思维方式，就是一切运作都靠行政权力来控制，自上而下地掌握，这就很难进入资本市场。第四，国家政府有关领导部门的部门利益。跟经济体制改革一样，我们的体制改革遇到的最后的阻力，往往都是部门利益，包括立法的部门化。部门利益代替了国家民族社会的整体利益，文化体制改革谈不上改革，只是一些文化领导部门在借改革之名叫“甩包袱、抢肥肉”。我们去县的电影放映队访调，一个队长说：“我们到底算什么？我们到底算事业还是产业？现在是宣传部来了让我们打鸣，税务局来了让我们下蛋，到底算公鸡还是母鸡?”这是基层的弱势单位。像央视这样的强势部门，可以倒过来，要求打好鸣的时候，他说我是下蛋的；对播出内容有意见的时候，他说我是代表官方的主流意识形态，是打鸣的，不能管经济效益。这就是产业和事业性质的实际界线划分不清，带来的许多问题。事业像保护非物质文化遗产，像保护文学艺术理论人，像支持哲学、社会科学、文学艺术原创的活动，这些都不能以盈利为标准，必须由国家社会来全部埋单。不要让艺术家、科学家和专家们为挣钱发愁，要求“打好鸣”就别要求他“下蛋”。而凡是进入产业的，进入市场以后要依法管理，要靠法律、法规的不断完善来解决问题，不能靠自上而下的行政操作来解决问题。现在这两个领域里面都不到位，一是文化事业的主体不到位；另一个是文化产业进入市场的权利和责任也不到位。走出困境唯一的出路就是法治。

刘纪鹏：如果说姜昆老师把文化产业改革的苦恼从实践的角度全谈出来了，李教授一个“打鸣”一个“下蛋”，相声题材出来了，把暗含的那个幽默讽刺意义都说出来了。只要把“公鸡母鸡”分清楚了，就这么简单。关于发展方向，姜昆老师反复在谈互联网和资本市场，怎么“下出金蛋”来，不能咱们这“蛋”都让首富们抢走，抢也没关系，就是怎么利用顺势。所以从这个意义上说，李教授和姜昆老师，一个实践，一个改革难点方向，既要处理好政府和市场的关系，又要解决好产业和事业的关系，方向是资本市场和互联网。

冯世勇：我不从资本金融的角度，姜老师用幽默的语言、讲故事的方式、大量的事实，来谈文化产业。第一，我们目前落后的文化管理体制，是我们当前文化产业发展的一个最大的障碍；第二，文化产业和文化事业必须厘清；第三，资本市场是文化产业发展的最大的推手。今天姜昆老师报告的主题是当前我国文化建设与发展的重大战略课题，也是建设文化强国的重大战略任务。

我想谈这么几点感悟和思考：第一，文化产业首先要认识文化，以及文化软实力的重大意义。而文化软实力是一个国家综合国力和国际竞争力的重要组成部分。第二，中国文化产业实际上起步晚、起点低，缺乏竞争力，实际上还缺少一个顶层的设计。随着文化改革的不断深入，实际上现在产业文化到了深水区，遇到了难题，啃骨头，就是落后的文化管理体制已经成为当前文化产业发展的一个最大的制约。第三，文化市场的拓展不利，文化产品传播的方式落后，文化产业的数量多但是精品少。“十三五”规划对于文化产业也提出了要求，就是深化文化体制改革的要求，有四句话：第一实施重大文化工程，第二完善公共文化服务体系，第三完善文化产业体系，第四完善文化市场体系。

我国的文化产业改革的方向还是要以文化强国为目标来进行文化产业的顶层设计，不断完善文化管理体制，加强文化产业的立法，培养市场主体，优化产业结构，建设特色区域，培养文化产业的龙头企业，打造自主品牌，搭建产业平台，特别是要加强人才的培养。

姜昆：刚才李德顺老师讲李长春去问他：人家美国这一百年怎么比我们这五千年影响力要强啊？曾经在中宣部也有人问我：姜昆你认为美国的文化艺术和中国的文化艺术差在什么地方？举个例子，美国的片子教化性是很强的，爱国、人与人之间的真挚感情，它的大结构都是假的，但是小结构、小细节都是真的。有的是外星人要毁灭地球，有的是地球一半塌了，有的是总统被劫持了，它的大前提都是假的、虚构的。然而它的细节都非常真实：母子之间的感情、人与人之间的感情、英雄的情节，让人特别感动，最终他们战胜邪恶，赢得尊重，感染力非常强。反观中国的电影，大前提都是真的：邓小平南方谈话，改革开放，三大战役，都是真的，但细节都是假的。这不是改革、创新这几个字能代表的，而是寻找文化艺术的感染力在什么地方。

互动提问

提问：一个国家的传统文化是一个国家民族精神的延续，但我国的传统文化保护得并不好，甚至于一些民间艺术都已经失传，但与此同时，有些外国人会比中国人更看重中国的传统文化，更感兴趣，您怎么看这个问题？

姜昆：外国人来中国穿布鞋，弄个中式的，尊重文化应该不分国度的。但习主席讲过，对我们五千年的文化一定要多一点关注。但我们不要陷在里面，五千年的文明是一种文化的精神，是对于民族精神的塑造。如果只在技巧上下功夫，不在更内在的层面下功夫，永远冲不出国门。现在对外演出很多，但看的都是华人，很难走入国外的主流社会。现在外国人了解中国，实际上比中国人了解外国少了太多。我曾经去过十次在蒙特利尔举办的国际幽默艺术节，当地华人叫嘻哈节，从来没有中国人参加，因为我们进入不到那个社会。我争取到一个演出的名额，把相声跟各国的艺术家在大街上表演。我问：“你们有印度语的专场，有法语的专场，有英语的专场，为什么不可以有中国话的专场？因为你们属于多元民族文化，我们华族在这里也是一个重要的族裔。”然后我们走进去，开始互相有了交流和认识，也把他们都请到中国来，搞了咱们幽默艺术节、幽默艺术周。

提问：您如何看待文化审批制度？

姜昆：文化审查制度，任何国家都有，不要只诟病于中国。国外的文化审查制度跟中国一样的，不是同一个标准而已。还有从小众服务到大众服务，小众服务比如在小剧场里面演出，可以胡说八道，因为是小众范围，影响不大；但每天都在演，经历量变的过程，要到大众面前就有了质变。任何一个国家，都愿意欣赏高水平的、艺术性强的文化。我觉得审查制度随着这个时代的发展会有变化。

提问：papi 酱融资了 3000 万，我们快餐文化的消费市场是非常大的。但是同时相声这样的一种艺术形式却似乎离观众和资本越来越远。相声下一步应该如何发展，才能让下一代还能够欣赏到。

姜昆：在这个问题上给你举一个最简单的例子，大家都知道，世界上有一个很著名的照相机叫蔡司，可是蔡司相机打死也想不到，有一天突然出来一个傻瓜相机把它打垮了。这傻瓜相机从市场份额、利润比蔡司相机不知道要强多少倍，然后到数码相机，后来有手机的时候，数码相机大部分都扔了。但你有一个蔡司相机会扔么？不会。因为蔡司相机每年都在涨价，越老越值钱。而更新换代快的这些快餐文化，迅速地扔掉了。将来这种现象还要继续发生，在任何一个国家，古典的、高雅的音乐都需要国家政策的支持。任何一个国家，文化高低、粗细、文野之分都是永远存在的。这个世界，属于你的不见得能得到，这个世界不属于别人的，别人可能永远拥有。世界就是这样，所以没有一个什么尺子、标准，应该很正常地看待这件事情。

（姜昆老师留下墨宝，四个字“大道政法”，法律在我们国家也好，在我们民族的事业也好，都是我们最大的道。）

从中信兰西模式看我国土地信托制改革

提　要

时间：2016年6月6日

地点：中国政法大学蓟门桥校区科研楼二层学术报告厅

主持：刘纪鹏

主讲：蒲坚　中信集团副总经理，中国政法大学兼职教授

点评：贺强、李永军、姚峰、张捷、云峰

互动提问

信托的模式讲起来其实很简单，我想讲讲我为什么去做这个东西，怎么做的，然后心路历程是什么，如果还算理论框架的话，我是怎么从新的理论框架当中，推导出这个模式的。

一、土地信托的三性耦合理论

土地改革有很多的方法，各地都在实验，但是都没有理论指导。如果没有一个自圆其说或者逻辑自洽的理论做指导，就不具有普遍意义。5年前，我代表中信信托担任中国信托业协会会长，在一次全体大会上我就提

出了一个土地信托化的想法，从那天开始进行实践和理论双重方面的探讨和研究。

经济学的一个前提假设是“资源稀缺”，这个假设可能是一个道之华。那么资源是不是稀缺究竟取决于什么，其实在我看来，是取决于我们对资源的认识，就是认识它是资源，它才是资源。稀土在十几年前遍地都是，农民都不知道这是宝贝；但是当科研和技术人员提出稀土的珍贵性时，才发现这是资源，马上就成了大家疯抢的东西。所以资源是不是稀缺，是跟人的认识能力的提高或者认识能力的程度相关的。

研究信托模式完全是从马克思的历史唯物主义开始的。按照马克思基本理论，越来越发现无论是什么事情，离开了物质性、社会性和知识性——人的三个基本属性，都不可以把这个事情做得非常圆满。因此，我就提出了三性耦合论。

土地是社会、文化、经济的一个综合体，要把物质生产力和社会生产力、知识生产力统一起来。完善地去评价它的时候，才能导引出我们要干的那个事。首先，物质生产力是土地的一个基本特征。其次，社会生产力，把不同的种族联系在一起，把交通、通讯各方面都联系在一起，它的社会性是不言而喻的。再次，土地具有非常强烈的知识性，人类最初的知识其实就是从土地产生的，不论是物理学、化学、天文学、地理学，都是从土地当中产生的。土地具有这三个生产力，如果把土地改革跟这三个生产力结合，就能达到一个比较和谐、圆满的结果，这个改革才是成功的。如果研究土地不涉及产权和所有制，肯定是无源之水，无本之木，所以我通过三性耦合论推演出我们的所有制形式。所有制包括个人所有和共同所有，公有无非是共有制的一个数量形式。我们将所有制的思考置于知识共有，是为了重新建设马克思在《资本论》当中提出的任务，就是如何在生产资料共同占有的基础上，重新建立个人所有制。

这就是我在研究信托土地流转过程中的一个基本理论逻辑，这个理论逻辑最后导引出，信托实现了分散的私有财产权成为联合起来的生产者财产，即直接社会财产的目的。

二、中信土地信托模式的十一个亮点

实践当中我总结了一下，土地信托流转应该做到以下十一项要求：

第一，均等确权。要把一个集体所有的土地均等确权，难度非常大。吉林省某副省长花了一年时间去做调研，最后实在是做不了。为什么？一个集体所有制的土地，有的土地靠着山、有的土地靠着沟，土壤成分各不相同。要把这块土地均等地分配好，根本做不到。农村土地承包经营权的矛盾基本上都来自于确权。到农村可能有三分地在这边，另一个地方还有八分地，再一个不好的地方还有两亩地。这种模式既不符合现代技术要求、现代知识的要求，也不符合规模要求。所以土地能不能均等确权，登记凭证化成为土地流转、土地改革一个很重要的方式。

第二，登记凭证。用什么来确权？最好的方式就是用凭证，把这块100亩土地按照人头发100个凭证，然后你就占有了这个土地当中的百分之一，这个凭证是均等的，凭证后边所附着的价值是均等的。因此土地能不能登记、能不能发凭证、能不能有记录的过程，就成为很重要的问题。

第三，资本信用。没有登记的土地就没有资本属性，没有资本属性的土地就不能去抵押、融资。而登记过的、能交易的信托凭证成为资本信用的形式。

第四，可携带性。随着城市化进程的推进，解放土地其实是为了解放生产力，解放人。随着土地流转，农村青年基本上都流到城市了，能不能使土地在流转的过程中变成一种可携带的财富就成了土地改革的重要问题。如果不登记，就没有可携带的资本，登记了就有可携带的资本，带着那个凭证可以到美国、日本。

第五，可交易。因为土地不能交易，只可以转包、转租。一旦把它资本化、凭证化，就能实现交易了。上海正在建立全国信托凭证交易平台。

第六，可继承。在政策上“增人不增地，减人不减地”，农村可能遇到这样的情况：人老了，只有一个女儿嫁到外地去了，土地不能带走，所以那个老人说，能不能把土地转给我女儿，这是不能实现的。长期以来，农民的权益得不到保证。但可以把信托的受益凭证登记过户给女儿。集体所有的土地就可以一代一代地传下去，农民的利益就得到了非常完整的保护。

第七，土地集约。土地流转的目的是要土地集约化，而集约化是土地信托的重要特征。比如 100 亩土地通过信托后，就会变成 115 亩，土地会增加 15%。因为土地集约化后，原来的道路可以减少了，那些沟、河都可以整理了，很多不是耕地的都可以统一整理成耕地，所以土地集约化带来了很多价值，拓展了 18 亿亩土地红线的空间。

第八，知识的利用。中国农民利用知识种地大概占 40%到 50%，基本上是利用自己的经验。比如化肥的使用，我们跟德国的拜耳集团在安徽进行土壤实验，拜耳集团对 450 亩土地进行调研，发现化肥的使用多了 40%到 50%；农药的残留量更多。农民耕种没有分析土壤，没有分析植物，没有分析它的特性，耕种很盲目。土地信托后的集中耕种则大大提高知识的利用率。

第九，成本降低，效率提高。以信托模式下的集约化规模耕种，同时耕种的知识化水平的提高，都大幅度地降低了农业成本，提高了农业效率。

第十，共同分享。土地流转以后，有很多人没有调研，就说金融机构进入土地，大资本进入土地，把农民剥削了，农民成为失地农民了。其实土地信托化恰恰就是为了保护农民的利益。土地信托化改革的首先要点就是保护农民的利益，遵循共同分享机制。农民在土地当中除了基本收入，还可以分享未来的增长收入，农民分享了比他自己种地更高的收入。

第十一，看护人机制。当时选择农村土地集体所有制就是看到在土地交易的过程中带来的不可估量后果，如果允许土地自由交换，再过20年新的地主就产生了。把土地看成一种集体所有或者国有的土地，在流转过程中符合现代技术和现代要求的前提下，必须要建立看管人机制或者叫看护人机制。现在信托最重要的机制就是信托公司或者信托平台实际上起到了一个看护人的机制。看护人机制必须在法治化和市场正当性的监管下进行流转和规划。监管人会不会监守自盗？中国信托跟西方信托最不一样的地方就是，信托公司有专门的监管机构，所以监管者同样在监管之下。

以上十一条基本上把信托介入土地流转、进行土地改革所遇到的问题都点出来了。除了信托机制能做到以外，哪个机制还能做到这十一条？如果这十一条都做到，还保护不了农民的利益，还有什么方法能保护？只有信托机制才能做到，是有相当的理论自洽性的。

三、土地信托模式是最典型的共享经济模式

信托模式是一个共享模式，可以把土地用物联网和互联网的模式，跟我们未来的价值有机联系起来。互联网时代，年轻人都愿意在网上买东西，听说五常大米出厂就20多块钱一斤，怎么5块多钱就能买到？所以，网购一个最大的结点就是信用结点。互联网解决的是信息传递问题，而信托模式来解决信用问题。信托公司把土地变成自己的土地，然后委托给那些大规模、有能力生产的企业。天津民营企业天士力药业，生产心脏不舒服吃的丹参滴丸，是中国唯一一个通过了美国FDI审查的。天士力有近20万亩土地在种植药材，但都是一家一户的，希望把土地信托给信托公司，然后把土地完整交给天士力公司，按照科学的、现代化的种植方式，把农民返聘回来进行培训，把他们变成公司的职员，然后去种植。这样的话，土地的收益和劳动的收益是双重收益。

信托模式可以把成本大幅度降低。如果一个信托公司有5000万亩土地

的信托计划，就可以跟化肥厂、农药厂、种子厂进行大规模采购，这个成本大概会降40%，生产资料的费用大幅度降低了。降低的那一块怎么分配呢？由信托公司返还，就是说在外边买100块钱，现在提供的化肥是60块钱。信托公司把这40块钱降低的成本拿出5%返给农民，这就是与农民共同分享。信托公司实际上就是物业小区的管理者，通过信托机制就把这些产品源源不断地送到一个小区。在北京能不能找4万块钱一平方米的小区，一调查，至少在北京涵盖350万人。所以，如果这350万人都是土地有机产品的使用者，并且送到家里去，网上买的东西根本无法抗衡。信用不是农民直接建立的，也不是生产者直接建立的，也不是靠广告建立的，是靠信托平台跟消费者率先承诺的。如果出现有害的东西，信托给赔付，所以建立这两个机制，其实就把土地和城市联系在一起了。

存在非常重要的一点，在土地上耕作的老百姓怎么获得金融的支持？农民在市场上大部分都是获得小额贷款，他们贷5万块钱，平均利率大概22%左右。如何能把非常便宜的金融送到农村去，或者送到土地呢？这是中国最需要解决的问题。10亩土地信托给我们10年，每亩土地每年收入假设是1000元或者2000元，像天士力的每亩土地可以给农民3000元，因为种的是药材。10亩地就是3万元，10年是30万元，把信托凭证抵押给信托公司，信托公司就可以给你贷款。凭证背后有10年的未来收益做抵押，整个过程就完整了。信托公司有那么便宜的钱吗？我想在制度和安排方面提出一个建议，应该跟国家提出能不能实行信托银行或者试点也可以。

比如对从事农业信托和农业信托改革的公司给予政策上的支持，允许吸收一定比例的存款，比如信托规模1万亿，那么就可以给2000亿，一开始别那么多，给1000亿的存款，然后指定存款一定要用于农业，信托完全可以在10%以下提供给农民。为什么是10%？因为农业贷款，小额短期的成本相对高，如果把农民的贷款降到10%以下的话，农民的生产就会获得极大助力。有没有先例呢？其实在日本、在中国台湾地区都有这种模式。

我再强调几点：第一，中国强调集体属性，一直是强调历史属性的。基辛格说，这个国家、民族、文化是崇尚集体属性的，是崇尚家庭的，是一个整体的、系统的思维模式。第二，土地信托最重要的一个约束条件就是共同富裕，回到中国特色的社会主义市场经济的道路上来，一定要兼顾社会主义的基本原则，就是集体属性和共同富裕。另外一个要兼顾市场的原则，即竞争、自由、开放，让每一个人都能自由发挥自己的知识。研究中国的问题就一定要回到中国特色的社会主义市场经济这个道路上来。

我目前认为，信托原理用于土地的流通和改革不止于土地，而且在实践中，信托原理和运作程序没有受到挑战，就是没有一个权威的机构来推动。就像当年的小岗村，如果没有小平同志认可推动，就没有小岗村的今天。土地信托可能会遇到这样那样的问题，但是目前我认为信托原理用于土地流转和土地改革，还没有受到理论和实践上的挑战。

信托模式是生产力和生产关系调试的转换器，信托绝不仅仅止于土地，也不仅仅止于金融，信托应该是中国特色社会主义市场经济道路当中一个崭新的生产关系，我期待着更多人来研究这个生产关系，来推动中国生产力的解放，使得我们跳过中等收入陷阱，使得中国的改革开放大业在未来的30年能取得更大的成绩。

点　评

刘纪鹏：信托无处不在，基金无处不有，这就是未来市场经济中国模式的突出特征。当然，蒲坚教授用了一个小时的时间简介了土地信托制，但是我想在三位点评人点评之前有两个问题，可能还得要明确一下。因为我们是从中信兰西模式谈起的，300万亩土地的规模化经营使多少农民获得了信托凭证，农民拿了这个凭证有什么样的收益呢？刚才您还谈到流转，因为中信兰西模式是四方改革：中信、黑龙江省政府、黑龙江的农业科学院、哈尔滨的产权交易所。包括您谈的十一个特征，确权之后拿凭证，凭证还可以流转，流转它的收益增值是什么关系？能不能稍微展开一点。

蒲坚：兰西的模式当时的设计是比较完整的。黑龙江的土地是一片一片的，兰西农民把土地4000亩作为一个单元，信托给中信信托，中信信托把4000亩土地委托给一个种粮大户或者一个农业耕种组织，这个组织去耕种这4000亩土地，那么每4000亩的土地承包人就能拿到这个凭证。

刘纪鹏：这个大概有多少人，上万人？

蒲坚：应该是上万人，拿到这个凭证的人签订合同，合同包括土地数量、价格，由中信信托把钱给委托人。其中还有几个人把凭证抵押给中信信托，然后贷款去开饭馆。

刘纪鹏：开发镇上的第三产业，比如台球馆、餐馆。

蒲坚：他们有的提前拿到6万块钱，因为凭证有预期收益保障。

刘纪鹏：他们还种地吗？

蒲坚：有的人返聘回来种地，也有的人去干第三产业了。拿到凭证后循环就形成了，问题是粮食生产出来以后，能不能卖出去，万一卖不出去怎么办？预期的价格达不到怎么办？所以我们就把黑龙江粮食交易所给拿下了。黑龙江省长陆昊同志听了我们的汇报，认为信托模式其实是典型的帕累托效应，最后同意中信信托和交易所进行粮食期货交易，稳定价格。然后我们同时还把这些粮库统统都收购了。如果说发生这种情况，粮食生产出来以后，旁边那个地方价高，他就拿去卖了，所以我们把那个区域方圆200公里的粮库都控制了。中国有两大问题：一个是土地流转问题，另外一个就是老年社会到来的问题。现在老龄化最大的问题是没有看护工。因为兰西这个县委书记非常赞成这种模式，而且动员大规模生产解放出来的人，有一半人种地，还有一半人没有工作，我们办了兰西培训学校，给养老院培训护工。把知识水平不高的劳动力，向养老休闲产业转移，所以我就写了一本书《解放生命》，就是如何把这个事情连贯起来。

刘纪鹏：现在学者认为这种模式最终会剥夺农民？

蒲坚：哪来的剥削农民？建立了看护人机制，而且看护人还被监管，因为你做信托合同的时候，明确了土地的用途是很清楚的。

刘纪鹏：今天在中国农村产权变革的时代，用什么方式？过去包产到户了，是不是继续把土地的经营权变成私人的所有权，然后像欧美模式那样，几个农民大户再次变成地主呢？还是说在集体产权背景下，索性按照新型的公司制、信托制去探讨新型的公有制，这个公有制不再继续沿着分实物，而是实物的社会化大生产和市场经济要求的产权清晰化、股权化、信托化、价值化，保证每一个承包经营者实实在在的价值形态的财产权，在产权清晰的背景下，又不破坏社会化大生产的整体。

我想在这个背景下，再去研究土地流转，才提出了今天兰西模式对中国的开创意义。当然信托制是不是一个终极模式，是不是信托制为今后的股份制奠定了基础？这样大规模的农业股份公司，只有诞生在今天的中国。而农业又关系着未来很多新兴的产业，所以蒲坚教授在梦想着，左手是解放土地，右手是解放土地所释放出来的生产力。所以刚才我跟睿文处长交流，他说规模化经营4000亩土地的集约，不仅释放15%，是20%；而化肥大机械的使用降低了农业生产40%的成本。这样的科技、土地、市场、资本的结合，不就是耦合三要素嘛。

农村最困难的是农村金融，复杂在金融，不给又不行，给了又真乱套，成本还提高。如果形成这样的规模化，再有中信这样的中国最大的金融集团去给他们金融支持，资金成本又能下降多少？

所以这一系列的集约和改革市场化的方向耦合在一起，市场在哪呢？又是中信的长项。蒲总有这个权力，可以把药厂都调动过来，他的梦想是左手是土地、农村、农业，右手是城市里边的社区。这才是真正的供给侧改革，我们如何沿着中信兰西模式继续推进蒲教授的理论，农民拿到收益信托凭证之后干什么，每年收益能分多少，他们还能到农业股份公司里去工作，既当工人又当股东吗？这种双重的身份是不是在法律上，在现实上，都应该有一定的保证，才能使中国模式成立，避免欧美私有化之后出现的问题？没有民股，何来民主？所以在这样的一个背景下，怎么看待这个模式都不为过。

贺强：蒲总有几句话非常重要，值得我们在座的每一位认真思考：1. 土地信托是私人财产转化为社会财产。2. 互联网解决的是信息问题，信托解决的是信用问题。马云虽然在互联网上创造奇迹，但是金融和信誉的问题光靠互联网可能还远远不够。3. 信托原理用于土地制度改革，但是不只用于土地制度，其实它可以用到农村，特别是土地制度的方方面面，兰西模式我想仅仅是农村土地制度改革的一个开始。4. 信托模式是生产力与生产关系调节的转化器。这句话听起来很宏观，但是可能意义更加深刻。我想点评三点：

第一，今天的报告强调了土地信托制度改革的重要意义。土地是重要的资源、资产，土地制度在历史上的不断变迁推动了历史上的朝代更替。在中国历史上，改朝换代的根本推动力是土地的分分合合。当一个新王朝建立时，土地就会逐渐集中、兼并，最后普天之下皆为王土，基层的农民失去土地，民不聊生；赶上自然灾害就可能武装起义，就会打破原有的土地集中，土地再次分散化，可能又夺取了政权，新的王朝建立了，土地又开始重新走向集中。所以土地的合与分推动了历史王朝的演进，这是一个规律。

解放战争时期，农民怎么调动起这么大的积极性？因为他们的口号很简单，保卫胜利果实。而胜利果实就是土改分到的土地。蒋介石跑到台湾，为了稳住阵脚，学了我们共产党在台湾也搞了土改。当时台湾土地归大地主阶级所有，农民没有土地，日本人撤走后留下了很多大型企业，任何私人的财力都接管不了，只好变成国有。国民党在台湾把国有的企业股份化，然后把股权跟地主的土地置换，再分给农民。这就是台湾的土改，而地主们手里有了股权，在此基础上建立了台湾的证券交易所。

解放以后农民得到了土地，但是发展出现了失衡，出现了土地兼并的迹象，1955 年党的七届六中全会上，党中央公开提出了农村的合作化方向。当时的合作社是承认农民个人的财产和土地财产权的，但是后来由于极“左”、“一大二公”、人民公社，所以土地出现了集中。农民又失去了积极性，小平同志实行包产到户，不到两年时间人均粮食超过 400 斤，解决了中国人多少年解决不了的吃饭问题。这说明土地组织制度的革命非常重要。但是包产到户到现在也出现了发展的失衡。毛主席早就提出来，到 1985 年以前农村全部实现机械化，当时的人民公社，大型机械都很多。可一搞包产到户，土地没法耕了，每家每户养不起大型机械，所以用不了两三年全部报废，极大地破坏了当时的农村生产力。可是包产到户调动了农民的积极性，别看是老牛拉破车、男耕女织的方式，由于调动了农民的积极性，所以又焕发了新的、巨大的生产力，才解决了粮食问题，稳定了国家安全，所以意义重大。但是包产到户不能集约化的问题日趋严重。目前土地要想降低成本、集约化生产、科学化管理等等，必须在确权基础上进行土地流转。兰西模式通过信托模式促进土地的流转，意义非常重大。

第二，中信信托搞的信托制土地改革，是中国金融创新的尝试。信托在历史上本身就是一个金融创新。现在各种金融机构业务创新能力最强的就是信托，前几年就有高速公路收费信托、城市管线信托。但是有些信托创新，本人有一定的想法，比如现在很多银行资金没有出路，通过信托通道去房地产，银行资金通过信托通道、伞形信托进股市，给股市加杠杆，制造了股市的风险。而兰西模式的土地信托创新值得鼓励，它非常有意义，会极大地提高农村的生产力。

第三，为了贯彻十八届三中全会关于农村土地改革，促进农村土地流转，信托模式提供了一种具有实操性的方法。那么农村土地能不能进一步推行股份化，比如前几年重庆三证可以入股搞合作社，有些地方推行了地票制度等，可能都是这种方向。

李永军：法律的进步需要另一种声音来推动。今天晚上蒲先生的这场报告，就是推动法律进步的非常重要的声音。我作为法律人，想从立法的合理性角度来附和，或者说对蒲先生的讲座做一个回应。

经济的合理性和法律的合理性是两个完全不同的方面，经济的合理性不代表法律的合理性。比如偷盗是符合经济学理论的，你们家有钱，我们家没钱，我跟你要你也不给我，我偷过来，实际上是符合经济学的，但是不符合法律。还有波斯纳的有效违约理论，为什么没有得到美国的普遍支持，违约虽然是有效的，订了合同赚不到钱，就违约不履行，赚了钱之后再赔偿，还可以有剩余，它是符合经济学的，但是不一定符合法学。法律和经济有时候是非常不协调的，经济总是在向前发展，它总是在寻找自己合理的道路，但法律总是对发展得特别强的经济势头进行遏制。两者看似非常矛盾，但对整个国家来讲，是非常必要的。法学者和经济学者，如何将两者有机融合起来，推动社会的稳定和发展，这是我们经济学和法学的共同任务。就像当年经济学人创造了自由经济政策，法学人发明出契约自由一样的，我相信我们共同努力之下，法学和经济学是可以融合的。

中信的兰西模式给我一个很大启发，它实际上是从土地权利的末端入手去解决中国的实际问题。很多学者非常激进，要推动中国的土地私有化，但在现有体制下是不现实的。中国的土地二元制不是经济学问题，而是政治问题。但是兰西模式创造了一个比较务实的模式，运用了中国的信托法律制度和中国的土地承包经营权的制度，这两个结合起来之后，不仅符合法律，而且也符合农民的需要，是个积极的、务实的模式，这是值得我们学习和借鉴的。

信托制度有两个很大的派系，大陆法系信托和英美法系信托不一样，英美法系信托总的说来比大陆法系要好。因为大陆法系有两个方面制约了信托的发展。一个是所有权下的一物一权制度，没有双重所有权制度，而信托很多情况下是要转移所有权的，大陆法系不允许这样，所以大陆法系特别是德国，它的信托发展得非常缓慢。第二个是法律行为制度，这个制度容易跟虚假的法律行为联系起来，因此在德国的法律实务中容易引发争议，这是个虚假法律行为呢，还是一个信托？把财产所有权转移给信托公司了，但信托公司破产的时候，这个财产不属于信托公司，它还属于委托人，这就是双重模式，再加上法律行为的虚假性，导致了大陆法系的信托制度推行得不是很好。实际上中国信托也不是完全按照信托业务的真正模式发展的，走了很多偏路。

兰西模式是结合非常好的模式，但也有很多问题。比如说所有权、经营权和承包权的三权分离，但是土地承包权和经营权两权分离在法律上有极大的障碍，是没有办法构造的和在民法中体现出来的。比如说承包权本来就一物一权了，经营权就没有办法在土地经营上构造和依托。所谓的经营权是什么性质？因为只有物权才能登记，非物权是不能登记的，这个权利实际上在法律上还是有一定风险的。法律的进步需要经济的推动，社会多元化、经济多元化的发展和务实的法律之间的矛盾如何去解决，这的确是需要我们共同完成的重大课题。民法总则估计明年 3 月份就要通过了，但是物权法、债权法、侵权法、合同法大概还要三年的时间，我希望我们的研究能够联合起来，用经济发展的要求去推动民法典的发展，因为我是这个小组的成员，希望我们在更广阔的领域中，使法律和经济更好地、更有机地结合起来。

刘纪鹏：这是我来到政法大学将近 10 年，听到法学教授谈经济和法律关系最精彩的点评。特别是我不理解，政法大学最著名的教授，我们千方百计搞出了中国的《物权法》，可是《物权法》都是建立在实物基础上的，农村谈土地，城市谈小区，停车场是谁的。可是今天中国人的财富有多少又是物呢？他们有多少都是金融资产，包括存款、基金、股票，可是法律怎么解决呢？虚拟的财产产生了，要流转，而流转的过程就产生了确权登记，我们的法律体系不能支撑。所以我特别赞成李永军教授所说的，要从中国的民法典改到物权法，争取把物权法改成财产权法，中国可能就更贴近于今天的市场经济现实了。李永军教授点评给我最大的启示，就是我们资本金融研究院一定要和民商院，特别是在民商院的领导下完成金融跟法律的结合，以实现法治金融的使命。

接下来我们第三位点评人是中国上市公司协会常务副会长姚峰教授。姚峰会长主管中国 2800 多家上市公司，我先提个问题：中国经济正在下滑，形势非常严峻，特别是东北三省，所有的政协、人大、中央各部委、总理、书记都要去解决东北的问题，而上市公司是中国未来市场经济的主力，在围绕着蒲坚教授的这个改革谈当中，如何从整体市场经济的方向，从中国上市公司今后供给侧改革的新的盈利模式上，找到解决办法。

姚峰：纪鹏的问题已经不用提，他自己已经回答了，就是从供给侧改革，从兰西模式这里往下探讨。中国农业的根本问题，不管是农村的改革，还是农业的发展，其实它的根本问题就是土地问题，在现行的法律框架下，解决土地问题实际上是三权问题。习总书记最近有一个讲话，如何处理好三权问题，他用了“两保一用”：即保持集体所有权，保障农民的承包权，用活经营权。兰西模式在我们供给侧改革过程中、在向经济转型的过程中都给我们带来了很多深刻的思考，值得继续不断探索和推动。

刘纪鹏：一种新模式还没诞生，用“两保一用”归纳新的现象。一种新模式将要诞生了，就是土地信托模式。从这个意义上讲，怎么看今天讲座的现实意义、经济意义、政治意义都不为过。

张捷：信托很重要的一点是信托财产权是不能被司法执行的，得保证破产后的权利依然是委托人的，这对于农民很重要。为什么怕土地流转造成土地集中呢？就是农民破产怎么办。但蒲总的合同好像跟西方的信托合同还是有距离，那么法律该怎么调整，请具体讲下一步的工作。

蒲坚：在土地信托过程中，其实不存在其他的什么权利，所有权是一个根本的权利。以前所有权和承包权的分离是因为原来的所有制形式分不清所有权是哪一块，它是不具象的。这块地 100 亩我们 100 个人，你说哪一块是你的？没有具象，所以才有一个承包权。信托模式是通过信托凭证，对土地进行确权，本身就包含经营权。

刘纪鹏：张捷教授的意思是说，比如今天王健林的万达院线复牌了，又来了个涨停板，全国电影院都是他的了，我们买了他的股票，大规模的经营组织是统一的，但每一个股东拿到的股票又能够分到收益，还能在交易中获取差价，完整地把社会化的、世界最大的院线公司在中国组建，同时又遵守了市场经济股份化，个人产权股权清晰且流动的法律形态。那么我们的土地能不能往前走一步？

蒲坚：当然是可以的。现在在建信托交易平台，为了让信托产品和信托凭证在这里交易。信托凭证可以在这个交易平台挂出去，比如我有 10 亩地的信托凭证，租期是 10 年，10 年有多少未来收益，可以把信托凭证在交易平台上卖出去。

刘纪鹏：在中信兰西模式的设计中，有没有凭证可以在哪个交易所流动的设想？

蒲坚：当然是有的，这个完全取决于银监会在建立信托凭证交易平台的过程当中，法律系统是不是健全，其实信托凭证的交易相当于债券交易，相当于一个有固定未来收益的债券。

刘纪鹏：但是从信托凭证变成可交易的股票或者股权，这个过程在法律上可能还有一个巨大的跨越，不是简单的改变。

蒲坚：其实这取决于政府部门的决心，把股票开了，债券市场也有了，为什么没有信托交易凭证的市场呢？

刘纪鹏：在法律和政策的制定上，还要跟实践遥相呼应才行，难度是不小的。云峰老师是宗教界人士，一直对经济非常感兴趣，每期都来。

云峰：信托模式从技术上是可以实现的，但是它解决不了七八亿农民去干什么，七八亿农民去哪里。

蒲坚：最近有一个很奇妙的现象，关于互联网的交易额，中国是在上升的，其实在发达的国家，尤其是日本的网上购物在下降。原因是那些国家更看重信用，更看重产品背后的价值和质量，而中国消费者更看重价格。当我们的城市化达到75%的时候，现在农村种地的普通百姓，基本上都是50岁以上的，如果说现在做土地信托化是一个主动选择的话，15年以后可能就是一个被动的选择。就是你不这么做都不可行了。现在到农村里去看，像兰西、安徽，40岁以下的或者45岁以下的人根本没有，土地撂荒以后，农民如何养老的问题已经很突出了。所以如果把一些剩余的劳动力转移到医养产业，可能是一种出路。

互动提问

提问：第一，最大受益者是信托公司还是农民？第二，如果土地信托制实现了，大面积推广，甚至成为未来的一个主流，那么在上市交易以后，也就是说像山东寿光的农产品交易所，做得非常棒，总部在朝阳公园附近，假如土地凭证上市流通以后，基于土地饱和生产量之上的那个增值空间来自于哪里？因为这是交易市场最看重的，每一块土地都有它最好的、最均衡的一个生产量，而不能无限制地开发，它的增量在哪里？

蒲坚：第一个问题，信托模式是典型的帕累托效率，是分享制度。并不是说建立一个制度是给某一个特定的利益人群最大收益，而是这种制度安排是大家各得其所，分享共同收益。比如，在安徽农民自己种的时候，最高的产量800斤大米，市场价格是1块钱每斤的话，这一亩地的收入是800元。信托后一亩地给他850元或者1000元，我们现在做的是1000块钱，农民有接近30%的增长。但是如果承包者把这个地拿走了，他种的产品获得了2500元的收益，除了付给农民1000块钱，那个收益其实是知识和创造性劳动得来的收益，不能把那个收益也给农民。信托公司在里面起到一个桥梁的作用，如果没有收益，它不可能去推动。但是信托公司不可能赚很多钱，赚很多钱的话，要不就去剥削农民，要不就去剥削种植者，这不是一个原意。信托公司是有一个链条，如果把所有的价值通过降低成本来提高的话，信托公司可以在里边分享它的价值。

第二个问题，土地的物质生产力是有天棚的，比如不可能让它今年1000斤，明年2000斤，那是“大跃进”，那个年代已经过去了。但是交易的过程实际上是债券的存量过程，是进行一个相互转换的过程，并不是追求像股票那样，让大家去炒。

刘纪鹏：因为收益每年是变化的，信托凭证两年可以两次，收益可以分的，大概前期实验的结果，三四万元对农民也不少了，如果这个本身是浮动的，这个有价证券也是可以浮动的。

蒲坚：把信托凭证视同债券去看，债券是有固定收益的，央行的利息发生变化了，债券也发生变化了。

李蕊：这两年我一直在关注土地信托，做了一些实证研究。我想问您，有没有可能未来把农地信托和农产品消费信托打通，引入到城市消费者，作为我们农地信托的投资者，以集合信托这样的方式将城市资金引入农村，如果可能的话，那最大的障碍是什么？

蒲坚：实际上，我们已经在做了，消费信托和土地信托之间的结合，实际上是非常有意义的。从实践过程来看，信托的力量可以跟人类的思维媲美，中信信托做的理财产品中已经镶嵌了消费信托，买这个理财产品，利息实际上是可以提供很多农副产品的，而这个农副产品是可以给担保的。就是你买我的信托产品，产生的利息其实是可以用分时度假来支付利息，可以用鸡蛋、粮、棉、油、养老金来支付利息，这种消费信托已经打通了。最大的问题，是要有权力部门推动、认可这个东西。

刘彪：中信兰西模式比较成功，都是利用规模化生产，但是南方的土地经常是东一块西一块，而且同样大小的土地不能进行同样的估值。比如在四川，如果一个农民同意采取信托模式，另一个不同意，就导致信托的土地也是东一块西一块，不能实现规模化生产的情况下，信托还能发挥效应吗？

蒲坚：其实信托并不是什么问题都能解决。理论上来讲，小块土地也可以信托，但是信托以后形不成集约化规模，那个地方的土地实际上就是不可以规模化生产，它本身离我们的原意就远了。其实中国农村的土地，东一块西一块的分布，就是长年分散经营造成的。如果我们是集约化生产，其实是可以把一些土地慢慢整合。在国外有很多地方都可以通过大规模的机制，一个制度安排把这些原来分散的、小的、不成块的土地慢慢变成像大寨一样。

刘纪鹏：这个模式诞生在黑龙江，适合中国的国情，黑龙江是农业产粮大省，与今天供给侧改革的方向密切结合。

提问：刚才蒲总举例，一个是药材，还有一个是五常大米。您举的例子都是偏向于经济作物，但国家规定是保证18亿亩耕地红线，就是保障基本的粮食种植土地。所以我想问，在规定的粮食种植的用途下，兰西模式推广的可能性有多大？

蒲坚：信托模式一定是严守耕地红线的，一定是按照当年这个土地种什么、法律规定的或者合同约定的方式来种植。但只要通过这种模式，它就会比原来分散经营的产出要高，在这个过程中，每一个种植的人都分享了这个价值增值。并不是说原来这块地能赚500块钱，通过信托模式能赚5万块钱了，实际上，是要实事求是地按照原来土地的规模、性质、地力来约定自己未来土地信托以后的增长。

图书在版编目（CIP）数据

金融强国之路：中国金融改革和创新模式激辩 / 刘纪鹏 主编. —北京：东方出版社，2016. 11
ISBN 978-7-5060-9379-8

Ⅰ. ①金… Ⅱ. ①刘… Ⅲ. ①金融改革—研究—中国 Ⅳ. ①F832. 1

中国版本图书馆 CIP 数据核字（2016）第 291202 号

金融强国之路：中国金融改革和创新模式激辩
（JINRONG QIANGGUO ZHI LU：ZHONGGUO JINRONG GAIGE HE CHUANGXIN MOSHI JIBIAN）

主　　编：刘纪鹏
副 主 编：武长海
责任编辑：袁　园
出　　版：东方出版社
发　　行：人民东方出版传媒有限公司
地　　址：北京市东城区东四十条 113 号
邮政编码：100007
印　　刷：北京京都六环印刷厂
版　　次：2017 年 2 月第 1 版
印　　次：2017 年 2 月第 1 次印刷
印　　数：1—5000 册
开　　本：710 毫米×1000 毫米　1/16
印　　张：23. 25
字　　数：268 千字
书　　号：ISBN 978-7-5060-9379-8
定　　价：45. 00 元
发行电话：（010）85924663　85924644　85924641

版权所有，违者必究　本书观点并不代表本社立场
如有印装质量问题，请拨打电话：（010）85924602　85924603